Lee Lozowick

# Transformation
## von Liebe und Sexualität

Mit einem Vorwort von
**Georg Feuerstein, Ph. D.,**
Autor von Gott und die Erotik

vianova
Verlag Via Nova

*Übersetzung aus dem Amerikanischen:*
*Ulrike Kraemer*

*Originaltitel:*
*The Alchemy of Love and Sex*
*Hohm Press, Prescott, Arizona*

1. Auflage 2000
**Verlag Via Nova, Neißer Straße 9, 36100 Petersberg**
Telefon und Fax: (06 61) 6 29 73
Internet:
www.verlag-vianova.de
www.transpersonal.com
Gestaltung des Buchtitels: Helga Lückens, 65618 Selters
Satz: typo-service kliem, 97647 Neustädtles
Druck und Verarbeitung: Rindt-Druck, 36037 Fulda

ISBN 3-928632-74-4

*Widmung*

Meinem Meister, Yogi Ramsuratkumar,
ohne den ich nichts bin, und
mit dem, durch den Segen seiner Anerkennung, ich nichts bin.
Alles, das hier von Wert ist, ist sein,
und alles, das es nicht ist, ist voll und ganz mein.
Jai Bhagawan Yogi Ramsuratkumar Ki Jai.

# *Inhaltsverzeichnis*

# *Danksagung*

Dieses Buch ist das Ergebnis vieler Anstrengungen, aber insbesondere derer von Vijaya (VJ) Fedorshak, der dieses Projekt vor über drei Jahren ins Leben rief und dessen Leidenschaft für dieses Material und sein brennender Wunsch, es mit anderen geteilt zu sehen, ihn dazu motiviert haben, viele tausend Seiten aufgezeichneter Transkripte zu lesen und viele hundert Stunden aufgenommener Vorträge zu hören, um die Worte von Mr Lee zu diesem enigmatischen und wichtigen Thema zu finden. Durch die hervorragende redaktionelle Arbeit seiner Frau Karuna wurde das Material, aus dem dieses Buch entstanden ist, schließlich an einem Ort zusammengetragen, und das mit solcher Kraft, daß es nicht verleugnet werden kann. Der Autor kann nur seine demütige Anerkennung und seine tiefe Dankbarkeit für ihre engagierten Anstrengungen zum Ausdruck bringen.

# *Vorwort*

Von Georg Feuerstein, Ph. D.
Autor von „Gott und die Erotik“

Unsere Identität transzendiert unser Körperbewußtsein. Dies ist in den Kreisen derer, die die *Philosophia perennis* (die ewig gültigen Grundsätze der Philosophie) vertreten, eine wohlbekannte Wahrheit. Es ist jedoch eine Wahrheit, die mehr fordert als intellektuelle Zustimmung oder fromme Beteuerungen. Es ist eine Wahrheit, die erkannt und gelebt werden möchte.

Der erste Schritt zu dieser innersten Erkenntnis ist die Einsicht, daß wir blockierte Wesen sind: Es gibt „Knoten“ innerhalb unserer Persönlichkeitsstruktur, die uns aktiv daran hindern, unser wahres Leben zu leben, und die die Fülle unserer Identität, die Körper und Geist transzendiert, scheinbar einschränken. Diese scheinbare Einschränkung ist unser Nichtwissen.

Wenn wir das Wissen erlangen, wenn alle „Knoten“ aufgelöst sind, offenbart sich die Ganzheit unserer Identität. Mehr als das, wir erkennen, daß „unsere“ Identität die gleiche wunderbare Identität ist, die alle Lebewesen und alle Dinge trägt und die deren höchstes Schicksal ist. Diese Erkenntnis bringt uns Frieden und Ausgeglichenheit. Denn wie können wir andere fürchten, mit ihnen streiten oder sie sogar beneiden, wenn sie in ihrem eigentlichen Wesen nicht anders sind als wir? Wie können wir nicht glücklich sein?

Die meisten Menschen verspüren nicht den geringsten Hauch einer solchen Freiheit und eines solchen Glücks. Ihr Leben spielt sich innerhalb einer geringen Bandbreite von Impulsen und Motivationen ab, und es dreht sich endlos um immer die gleichen alten Behinderungen oder Blockaden innerhalb ihrer Persönlichkeit.

Eine der hauptsächlichen Blockaden ist die Sexualität. Wie Lee Lozowick uns in dem vorliegenden Buch darlegt, ist es der sexuellen Revolution nicht gelungen, uns wahrhaftig zu befreien und glücklicher zu machen. Warum? Weil sie das konventionelle, landläufige Lebensverständnis nicht ausradiert und durch eine tiefere Perspektive der menschlichen Situation ersetzt hat, die die Lehren der *Philosophia perennis* kennzeichnet. Diese Lehren zeigen uns den wahren Platz der Sexualität im Schema aller Dinge – nicht als bloße biologische oder psychologische Funktion, sondern als wichtigen und sogar heiligen Aspekt des Menschseins, wo Körper, Geist und Seele zusammenfließen.

Die 70 „Geheimnisse“, die die Abschnitte dieses Buches bilden, sind größere und kleinere „Standpunkte“ über das Leben – Einsichten, die dem konventionell denkenden Menschen verschlossen bleiben, der nur selten bis zu dem Punkt über seine eigene Existenz nachdenkt, an dem das bloße Mysterium des Ganzen ihn staunen läßt. Mit seinen zum Nachdenken anregenden Reden, die in diesem Buch in schöner Weise zusammengefaßt sind, beabsichtigt Lee Lozowick viel mehr, als seine Leser nur zu informieren. Er möchte in ihnen einen Zustand des Staunens schaffen, so daß sie sich einer höheren Weisheit und der Möglichkeit einer wahrhaftigen Transformation in ihrem Leben öffnen können.

Weil wir dazu neigen, eine falsche Beziehung zu unserer innersten Identität zu haben, die die Wahrhaftigheit oder das Göttliche selbst ist, bringen wir in der Regel auch unsere anderen Beziehungen ganz schön durcheinander – insbesondere unsere Beziehungen zum anderen Geschlecht. Die Sexualität ist heute in der Tat der Lebensbereich, in dem Verwirrung, Täuschung, Frustration, Gewalt, Unterdrückung und innere Zerrissenheit am weitesten verbreitet sind.

In unserer ständigen Verfolgung sofortiger sexueller Befriedigung entgeht uns das ganze wunderbare Mysterium des Eros. Lee Lozowick ist dafür bekannt, daß er nicht durch die Blume spricht, und wie seine anderen Bücher ist auch dieses Buch sehr direkt und geradeheraus geschrieben. Der Grund für seine Offenheit ist einfach: Das Leben ist kostbar, und wir müssen uns in den Bereichen weiterentwickeln, auf die es wirklich ankommt. Und es kommt wirklich darauf an, die Einsicht zu gewinnen, daß – entgegen der allgemeinen Überzeugung – die meisten von uns ein unglückliches, unerfülltes Leben leben und das Glück an den falschen Stellen suchen. Wenn uns diese Einsicht dämmert, können wir uns auf den schmalen Grat des spirituellen Weges machen, der allein uns weg vom Leiden und von all den unechten Freuden des täglichen Lebens führt, und hin zum glückseligen Erkennen unserer wahren Identität.

Lee Lozowick predigt weder Askese noch Hedonismus, sondern bevorzugt einen Mittelweg. Er argumentiert, daß wir, da wir Sexualorgane haben, davon Gebrauch machen sollten – aber richtig. Für ihn bedeutet dies, daß wir die Sexualität, und auch alle anderen Funktionen unserer menschlichen Persönlichkeit, einbeziehen in eine tiefe Gemeinschaft mit der Realität.

Er kritisiert das, was ich als „neuen Tantrismus“ bezeichnet habe – die beliebte Ausbeutung des indischen Tantra, denn dieser neue Tantrismus degradiert die Sexualität zum mechanischen Vorgang und nimmt dem einzelnen seine Persönlichkeit. Er argumentiert, daß eine Gemeinschaft intuitiv entsteht und daß wir von Geburt an „den Weg durch das Labyrinth kennen“ zu dem, was er unsere „organische Unschuld“ nennt. Tantrisches oder anderes Training sind unnötig. Sie würden uns lediglich zu Mechanikern und unsere Geschlechtsorgane zu Werkzeugen machen. Wir müssen jedoch unsere Blockaden überwinden, und hier bietet das vorliegende Buch wichtigen praktischen Rat.

Ehe wir uns am Tantra versuchen, sollten wir, so empfiehlt Lee Lozowick, an unseren intimen Beziehungen arbeiten und sie menschlich gestalten. Daher müssen wir den Unterschied herausfinden zwischen chemischer Liebe (verhängnisvolle Anziehungskraft), emotionaler Liebe (sozial geprägte Gewohnheiten) und bewußter Liebe (die auf freiwillige Selbsttransformation ausgerichtet ist). Solange der Zweck einer Beziehung im Orgasmus besteht, werden wir den Mann oder die Frau in unserem Partner nie erkennen, sondern immer nur die Oberfläche seiner oder ihrer Persönlichkeit sehen.

Ich sollte hier betonen, daß 95 % des Tantra überhaupt nichts mit Sex zu tun haben. Im Gegenteil, in den meisten tantrischen Schulen herrscht sogar eine strenge Neigung zum Zölibat. Das linkshändige Tantra, das den Sex einschließt, ist eher die Ausnahme als die Regel. Und auch im linkshändigen Tantra wird die Zurückhaltung des Samens praktiziert.

Mit seiner charakteristischen, humorvollen Direktheit drückt Lee Lozowick es so aus: „Tantra ist viel mehr als nur sexuelles Herumspielen in ritueller Form.“ Auch er bevorzugt die Bewahrung orgasmischer Energie durch sich erneuernden Sex. Die durch die Bewahrung gewonnene zusätzliche Energie muß in Arbeit umgesetzt werden. So lernt das Nervensystem schrittweise, eine höhere „elektrische“ Ladung zu bewältigen, die ultimativ das Bewußtsein über die Begrenzungen des Körpergeistes hinausträgt. Lee Lozowick erklärt: Wahrer Sex ist S*E*X oder „Sudden Ego Exit“ (plötzliches Verschwinden des Ego).

Eine wahrhafte sexuelle Gemeinschaft löst alle die Unterschiede auf, die ein Individuum vom anderen trennen. Wenn Liebe wahrhaftig geschieht oder im Herzen „geschaffen“ wird, verschwindet das Ego auf magische Weise. Wir sollten uns von dieser Aussicht nicht einschüchtern lassen, denn das Ego ist es kaum wert, sich darum Sorgen zu machen. Und weit mehr: Das Sein hat Bestand. Liebe hat Bestand. Dies ist die Kernaussage von Lee Lozowicks Buch und seinem „verrückten“ Leben.

Lee Lozowick hat einen schweren Weg gewählt – nicht weil er „verrückte“ Weisheiten lehrt, sondern weil er die Dinge lehrt, die so wenige Ohren hören wollen. Dies läßt ihn in den Augen der Welt wie einen Narren aussehen. Aber Lehren wie die seine werden in diesem Universum immer da sein. Wenn sie eines Tages verschwinden würden, wäre die Menschheit sehr wahrscheinlich verloren. Wir brauchen die Worte über Liebe und wahres Glück, über das Göttliche und unsere wahre Identität und über die gnädige Hilfe, die uns von den Meistern immer gewährt wird.

So lassen Sie uns denn dem weisen Rat von Mr Lee gut zuhören.

# *Vorwort des Herausgebers*

Von Regina Sara Ryan

Ein Prophet, so bestätigen uns die jüdisch-christlichen Schriften, wird in seinem eigenen Land nur selten anerkannt. Es ist daher also nicht verwunderlich, daß die Länder der Europäischen Gemeinschaft (insbesondere Frankreich und Deutschland) in sehr großem Maße auf die Lehren des amerikanischen spirituellen Meisters der *Baul*, Lee Lozowick, reagiert haben, während viele seiner eigenen Landsleute seine Worte abgetan oder übersehen haben oder sich sogar von ihnen beleidigt fühlten. Lee Lozowick ist kein bequemer Lehrer. Seine Lehre, obwohl vom Grundsatz her sehr einfach, fordert sehr viel, denn sein Engagement gilt nichts weniger als der vollständigen und dauerhaften Selbstaufgabe hinein in das Herz Gottes.

In den Augen vieler seiner Zeitgenossen, Freunde und Studenten gilt Lee Lozowick als „Erleuchteter", obwohl er persönlich aufgrund der Bedeutung, die dieses Wort in der heutigen spirituellen Szene gewonnen hat, diese Beschreibung verabscheut. Er könnte auch als Meister des Tantra bezeichnet werden – wie der scharfsinnige Leser dieses Buches bald feststellen wird. Er wäre jedoch glücklicher, wenn man an ihn zurückdenken würde als Rocksänger (er ist der Textschreiber und Leadsänger der Gruppe *liars, gods and beggars* [dt.: Lügner, Götter und Bettler]), als heiliger Narr oder als ein dem Willen Gottes unterworfener Sklave.

Seine Direktheit und sogar Wildheit sollten niemanden überraschen, der etwas über die *Baul* von Bengalen weiß, die Sekte und Tradition, an der sich die Lehren von Lee Lozowick am engsten ausrichten. Während die *Baul* von Bengalen im Westen nur wenig bekannt sind, haben sie sich über eine fünfhundertjährige Geschichte hinweg ausgezeichnet durch ihre leidenschaftliche, ikonoklastische Annäherung an Religion und Spiritualität, ihre ekstatische Dichtung, Musik und Tanz zum Lob von *maner manush*, dem Göttlichen Geliebten, der im Herzen eines jeden wohnt, und durch die streng gehüteten esoterischen sexuellen Praktiken, die in ihren Liedern versteckt sind. Durch ihre Verbindung mit dem sexuellen Sadhana sowie durch die Tatsache, daß die meisten *Baul* als Bettler leben, ihre Existenz ausschließlich Gott anvertrauen und für ihr mageres Dasein singen, werden die *Baul* selbst in Indien in der Gesellschaft als

Ausgestoßene angesehen. Da sie von vielen für sexuell pervertiert gehalten werden, reichen die Praktiken der *Baul* aus, um religiöse Traditionalisten in die Flucht zu treiben.

Während der ersten zehn Jahre seiner Lehrtätigkeit hat Mr Lee (diesen Namen erhielt Lee Lozowick von seinem eigenen Meister, Yogi Ramsuratkumar) mit seinen eigenen Schülern und Anhängern das Thema sexueller Praktiken, außer bei zufälligen Gelegenheiten, nicht ernstlich diskutiert. Statt dessen konzentrierte er seine Energien darauf, mit ihnen die grundlegenden Schritte eines spirituellen Lebens zu erarbeiten und schaffte dadurch einen Rahmen, in dem die Sexualität einen gesunden und ausgeglichenen Platz hatte – nach Möglichkeit frei von der Sensationsgier, Peinlichkeit und Unwissenheit, die ein solch beladenes Thema in unserer westlichen Kultur umgeben.

Seit 1984 jedoch, mit der ersten öffentlichen Anerkennung seiner Verbindung mit der Philosophie und der Praxis der *Baul*, hat Mr Lee ausführlich über die Bedingungen gesprochen, die die westlichen Menschen brauchen, um Sexualität und Beziehungen als einen Weg zu Gott zu nutzen.

Wie Bhaskar Bhattacharyya in seinem ausgezeichneten Buch *The Path of the Mystic Lover: Baul Songs of Passion and Ecstasy* [dt.: Der Pfad des mystischen Liebhabers: *Baul-Gesänge von Leidenschaft und Ekstase*] (Rochester, Vermont: Destiny Books, 1993, Seite 148) so klar darlegt, besteht das zentrale Konzept des Weges der *Baul* in „der Wahrheit innerhalb des Körpers". Daher lebt „der Mann des Herzens" (*maner manush*), der Göttliche Geliebte, innerhalb des Körpers. Und egal, ob man Mann oder Frau ist, „um den Mann des Herzens zu finden, muß man zuerst Frau werden".

Lee Lozowicks Interpretation dieses grundlegenden esoterischen Prinzips der „Frauwerdung" in der Beziehung zum Göttlichen (ein Lehrsatz, der sich in den gnostischen Lehren fast jeder großen spirituellen Tradition findet) ist vielleicht einer der wertvollsten Beiträge dieses Buches. Wie auch andere grundlegende Aspekte des spirituellen Weges, trägt Lee Lozowick dieses Prinzip „auf die Straße hinaus" – er legt es so aus, daß westlicher Geist und westliches Herz beginnen können, es zu verstehen, und er schlägt sogar einige einfache, grundlegende Schritte vor, um damit zu beginnen, dieses Verständnis der „Frauwerdung" in das eigene Leben zu integrieren.

Aber dieses Buch handelt nicht von Techniken, mit denen Sie Ihr Sexualleben verbessern können. Es handelt vielmehr von der Möglichkeit, die Sexualität und unsere intimen menschlichen Beziehungen als Tor zu einem transformierten Leben zu nutzen. Wenn der reine Sex selbst das Ziel ist, dann hat man nicht verstanden, worum es geht. Wenn ein völlig erwachtes Dasein, gekennzeichnet durch Freundlichkeit, Großzügigkeit und Mitgefühl, das Ziel ist, dann wird man hier etwas Wertvolles finden.

Als Herausgeberin dieses Buches mit der Verantwortung, diese vielen Informationen so zu präsentieren, daß sie dem Leser leicht zugänglich sind, kam ich auf die Idee, sie in eine fortlaufende Reihe von Essays zu unterteilen, die ich „Geheimnisse" nannte, denn ich hatte das Gefühl, daß genau diese mir enthüllt wurden, als ich diese bemerkenswerten Texte zum erstenmal las. Mr Lee schien meine schematische Aufteilung zu mögen (zumindest hat er keinen Einspruch erhoben – man ist oft unsicher, was genau der spirituelle Meister tatsächlich „mag").

So nannten wir die Stücke *Geheimnisse* – nicht, weil vorher noch niemand von ihnen gehört hatte, sondern weil sie unserem völligen Verständnis immer noch verborgen sind. In vielerlei Hinsicht sind sie Geheimnisse, denn ihre eigene Offensichtlichkeit macht sie undurchsichtig. Wenn wir Glück haben und unsere Leser klug sind, werden wir die gleiche Reaktion erzielen, die jemand erlebt, wenn er seine Brille auf seiner Nase findet, nachdem er sie eine Stunde lang frustriert gesucht hat.

Es sind auch deshalb Geheimnisse, weil man sie niemals verstehen kann, wenn man sie nicht in Zusammenhang mit einem Leben der Hingabe und Aufopferung (in unserer Zeit leider zwei Reizworte) betrachtet. Eine Einweihung ist erforderlich, um diese Geheimnisse zu lüften – eine, für die man auf die Knie gehen (zumindest im übertragenen Sinne, wenn nicht buchstäblich) und durch eine sehr kleine Öffnung kriechen muß, die vielleicht sogar so eng ist wie der Geburtskanal. Als Jesus sagte: „ … es ist schwerer für einen reichen Mann, in den Himmel zu kommen, als für ein Kamel, durch ein Nadelöhr zu gehen…", sprach er nicht unbedingt über die finanziell wohlhabenden Menschen. Er sprach wahrscheinlich eher zu denen von uns, die so wissend, ja sogar gelehrt sind, so tüchtig und so erfahren, daß wir nicht willens sind, alle unsere Vorstellungen beiseite zu lassen, um zum erstenmal etwas, mit dem wir unser Leben lang gelebt haben, mit völlig neuen Augen zu sehen. Wenn Sie, lieber Leser, dazu nicht gewillt sind, wird dieses Buch Sie vielleicht verärgern und bestenfalls empören! Die verrückt-weise Behandlung des Themas durch diesen tantrischen Meister wird Ihr Zartgefühl herausfordern, egal wie ausgeprägt dieses auch immer ist. Ohne den „Geist eines Anfängers" werden Sie dieses Buch als nutzlosen Schund wegwerfen. Sagen Sie nicht, ich hätte Sie nicht gewarnt!

Geheimnisse, ja, aber man hätte diese Essays auch als „Schlüssel" bezeichnen können – Hinweise, Teile eines Puzzles, Richtungsweiser. Es sind keine ausgearbeiteten wissenschaftlichen Abhandlungen. Für den rational denkenden Geist wird dies eine Quelle großer Frustration sein – er will die wissenschaftliche Methode, einen linearen Fortschritt, ein Schritt-für-Schritt-System. Obwohl dieses Manuskript, ausgehend von den tatsächlich gesprochenen Worten des Meisters, beträchtlich redigiert wurde, um eine logische Abfolge seiner Gedanken darzustellen, hat der Herausgeber festgestellt, daß es absolut unmöglich ist, Mr Lee dazu zu bringen, über irgend etwas „die ganze Geschichte" zu erzählen. Warum? Wegen seiner leidenschaftlichen Rücksichtslosigkeit in der Verbreitung der Wahrheit.

Bei Lee Lozowick gibt es keine Kompromisse. Er weiß, daß andere diesen Weg bereits vorbereitet haben, mit Neonbeleuchtung, die auf das Wesentliche hinweist, und doch bleibt die Menschheit im Dunkel über ihre eigene Natur und über ihr Verleugnungssystem, das diese „Verdunkelung" aufrechterhält. Er weiß, daß Menschen, die sich allein auf die in einem Buch dargestellten Techniken verlassen haben, mit der Zeit zwar gute Techniker geworden sind, daß sie jedoch in keiner Weise verstanden haben, worum es bei der spirituellen Reise geht – nämlich um den Tod von allem, was man zu sein glaubt, um so zu einem wissenden Geschöpf zu werden. Lee Lozowick weiß auch, daß Wissen und Schlußfolgerungen wertlos sind, wenn man dieses Wissen nicht „in seinem Körper" hat, wie es der Weg der *Baul* aufzeigt, und wenn man nicht von selbst auf diese Schlußfolgerungen kommt. Das Erwachen des Körpers ist eine Frage der Erfahrung, nicht des intellektuellen, logischen Lernens.

Daher ist es der Stil dieses Meisters, Krumen (Schlüssel) fallen zu lassen und zu warten, um ihnen Zeit zu geben, entdeckt, untersucht, gegessen und schließlich verdaut zu werden; Zeit für die Wahrheit, im Körper erkannt zu werden!

Wenn man sich dem Thema Liebe und Sexualität mit allen verfügbaren Antworten nähert, oder auch mit den Antworten von Lee Lozowick, wird man versucht sein, seine eigene Erfahrung der Realität in ein Paradigma zu pressen. Wenn man jedoch andererseits nur eine Schatzkarte mit einigen wenigen Landmarken hat, dann hat man in der Tat Glück. Eine solche Landkarte gibt einem die allgemeine Sicherheit, daß man in die richtige Richtung geht, läßt einem jedoch die Freiheit der Wahl, welche bestimmte Straße für die eigenen Bedürfnisse während der Reise am besten geeignet ist und wieviel Zeit man auf dem Weg verbringen will. Obwohl dies eine dringende Aufgabe ist, besteht die Dringlichkeit nicht in der Zeit, wie wir normalerweise annehmen. Wie Mr Lee diese Thematik behandelt, ist unvergleichlich wertvoll in der heutigen Zeit, in der die „Geheimnisse des Alters“ in Wochenendseminare verpackt und zu einem angemessenen Preis jedem angeboten werden, der es sich leisten kann oder der nichts Besseres zu tun hat. Die Beliebtheit von und das Angebot an tantrischen Workshops nimmt in der gesamten industrialisierten Welt immer mehr zu. Aber nur wenige Leiter dieser Workshops oder Buchautoren zu diesem Thema berücksichtigen bei ihrem Angebot tantrischer Praktiken die große Unsensibilität der westlichen Psyche. Diese fortgeschrittenen Methodiken sind schön und gut für jemanden, der in einer Kultur geboren und aufgewachsen ist, in der religiöse Riten, archetypische Kommunikation und das Durchdringen des Heiligen in jeden Aspekt der Existenz an der Tagesordnung sind. Wir im Westen haben wenig oder keine Präzedenzfälle für die Einbeziehung dieser gehobenen Denkweise. Daher glauben wir, daß wir die Form übernehmen können, und tun uns in sexueller Höchstentwicklung hervor, als ob wir an einem olympischen Wettbewerb teilnehmen würden. In diesem Bereich operieren die Amerikaner (und die westlichen Menschen allgemein) mit einem Handikap, das so groß ist, daß sie dadurch fast völlig von der Teilnahme ausgeschlossen werden. Die Krankheit unserer westlichen Psyche und das Übel unserer materialistischen Annäherungsweise an alles, vom Geschäft bis zur Spiritualität, müssen als erstes behandelt werden, ehe wir hier überhaupt eine Grundlage finden können.

Wie die *Baul* von der Straße kommend, kennt Mr Lee aus erster Hand den Zustand dieser kranken Psyche. Sein direkter Einblick und seine rücksichtslose Kritik machen dieses Buch, *Die Transformation von Liebe und Sexualität*, zu einer provokanten und erfrischenden Ergänzung der zu diesem Thema existierenden Literatur. Überdies lehnt er es ab, unsere Sensationsgier, unsere lüsternen Interessen und unseren Voyeurismus in der sexuellen Arena zu füttern. Im Gegenteil, er beleidigt uns absichtlich, um dies zu verhindern. Aber zur gleichen Zeit verwendet er genau diese Elemente der Unterwelt als Pforte, stachelt uns an (manchmal wie Vieh), die harte Wahrheit darüber zu erkennen, warum wir nicht glücklich sind und warum unser Leben nicht funktioniert, obwohl wir in die Sex- und Vergnügungsmaschine eingetaucht sind.

***Zum Umgang mit diesem Buch:*** Da es sich nicht um vorverdaute Nahrung handelt, muß das in diesem Buch enthaltene Material gekaut werden – manchmal muß sogar daran genagt werden. Meine eigene Erfahrung ist, daß es einen mit einem Gefühl der Übersättigung zurückläßt, wenn es zu schnell gelesen wird, und es auf der Suche nach „Tatsachen" zu lesen, ist ein entmutigendes Bestreben. Wenn man ihm Zeit läßt und es mit den notwendigen Vorsichtsmaßnahmen für potentiell „zündendes" Material angeht, garantiere ich Ihnen, daß der Leser für seine oder ihre Anstrengungen reich belohnt wird. Ich bin so belohnt worden.

Im Idealfall empfehle ich, mit diesem Buch als Studienführer für Paare zu arbeiten. Lesen Sie die Passagen zusammen, oder der eine liest dem anderen laut vor. Machen Sie Pausen, um darüber nachzudenken und zu diskutieren. Und seien Sie ganz besonders wachsam, wann immer Sie sich selbst sagen hören: „Das sind nicht *wir*, über die er da spricht!" Das sollte ihr wichtigster Hinweis darauf sein, daß sich unter der Oberfläche Ihres Desinteresses oder Ihrer gekränkten Gefühle etwas Wertvolles für Sie verbirgt.

Darüber hinaus wäre das Material sehr gut dazu geeignet, um im Gruppenumfeld eines Paares damit zu arbeiten. Bei wöchentlichen oder monatlichen Treffen sollten die vorliegenden Themen über lange Zeit ausreichende Motivation zum Studium und zur Diskussion bieten. Denken Sie daran: Dieses Buch ist keine Antwort. Es ist vielmehr ein Buch der Geheimnisse – übergeben in Form von Schlüsseln, die Sie selbst erforschen und deren Wert Sie dann steigern können, indem Sie ihnen gemeinsam folgen.

Es lohnt sich auf jeden Fall sehr, dieses Buch zu lesen, egal ob man mit einem Partner lebt oder nicht oder ob man sich mit sexueller Intimität beschäftigt oder nicht. Diese Beschreibungen sind für eine alleinstehende Person ebenso gewinnbringend wie für jedes Paar, und wie man beim Lesen merken wird, hat Mr Lee in allen seinen Abhandlungen auch die Singles berücksichtigt. Die Energie der Intimität, von der er spricht, kann auf jeden angewendet werden – auf Freunde, auf Familienmitglieder… auf jeden. Der Punkt ist, in der Beziehung zum Leben „Frau zu werden"… in jeder Hinsicht des Lebens.

Dieses Buch weist in die richtige Richtung.

# *1. Teil*

## *Wurzeln und Grundlagen*

*Seit unserer Geburt hat die psychologische und spirituelle Verwirrung unserer Kultur das untergraben, was eine natürliche Leichtigkeit im Umgang mit anderen Menschen hätte sein sollen. Wir sind uns deshalb in großem Maße der Kräfte, die unsere Taten motivieren, gar nicht bewußt, die organische Weisheit unseres Körpers ist uns fremd, und in unserer Sexualität sind wir behindert. Die in Teil I enthaltenen Geheimnisse legen das Fundament, das notwendig ist, um den restlichen Inhalt dieses Buches zu verstehen.*

# *Einführung*

Philosophisch gesehen ist nichts, das existiert, nicht Gott. Das ist schön, und es ist wahr. Aber im praktischen Leben, wenn Menschen ihren Lebensunterhalt verdienen, Behaglichkeit finden, auf andere eingehen und Eleganz, Kunst und so weiter zu würdigen wissen müssen, sind philosophische Binsenwahrheiten bedeutungslos. Bei meiner besonderen Art des Lehrens geht es zuallererst um die Betrachtung der Hindernisse, die uns davon abhalten, das Göttliche zu erkennen, und nicht darum, viele schöne und inspirierende Gedichte über Gott zu verfassen, die im Leben der Menschen nichts ändern. Ich bin sehr praktisch, bodenständig und direkt, was das betrifft, was wir benötigen.

Die Natur des Göttlichen ist in dem Sinne dualistisch, daß jede Manifestation aus sich anziehenden Gegensätzen besteht. Energetisch gesehen sind also Männer und Frauen wie positive und negative elektrische Pole oder wie die nördliche und südliche Polarisierung eines Magneten. Vom Wesen her sollten Männer und Frauen sich gegenseitig anziehen. Aber der Nordpol eines Magneten hat keine geschlechtlichen Merkmale, und deshalb haben die Menschen neben den energetischen Gesichtspunkten andere Dinge zu berücksichtigen, die das kompliziert machen, was eigentlich ein sehr einfacher und klarer Prozeß sein könnte und sollte.

Nicht einmal Gottes Sinn für Humor ist dunkel oder sarkastisch genug, um Männer und Frauen vom Wesen her einander feindlich gegenüberzustellen. Also sollten Männer kein Problem für Frauen und Frauen kein Problem für Männer sein, aber dies ist leider allzuweit verbreitet. Wenn die Männer nicht das *Koan* der Frauen und die Frauen nicht das *Koan* der Männer lösen, dann ist das Verständnis für die Natur Gottes nicht möglich. Darum habe ich dieses Buch geschrieben.

Die sexuelle Revolution ist wie ein Wirbelsturm über die westliche Welt hinweggefegt, und doch sind die Menschen in ihren sexuellen Beziehungen unglücklicher als je zuvor. Obwohl man heute alle möglichen elektrischen Apparate und alle möglichen Bücher und Filme darüber kaufen kann, „wie man es tun sollte", „tun es" die Leute schlechter als jemals zuvor. Kürzlich blätterte ich durch ein beliebtes deutsches Magazin, in dem es ausschließlich um tantrische Workshops ging und darum, „durch Tantra zur Glückseligkeit zu gelangen", und ich dachte, daß die gesamte Ausgabe dieses Magazins eine der schlimmsten Entschuldigungen für das Schwelgen in Selbstbefriedigung ist, die ich jemals gesehen habe. In diesen Workshops können Leute andere Leute nackt sehen und sich dann selbst auf die Schulter klopfen und sagen: „Bin ich nicht großartig? Bin ich nicht gut beim Sex? …und frei? …und wunderbar?“ Aber soweit es mich betrifft, ist das alles Unsinn – Exhibitionismus, Voyeurismus und vorjugendliche Unreife. Das Göttliche entdeckt man nicht, indem man sich immer weiter aus dem Fenster lehnt. Das Göttliche entdeckt man, indem man einen optimalen Normalzustand erreicht.

Männer werden immer ein Mysterium für Frauen sein, und umgekehrt. Wenn man dieses Mysterium durch Erfahrung entdeckt und wenn das Mysterium auch als Mysterium existieren darf, dann hat man wirklich eine Entdeckung gemacht. Ein großer sexueller Techniker zu werden ist der schnellste Weg, das Mysterium zu zerstören.

Trotzdem kann einem Mann oder einer Frau, die frustriert und unzufrieden sind, ein Partner, der ein guter Techniker ist, wie ein wirklich erfolgreicher Partner vorkommen. Das ist aber eine Fassade, die sehr schnell bröckelt. Das gleiche gilt, wenn man im Leben einfach nur einigermaßen tüchtig sein möchte und sich vollständig und unvermeidbar von Gott trennt. Dann sollte man danach streben, ein guter Techniker zu werden; aber keine Stufe technischer Tüchtigkeit bewirkt eine Gemeinschaft mit Gott.

Natürlich ist ein guter Techniker durchaus fähig, ein paar Nervenenden im Gehirn zu entflammen, und das könnte *wie Gott aussehen* oder sich sogar *wie Gott anfühlen*. Aber jede Art von Erfahrung, wie ekstatisch sie auch sein mag, die den Erfahrenden nicht in jemanden verwandelt, der im wesentlichen weiß, wie er mit Kindern umgehen sollte, …wie er mit seinen Familienmitgliedern umgehen sollte, …wie er auf eine liebende, fürsorgende Art mit seinen Partnern umgehen sollte, ...wie er mit allem im Leben umgehen sollte, …ist nicht Gott! Das natürliche und gewöhnliche Leben, so wie es ist, ist der alchimistische Schmelztiegel – der Raum, in dem die Transformation geschieht.

Das Göttliche ist nicht dazu gedacht, im Himmel entdeckt zu werden. Wenn das Göttliche im Himmel entdeckt werden sollte, dann wären wir im Himmel und nicht hier. Und trotz der Philosophie, daß das Königreich des Himmels „hier und jetzt“ ist und daß wir unser Leben hier zum Himmel machen müssen, tut es mir leid, Ihnen sagen zu müssen, daß dies nicht der Himmel ist!

# *Geheimnis 1: Das Musterbild Gottes ist die Frau*

Psychologen sagen, daß Kinder, zumindest in den ersten Lebensmonaten, die Welt nicht dualistisch wahrnehmen.

Praktisch jedoch sind sie völlig von „Mama“ abhängig. Wenn sie hungrig sind, weinen sie, und Mama ist da. Wenn ihnen kalt ist, oder sie verletzt oder einsam sind, ist jemand „anders“ da – Mama. Aber ein Kind sieht die Mutter nicht als von sich selbst getrennt, als „von draußen“ kommend, um Essen oder Trost zu spenden. Für ein Kind ist die Mutter wie eine Erweiterung des eigenen Körpers. Die Welt des Kindes ist Mama.

Ab einem gewissen Alter, wahrscheinlich im sechsten oder siebten Monat, beginnt die Wahrnehmung des Kindes, sich zu ändern. Es beginnt, Mama „dort drüben“ zu sehen – als das große und geheimnisvolle Andere; als Gott.

Das Kind sieht oder macht keine intellektuelle oder wissenschaftliche Unterscheidung zwischen „Frau“ oder „Mann“. Es erhält vielmehr ein gesamtes organisches Musterbild (mental, physisch, psychisch…) des grundlegenden „Frau-Seins“ oder des grundlegenden „Mann-Seins“, und das Musterbild, welches das Kind von der Frau erhält, ist so stark, daß das Kind Mama als Gott ansieht. Das ist durchaus verständlich. Was bietet Mama an? Berührung, Wärme, Aufmerksamkeit, Fürsorge. Bei Papa ist das nicht das gleiche. Er hat das Kind nicht ausgetragen. Papa hat nicht das Leben in seinem Körper gespürt, und das Kind hat nicht die organische Bindung an den Vater, die es an die Mutter hat.

Egal, was wir darüber denken oder sagen mögen, ein vernarrter Papa ist nicht das gleiche wie eine liebende Mama. Es ist typisch für Männer, ihr Kind ab und zu einmal in den Arm zu nehmen (wenn sie nichts Besseres zu tun haben). Als mein Sohn klein war, mochte ich ihn fast genauso gerne ansehen wie berühren. Ein Baby ist etwas äußerst Verwirrendes, besonders das eigene. Ich habe dagestanden und ihn in seinem Kinderbettchen angesehen, aber ich wollte ihn nicht aufnehmen und halten und mit ihm schmusen. Selbst wenn Männer ihre Kinder berühren, ist es nicht wie die Berührung einer Frau. Es kann unmöglich dasselbe sein.

Wenn ein Kind also die Mutter ansieht und fühlt: „Das ist Gott“, dann geschieht das nicht auf einer Ebene der denkenden, bewußten Wahrnehmung. Dieses Musterbild entsteht aus reinem, ursprünglichem, organischem Instinkt.

Wenn das Kind weiblich ist, fühlt es instinktiv: „Ich habe das gleiche Musterbild. Wenn ich erwachsen werde, muß ich auch Gott werden... Das ist eine verdammt schwere Verantwortung." Und das ist es! Das Musterbild sagt: „Ich bin Gott – diene, diene, diene, und diene noch ein wenig mehr." Das Musterbild sagt, daß du dich der ganzen verdammten Welt annehmen mußt. Es ist eine Höllenaufgabe, Gott zu sein! Wer, wenn er bei klarem Verstand ist, würde diese Verantwortung haben wollen? Niemand. Aber trotzdem weiß das acht, neun oder zehn Monate alte Mädchen bereits: „Eines Tages bin ich dafür verantwortlich, Gott zu sein, weil ich, in meinem Wesen, FRAU bin." Auf der emotionalen Ebene sind die meisten Männer noch Kinder (oder bestenfalls Jugendliche). Irgendwie weiß das kleine Mädchen dies und spürt die tiefe Verwundung der Gesellschaft – eine Verwundung, die nur Gott heilen kann. Was für eine furchteinflößende Verantwortung! Und mit diesem ganz, ganz tiefen Musterbild wächst die Frau auf.

Was geschieht mit einem männlichen Kind? Zu dem Zeitpunkt, an dem er beginnt, die Dualität wahrzunehmen, erhält er ein Musterbild von „Gott"/Mama, das sagt: „Ich bin ein Junge. Ich habe nicht das gleiche Musterbild wie Mama. Ich bin nicht sicher, daß ich das mag. Ich will Gott sein. Ich will. Ich will."

Der Mangel an Wissen in Zusammenhang mit diesem Thema hat unermeßlich viel Elend und Gewalt verursacht, ganz zu schweigen von dem moralischen, sozialen, psychologischen, psychischen und spirituellen Ungleichgewicht in unserer heutigen Welt. Basierend auf diesem Mangel werden Männer dazu *ausgebildet*, Gott zu sein, als patriarchalische Reaktion auf die unleugbare und organische Tatsache, daß die Frau Gott *ist*.

Paradoxerweise jedoch wachsen die Männer auf, dazu ausgebildet, Gott zu sein, während sie in ihrem Inneren sagen: „Ich bin nicht Gott. Die Frau ist Gott". Was glauben Sie, welche psychologischen Reaktionen das hervorruft? Wut, Frustration, Schuld, Selbstzweifel, Angst, Abwehrhaltung und noch mehr. Und was entsteht durch diese inneren Konflikte? Dementsprechende Schmerzen, Gewalt, Mißbrauch und Blindheit. Die Männer werfen die Frauen „nieder", indem sie sie herabsetzen, verletzen, brutal behandeln und ausnutzen. Auf diese Weise versuchen die Männer, das zu ignorieren oder zu vergessen, was ihr Körper als Wahrheit erkannt hat.

Die jugendliche Gegenreaktion gegen die Göttin äußert sich darin, Ihre Wahrheit zu verleugnen.

Sicherlich gibt es eine Reihe von Männern, die sensibler sind als die, die ich gerade beschrieben habe. Trotzdem sind sich viele der ganzen subtilen psychologischen Schrecken nicht bewußt, die aus den Rissen lecken (oder kriechen). Die gesamte psychologische Dynamik des Mannes ist eine Reaktion auf den Konflikt zwischen der Ausbildung, Gott zu sein, und dem Wissen, daß er es nicht ist.

Rein rhetorisch gesehen und den Dualismus außer acht lassend, sind wir natürlich alle Gott: Männer, Frauen, die gesamte Schöpfung. Jedoch mag Rhetorik zwar schön und gut sein, aber was ist mit der organischen Realität, die uns bewegt?

Was ist mit den 25 oder 50 Jahren der Verleugnung und anderer unbewußter Strategien des Ego, die Körper, Geist, Gesundheit und alle unsere Reaktionen und Überzeugungen im wahrsten Sinne des Wortes geformt haben? Ein Mann kann nicht einfach sagen: „Ja, wir sind alle Gott," und erwarten, geheilt zu sein, obwohl das natürlich sehr schön und erfreulich wäre. Aber so funktioniert das nicht. Wir müssen die unbewußten Motivationen an der Wurzel ausrotten, indem wir sie in Klarheit transzendieren und lebensnegative Gewohnheiten auflösen. Das ist eine lebenslange Aufgabe.

Das Kind lebt und wächst durch die Nahrung, die es von Mama erhält, und daran wird sich ganz offensichtlich nichts ändern. Männer können nicht, wie die Frauen, mit Milch, mit Nahrung aus ihrem eigenen Körper nähren. (Vielleicht ist das auf einem anderen Planeten anders, aber auf der Erde, solange es den *homo sapiens* gibt, werden die Kinder von Mama gestillt.) Das Musterbild des Tragenden, von dem das Leben kommt, wird immer noch die Frau sein.

In den großen spirituellen Traditionen wurde die Göttliche Mutter als die Trägerin der Welt angesehen, und in einem begrenzten Sinne auch als die Trägerin der Menschheit. Im Sanskrit wird die Göttin sogar „Ma" genannt. Kali Ma (eine Form der Göttlichen Mutter) war die Lieblingsgöttin von Ramakrishna[1]. Ramakrishna liebte Kali so sehr, daß er sogar eine Zeit lang im äußeren Leben und im Bewußtsein zur Frau wurde.

---

1 Ramakrishna war ein indischer Heiliger (Hindu) des 18. Jahrhunderts, der für seine Hingabe an die Göttin Kali bekannt ist.

Er trug Frauenkleidung, lebte unter den Frauen und handelte wie eine Frau. Die Frauen ihrerseits liebten und akzeptierten ihn tatsächlich als eine der ihren. Er behandelte jede Frau wie die Göttliche Mutter. Sogar vor schmutzigen Bettlerfrauen, die in den Tempel kamen, beugte er den Kopf, denn auch sie waren Kali, die Mutter.

Jede Frau war Kali. Es war nicht so, daß er die Frauen mochte, weil sie anders oder der polare Gegensatz zu den Männern waren. Es war, weil er die Göttin liebte.

Wäre es nicht schön, wenn die Männer aufwachsen könnten mit dem Musterbild der Verehrung für die Göttliche Mutter – der Verehrung, die sie als die Trägerin der Welt verdient? Wenn Shakti nicht wäre, dann wären wir nicht hier. (Wenn Shiva nicht wäre, dann wären wir auch nicht hier, aber wenn es nur Shiva gäbe und Shakti nicht – eine rein hypothetische Situation, ein Konzept der ausschließlichen *Leere* – dann wäre das ein sehr freudloses Dasein.)[2]

Wäre es nicht interessant, wenn die Männer so reif und natürlich in ihrer Männlichkeit wären, daß auch ein wahres männliches Musterbild weitergegeben würde? Eine solche Gesellschaft ist nur schwer vorstellbar, denn diese Vorstellung entzieht sich unserer Erfahrung der Mittelklasse. Wir wissen noch nicht, wie es wäre, wenn wir alle, Männer und Frauen, die Frau als *Frau* ehren würden, als Shakti, und den Mann als den ehren würden, der er seinem Wesen nach ist. Ich möchte eine Gruppe von Menschen erleben, die mit dieser wahrhaften Erkenntnis zusammen leben, ohne Beachtung der psychologischen Mechanismen, die die Männer dazu veranlassen, Frauen herabzusetzen, und die Frauen, darauf mit Angst oder Zorn zu reagieren. Ja, das würde ich gerne erleben.

---

2 Shiva/Shakti – im Hinduismus die archetypischen männlichen und weiblichen Aspekte des Göttlichen. Sie beziehen sich auf Umfeld oder Bewußtsein (Shiva) und auf Form und Manifestation (Shakti).

## *Geheimnis 2: Geliebt oder nicht geliebt*

Jeder wächst von Anfang an mit einer von zwei elementaren Beziehungen zum Leben auf: „Ich werde geliebt“ oder „Ich werde nicht geliebt“. Deshalb ist die Bindung zu beiden, Mutter und Vater, so wichtig. Wenn Kinder nur zum weiblichen oder nur zum männlichen Elternteil eine starke Bindung entwickeln, können sie zwar mit dem Gefühl aufwachsen, geliebt zu werden, aber persönlich und psychologisch einseitig sein. Wenn ihre Bindung nicht sofort, während der ersten zwei Lebensmonate, richtig festgelegt wird, werden sie mit dem vorherrschenden Gefühl des Nichtgeliebtseins aufwachsen. Das ganze Leben wird zu einem Versuch, diese fehlende Liebe zu bekommen, selbst wenn es einen liebenden Einfluß gibt. Die ersten zwei Monate später zu korrigieren ist unglaublich schwer! Fast unmöglich!

Werner Erhard hat dieses Dilemma als „Knappheit an Liebe“ bezeichnet. Wenn Sie sich als Kind ungeliebt fühlen, kann, wenn Sie erwachsen werden, noch nicht einmal die *Wahre Liebe* das Gefühl auslöschen, daß Sie nicht genug Liebe bekommen können. So werden Sie liebessüchtig. Die eine Seite dieser Sucht ist die Promiskuität. Eine andere Seite ist, daß man weinerlich, übermäßig gefühlsbetont oder zuckersüß wird oder daß man ständige Streicheleinheiten benötigt. (Diese Menschen haben immer sehr viele Haustiere. Sie haben kleine Hunde mit Pullöverchen und Stiefelchen und rosa Schleifchen im Fell. Und haben Sie nicht das Gefühl, Sie müßten ersticken, wenn Sie sie sehen?)

Wir haben also eine von zwei elementaren Veranlagungen: „Ich werde geliebt“ oder „Ich werde nicht geliebt“. Die Anlage „Ich werde geliebt“ erlaubt uns im wesentlichen ein gewisses Maß an Selbstvertrauen, auch wenn wir in anderen Bereichen vielleicht neurotisch sind. Mit der elementaren Veranlagung „Ich werde nicht geliebt“ sehnen wir uns ständig nach irgendeinem Beweis, daß wir geliebt werden.

# *Geheimnis 3:*
# *Der Mann ist zornig; die Frau hat Angst*

Die ausgeprägteste Veranlagung der Frau ist die Empfänglichkeit, und ihr größtes Dilemma ist die Angst. Der ausgeprägteste Krampf[3] des Mannes, sein größtes Dilemma, ist der Zorn. Es ist wirklich ganz offensichtlich, sobald man einmal darüber nachdenkt. Frau und Mann: Angst und Zorn.

Eine Frau möchte einem wahrhaften Mann dienen. Das bedeutet nicht, daß sie den ganzen Tag mit einem kleinen Besen herumläuft und pfeift, während sie arbeitet – das Geschirr poliert und die Fenster putzt –, und einfach nur glücklich ist. Einige Frauen genießen das, und Dienen schließt diese Art von Tätigkeit nicht aus. Aber vom Wesen her bedeutet aufrichtiges Dienen, weibliche Energie zum Ausdruck zu bringen, frei von Abwehrhaltung und Trennung. Um Verwirrung und Unklarheit zu vermeiden, können wir also sagen, daß Shakti (die archetypische weibliche Kraft in der Schöpfung) Shiva (der männlichen Kraft) dienen möchte, aber nicht weil „sie", als einzelnes Individuum, anerkannt werden möchte, oder weil sie denkt, daß „er", als einzelnes Individuum, ein solch perfekter Gentleman ist, sondern weil Liebe in ihrem höchsten Sinne Dienen *ist*. Die beiden können nicht voneinander getrennt werden. Die Frau möchte also dem Mann dienen, und deshalb will sie das wahre Wesen ihres göttlichen, polaren Archetypen kennen.

Angesichts dessen entwickelt sich bei den Frauen ein ständiges Gefühl der Angst. Der scharfblickende Beobachter wird erkennen, daß diese Angst mehr ist als einfach nur eine gelegentliche Manifestation, sondern vielmehr eine tiefe und alles durchdringende Stimmung. Auch wenn eine Frau erkennt, daß es im herkömmlichen Sinne nichts gibt, vor dem sie Angst haben muß, wird sie feststellen, daß die Angst immer noch da ist. Was tut sie dagegen?

Eine Strategie ist der Versuch, die Umstände zu beseitigen, die die Angst hervorzurufen scheinen. (Das ist, als ob man einfach einen Verband über eine eiternde Wunde legt.) Wenn dann das momentane Gefühl

---

3 Krampf – der elementare Knoten der Selbstbezogenheit, der sich auf eine ganze Reihe von physischen, mentalen und emotionalen Manifestationen bezieht, die analog zu Muskelverkrampfungen zu sehen sind.

der Angst verschwindet, fällt es leicht zu vergessen, daß die Angst in Wahrheit allem zugrundeliegt.

Eine andere, verbreitete Alternative ist, einfach in den Zeiten, in denen man diese Angst fühlt, „zäh" zu sein, indem man sich weitestgehend in alle möglichen anderen Sachen vertieft, die gerade passieren. Zäh zu sein ist keine konstruktive Methode, um mit seiner Angst umzugehen, obwohl dies zumindest ein gewisses Maß an Stärke erfordert. Die meisten Menschen sind jedoch zu schwach, um das zu tun, was für eine wahrhaftige Heilung erforderlich ist.

Andere versuchen, ihre Angst zu vergessen, indem sie das Gefühl selbst zudecken. Drogen, Alkohol, Sex und Macht sind einige der Werkzeuge in diesem Programm der Symptombekämpfung. Natürlich wird die Angst niemals wirklich zerstört – sie wird nur zugedeckt oder maskiert. In der Zeitschrift *People Magazine*, zum Beispiel, werden Filmstars oft gefragt: „Was tun Sie, wenn Sie sich deprimiert fühlen?" Eine Frau antwortet: „Oh, ich gebe 30,000 $ bei Neiman-Marcus oder Saks auf der $5^{th}$ Avenue aus." Und sie fügt hinzu: „Es funktioniert immer. Nach einer Weile fühle ich mich einfach großartig. Ich trage niemals all die Kleider, Schuhe oder Hüte, die ich kaufe, aber ich fühle mich gut. Es ist die 30,000 $ wert." Die Strategie ist die Unterdrückung der Realität.

Wenn Sie kein reicher Filmstar sind, könnten Sie versuchen, Ihre Angst in einer französischen Bäckerei mit Napoleons und Eclairs zu verdecken, oder Sie greifen zu Drogen oder Alkohol. Die Sprache, die die Stadien von Abhängigkeit und Vergiftung beschreibt – diese Mittel, die künstliche Schleier gegenüber der Realität schaffen – umschreibt in der Tat genau den Zustand, in dem Sie das Dilemma vergessen. Die Leute sprechen davon, „smashed", „wasted", „blown away" oder „blind" zu sein. [*Anm. d. Übers.:* Umgangssprachliche amerikanische Ausdrücke für blau sein, sternhagelvoll sein, in einem Rauschzustand sein, usw. Wörtlich übersetzt: smashed = zerschmettert; wasted = verschwendet; blown away = weggeblasen; blind = blind.]

In Wahrheit jedoch können Sie so betrunken oder so „high" sein, wie Sie wollen, Sie kommen immer wieder zurück und erinnern sich. Jedesmal, wenn Sie versuchen, das Ding zu verdecken, das die Angst hervorruft, oder wenn Sie ihm den Krieg erklären oder versuchen, es zusammenzuschlagen, rüstet es zur Verteidigung auf. Sie sehen die Angst deutlicher, wenn Sie „wieder auf den Boden der Realität kommen", und bald wird sie so offensichtlich, daß sie Sie auffrißt, und Sie müssen noch härter an dem Versuch arbeiten, sie wieder zu vergessen.

Ein anderer Weg für eine Frau, ihre Angst zu „vergessen", besteht darin, sich solange in ihre Arbeit oder in ihr soziales Leben zu stürzen, bis die Angst zum nächsten Mal auftritt. Dann könnte sie sagen: „Oh, da ist sie wieder. Wenn ich mich nur schnell und gründlich genug ablenke, komme ich da durch, ohne daß ich mich ihr wirklich stellen muß." Und diese Art der Verleugnung kann ein Leben lang weitergehen.

Es ist zu hoffen, daß im Leben einer Frau einmal der Punkt kommt, an dem alle Ablenkungen keine Wirkung mehr zeigen. Wenn sie Glück hat, sieht sie die Angst oft, ja fast ständig, und dann muß sie sich ernsthafter damit auseinandersetzen.

Der einzige dauerhafte Weg, mit der Angst umzugehen, ist zu erkennen, *was davor ist*, und dann von dieser Position aus zu leben. Finden Sie die Wurzel, aus der diese alles durchdringende Angst entsteht, und bleiben Sie mit Ihrem Bewußtsein dort. Leben Sie dort; wohnen Sie an diesem Ort. Hier gibt es keine mögliche Anleitung für das „Wie".

Der einzige Weg, die Angst endgültig hinter sich zu lassen, die Ihrem Leben zugrundeliegt und die Ihre Weiblichkeit daran hindert, zum Ausdruck zu kommen (und alles andere kann mit der Angst nur zeitlich begrenzt fertig werden), ist zu erkennen, *was vor der Angst ist*, und in dieser Erkenntnis als Daseinszustand zu leben.

Auch eine momentane Daseinserfahrung an diesem Ort ist besser als nichts, aber eine endgültige Lösung ist das nicht. Die Angst kann das Schlachtfeld jederzeit zurückerobern, sie kann Ihre Aufmerksamkeit jederzeit wieder voll in Anspruch nehmen. Ich spreche davon, letztlich permanent an diesem Ort, als Kontext für Ihr Leben, zu wohnen, und nicht nur in einer bestimmten Art, die Sie sich vielleicht gedanklich oder bildlich vorstellen.

• • •

So, und nun zur – zumindest ungefähren – anderen Hälfte der Menschheit.

Der reife Weg, mit Zorn umzugehen, ist zu erkennen, daß Zorn nicht aus einer Funktion von Umständen (wie bedroht zu werden) oder aus irgendeinem äußeren, rationalen Grund entsteht. Zorn ist bei Männern vielmehr eine Funktion der gleichen elementaren Veranlagung wie bei Frauen die Angst.

Die offensichtliche Antwort darauf ist, so scheint mir, wenn ein Mann den Zorn einmal mit dem Verstand analysiert hat, seine Entstehung zu hinterfragen[4] (obwohl das am Zorn selbst überhaupt nichts ändern wird):

Er sollte sich fragen: „Worüber bin ich zornig?"

– „Über nichts eigentlich. Es ist nur Zorn."

Er könnte dann argumentieren: „Aber irgendwo muß es doch einen Grund geben."

– „Ja, aber der Grund ist alt und völlig irrelevant für irgend etwas von dem, das jetzt geschieht."

Das gleiche gilt für die Angst. Die Frau fragt: „Es muß einen Grund dafür geben."

Ja, zu einem bestimmten Zeitpunkt gab es einen Grund für die Angst, genauso wie es zu einem bestimmten Zeitpunkt einen Grund für diesen tiefsitzenden, alles durchdringenden Zorn gegeben hat. (Keinen objektiven Grund, aber einen Grund, der dem Ego in seiner Entwicklungsperiode sinnvoll erschien.) Diese Gründe sind für den Inhalt unseres Lebens als erwachsene Menschen völlig irrelevant. Trotzdem reagieren wir immer noch wie Kinder, die der Mutterbrust zu schroff entrissen wurden oder zu schnell nicht mehr in die Windeln machen durften, oder wie Kinder, an denen bestimmte Verbrechen begangen wurden. Auch als reife Erwachsene versuchen wir immer noch, etwas wiedergutzumachen, das geschehen ist, als wir Kinder waren.

In jedem Fall ist der richtige Weg, mit Angst oder Zorn umzugehen, zu erkennen, daß diese Veranlagungen die elementaren Grundlagen sind, mit denen Sie funktionieren, gegen die Sie sich verteidigen und durch die Sie sich ausdrücken. Dann erinnern Sie sich daran, daß Sie immer versuchen, sie zu vergessen. Zum Schluß hinterfragen Sie diese Veranlagung, ohne daß Sie sich selbst dabei etwas vormachen und irgendwelche oberflächlichen Umstände oder Manifestationen in Ihrem Leben als Grund für dieses Gefühl identifizieren. (Wenn Dinge in Ihrem Leben passieren, die Sie ängstlich oder zornig machen, dann sind das normalerweise nur die Köder.)

Vergessen Sie nicht, daß ich nicht über Angst oder Zorn spreche, die durch ein natürliches oder instinkthaftes Ereignis ausgelöst werden.

---

4 Hinterfragen – traditionell eine Form der spirituellen Praxis, in der die Frage „Wer bin ich?" verwendet wird. In der Lehre von Lee Lozowick wird diese Frage zu: „Wen verkaufe ich für dumm?" Sie wird aufs Geratewohl als Anwort auf alle Gefühle, Gedanken oder Erfahrungen angewendet, die entstehen. Sie wird verwendet, um Einblick in die eigene wahre Natur zu erhalten.

Wenn jemand, den Sie lieben, sehr krank ist, fürchten Sie für ihn. StellenSie sich vor, Sie kommen aus einer geschäftlichen Besprechung und stellen fest, daß jemand Ihr Auto zu Schrott gefahren hat. Sie werden wütend. Ich spreche nicht über diese Arten von Angst oder Zorn. Ich spreche über die elementare Motivation, das wesentliche Dilemma, das vitale Gefühl, das auch dann bleibt, wenn es keinen offensichtlichen Grund dafür gibt, wenn der scheinbare Grund dafür verschwindet, oder sogar auch dann, wenn Sie den Grund durchschaut haben.

Setzen Sie nicht Ihre eigene Fähigkeit aufs Spiel, frei und glücklich zu sein, indem Sie von der falschen Annahme ausgehen, daß die Dinge oder Umstände in Ihrem Leben der Grund für diese Gefühle sind (entweder Glück oder seine Gegenteile). Eine Frau könnte zum Beispiel sagen: „Jedesmal, wenn ich einem Mann gegenüber wirklich verwundbar werde, verläßt er mich, und deshalb habe ich Angst vor Beziehungen." Quatsch! Oder ein Mann könnte sagen: „Ich habe ihr alles gegeben. Ich habe mein Leben mit ihr geteilt, und was macht sie jetzt mit mir vor Gericht? Ich bin wütend." Diese oberflächlichen Erklärungen haben nichts mit den grundlegenden Krämpfen von Angst oder Zorn zu tun.

• • •

Wie beginnt man, in dem Zustand zu bleiben, der vor der Angst und vor dem Zorn ist? Wir müssen irgendwo anfangen, und Schritt für Schritt vorangehen, sonst funktioniert es nicht. Beginnen Sie, Ihre Aufmerksamkeit dafür zu schulen, wie oft Sie nicht in dem Zustand sind, der vor der Angst oder dem Zorn ist. Beginnen Sie, Ihre Aufmerksamkeit dafür zu schulen, wie Sie Ihren Mund verwenden – was Sie zu wem sagen, wie Sie es sagen, den Ton in Ihrer Stimme, wie oft Sie es sagen. Beginnen Sie damit, diese Dinge objektiv und sachlich zu beobachten, ohne Rückschlüsse daraus zu ziehen. Wenn Sie feststellen, daß aus Ihrem Mund Unfug herauskommt wie zum Beispiel ständige Beschwerden, dann müssen Sie etwas ändern. Der erste Schritt ist dann, diese schlechte Gewohnheit abzustellen.

Es gibt jedoch kein Patentrezept dafür, voll und ganz im Kontext der Freiheit zu leben. Einen „freien" Zustand erreicht man nicht durch Anstrengung oder Arbeit oder Lernen. Es ist eher eine Frage des „Hinein-Entspannens", nicht des „Hinein-Wachsens". Es ist eine Frage der Destillation und der Verfeinerung. Das, was nach wiederholtem Destillieren übrigbleibt, ist die Essenz all dessen, der KONTEXT[5]. Sie beginnen damit, die Qualitäten des Lebens zu destillieren und das eigene Dasein zu verfeinern, indem Sie damit beginnen, den Zorn und die Angst so zu behandeln, als ob sie nicht gültig und nicht berechtigt seien. Jedesmal, wenn wir uns über die „Hure" Leben beschweren und uns von ihm zurückziehen, verstärken wir diese elementaren Zustände.

Frauen neigen dazu, sich aus dem Leben zurückzuziehen, wenn die Angst auftritt. Sie neigen dazu, in der Ecke zu sitzen und in ihrer eigenen Angst zu leben. Sie neigen dazu, „zuzumachen". Wenn sie zornig sind, neigen die Männer dazu, diesen Zorn zu bekräftigen und ihn durch eine Art umgekehrter Kameraderie zu unterstützen – indem sie um sich schlagen, destruktiv sind und jeden beschimpfen, der ihnen gerade in die Quere kommt.

Sie beginnen damit, Ihr Leben zu verfeinern, indem Sie anfangen, die rauhen Kanten abzuschleifen. Tun Sie dies jedoch nicht, indem Sie allem gegenüber eine Art positiver Haltung aufsetzen wie: „Ich werde jeden Tag, in allen Dingen, besser und besser." Das ermutigt Sie nur dazu, Ihre Angst oder Ihren Zorn für eine Weile, vielleicht auch für Jahre, zu vergessen.

Der Prozeß ist eine Frage von Destillation und Verfeinerung. Der Zorn und die Angst sind bereits da. Sie werden nie und nimmer, auch nicht mit der größtmöglichen Phantasie, durch die Umstände verursacht. Machen Sie sich deshalb gar nicht erst die Mühe, Ihre Phantasie anzuregen.

---

5 KONTEXT – die Form oder Inhalt zugrunde liegende Beschaffenheit oder Stimmung. In normaler Schreibweise bezieht sich Kontext auf die Gefühle oder zugrundeliegende Qualität eines bestimmten Umstandes. In Großbuchstaben bezieht sich KONTEXT auf den Zustand der Hingabe an den Willen Gottes, wie im Fall des spirituellen Meisters.

# *Geheimnis 4: Warum Männer nicht weinen können*
## *(und was Frauen dagegen tun)*

Die meisten Männer sind zornig. Sie sind zornig, weil sie nicht weinen können. Es ist viel leichter, zornig zu sein – es vermittelt dem Ego eine gewisse Freude. Zorn ist selbstgerecht, verschafft Befriedigung und hat immer ein Ziel, egal ob tatsächlich oder eingebildet. Mit Kummer ist das nicht unbedingt der Fall.

Die meisten Männer sind einfach nicht gewillt, mit einer alles durchdringenden Traurigkeit herumzulaufen. Männer wollen das „Warum?" der Dinge wissen, sie wollen sich nicht „einfach fühlen". Daher ist also der Zorn der Männer das Ergebnis ihrer Unfähigkeit – manchmal auch Unwilligkeit, aber meistens Unfähigkeit – zu weinen, zu trauern und ihren Kummer zu fühlen, nicht nur dann, wenn ihr Auto Schrott ist, sondern darüber hinaus, aufrichtig zu weinen aufgrund des Schuldbewußtseins ihrer Rasse, zu weinen um ihre Spezies, den Kummer Gottes zu spüren. (Weinen, wie ich es hier beschreibe, ist nicht einfach die Fähigkeit, Tränen zu vergießen. Es ist die Fähigkeit, zu trauern, tief und mit dem ganzen Körper zu fühlen.)

Die meisten Frauen jedoch reagieren auf den Zorn des Mannes, als sei er nicht gerechtfertigt, als sei es der Zorn eines kleinen Jungen, der seinen Willen nicht bekommt, anstatt vielmehr zu sehen, warum die Männer zornig sind. Frauen gehen oft davon aus, daß der Zorn des Mannes steuerbar oder oberflächlich ist. Dadurch werden die Männer noch wütender oder sogar gewalttätig. Jetzt hat sein Zorn ein direktes Ziel – die Frau, die auf ihn reagiert! Ein Mann kommt, zum Beispiel, wütend nach Hause, weil er nicht die gewünschte Gehaltserhöhung bekommen hat, und seine Frau fühlt sich durch seine Wut in Unruhe versetzt. Was tut er? Er schlägt auf sie los. Das ist ein Teufelskreis.

Männer berühren nur selten die Tiefen ihres eigenen Daseins, die mit dem Kummer verbunden sind. Statt dessen benutzen sie ihre Beziehungen zu Frauen als Brennpunkt ihres Zorns. Frauen werden zum projizierten Grund für den Zorn des Mannes, wo sie doch die Lösung sein sollten. Die Frau, das heißt, das Weibliche[6], ist die Antwort auf seinen Zorn. Die Frau ist das Herz des Kummers, in dem wahre und vollständige Heilung möglich ist. Männer werden wütend auf Feministinnen und auf viele andere Dinge, um von der wirklichen Quelle ihres Schmerzes abzulenken. Selbst wenn sie glauben, Zorn sei irgendwie sündig und schlecht, legen viele Männer in ihrer herabsetzenden Behandlung von Frauen einen hochstilisierten und versteckten Zorn an den Tag – durch kollektive Machtfallen oder indem sie eine Art Polizist werden, ob offiziell oder anderweitig. Ein solcher Mann könnte seine Sekretärin anschnauzen: „Bring mir meinen Kaffee!“, selbst wenn der Kaffee nur zwei Schritte von seinem eigenen Schreibtisch entfernt ist. Es ist jedoch ein Zeichen seiner Kontrolle und Macht (d. h. seines unterdrückten Zorns), wenn er sie den Kaffee bringen läßt.

Die gewöhnliche psychologische Reaktion auf Zorn ist: „Wenn ich wütend bin, bin ich schlecht, deshalb sollte ich nicht wütend sein“, und diese Haltung wird in Verleugnung oder Unterdrückung umgesetzt oder – möglicherweise noch schlimmer – in etwas „Gutes“. „Wenn ich nicht wütend sein kann“, sagt der Mann, „muß ich nur meine Wut meinem Verstand gegenüber rechtfertigen und sie dadurch notwendig und gut machen.“

Frauen spielen eine entscheidende Rolle bei der Festlegung, in welche Richtung der zum Ausdruck kommende Zorn eines Mannes gelenkt wird. Da alle Männer von der Frau geboren sind und durch sie existieren, schafft dieses tiefe, unbewußte Verlassen auf das Weibliche, sowohl persönlich als auch in kosmischem Sinne, die Ausgangsbasis männlicher Neurosen – die elementare Rechtfertigung des Ego für Frauenhaß und unterbewußtes patriarchalisches Verhalten. Der einfache, emotionale Ausdruck von Zorn wird daher zu etwas anderem pervertiert.

Da der Zorn sich gegen Frauen richtet, werden die Frauen verletzt oder beleidigt, aber intuitiv wissen sie, daß sie nicht der Grund sind. Die Männer sind zornig, weil sie die Frauen Jahrtausende lang beherrscht haben und weil sie wissen, daß ihre Lebensweise gegenüber der Göttlichen Natur der Wirklichkeit nicht gerecht und wahrhaftig ist. Auf der psychologischen Ebene fühlen sich die Männer im Angesicht ihrer Macht machtlos, sind sich dessen aber nicht im klaren oder nicht bewußt. Sie können nichts anderes gegen ihre Machtlosigkeit tun, als zornig zu sein, unter den Auswirkungen dieses Zorns zu leiden und von Gefühlen der Unfähigkeit und Frustration manipuliert zu werden.

---

6 Das Weibliche – eine der universalen Polaritäten, die mit der Manifestation und Form des Göttlichen zu tun hat; kann sich auch auf die grundlegenden und psychologischen Charakteristiken in der menschlichen Domäne beziehen.

Heute versuchen die Frauen, ihren gerechten Platz in der energetischen Matrix des menschlichen Lebens auf der Erde wieder zu erobern. Aber die Frauen sind genauso unklar und unbewußt wie die Männer, und so erzeugt ihr instinktiver Antrieb, das Gleichgewicht wieder herzustellen, oft eine Reihe von anti-männlichen, entmannenden und dominierenden Reden und Taten. (Die Frauen sagen, sie wollen Gleichheit, aber in Wahrheit wollen sie die Kultur der Göttin wiederherstellen, die die Quelle der wahren Weisheit und des heiligen Lebens ist.)

Die Gefühle der Männer von Machtlosigkeit sind auf einer oberflächlichen Ebene alle wahr, aber auf einer tieferen Ebene ist der Mann zornig, weil er darin versagt hat, um den Verlust der Wahrheit trauern zu können. Wenn eine Frau fähig wäre zu verstehen, daß der Zorn ihres Mannes in Wahrheit nicht daher rührt, daß er seine Gehaltserhöhung nicht bekommen hat, sondern vielmehr durch bestimmte emotionale Blockaden oder Krämpfe ausgelöst wird, wenn sie es lassen könnte, seinen Zorn persönlich zu nehmen oder davon verletzt zu werden, dann würde dies in der Dynamik zwischen ihnen einen großen Unterschied machen. (Es würde nicht unbedingt den Zorn umwandeln, aber in vielen Fällen würde es dem Mann helfen, ins Gleichgewicht und zu einer Lösung für das Problem zu kommen.) Wenn sie dem Teil von ihm, der unter all seinen Worten weint, Nahrung geben könnte, statt auf den Teil zu reagieren, der sein wahres Verletztsein abschirmt, dann könnte dies eine Transformation bewirken. (Ich weiß aber auch, daß diese Art von Sensibilität sehr schwierig ist. Zorn wirkt nicht so ermutigend auf Einfühlungsvermögen und Mitgefühl wie Kummer. Zorn entartet so schnell zu Gewalt.)

Wenn die Frauen mit dem Zorn der Männer umgehen und für die Fähigkeit des Mannes, zu trauern, „Position beziehen“[7] könnten, dann würden die Männer in einigen Fällen (wenn nicht in jedem Fall) diese Anerkennung spüren. Sie würden trauern und es sich selbst erlauben, genährt zu werden, und dadurch würde die fehlgeleitete Darstellung des herzerfüllenden männlichen Kummers vollständig aufgelöst.

Wenn ein Mann mit seinem eigenen Prozeß beschäftigt ist, und ganz besonders, wenn er beunruhigt ist und nach innen geht, will die Frau ihn normalerweise zuerst immer „bemuttern“. Sie versucht, liebevoll zu sein, und mißversteht dabei, daß der Mann am liebsten in Ruhe gelassen wer-

---

7 Position beziehen (engl.: to take a stand) – eine Formulierung, die durch Werner Erhard bekannt wurde. Position beziehen ist die verbindliche Verpflichtung, etwas oder jemanden zu unterstützen oder bereit zu sein, für etwas die Verantwortung zu übernehmen.

den möchte, um aufrichtig trauern zu können. Wenn man ihm nur drei Minuten gibt – nur ein wenig Raum – ist er danach oft wieder gegenwärtig und für sie da.

Psychologisch gesehen, benötigen Männer Raum und Frauen Zusicherungen. Wenn eine Frau trauert, möchte sie, daß der Mann sie beruhigt, sie tröstet und sie durch Berührung und Kontakt unterstützt. Sie möchte, daß er sagt: „Ich liebe dich immer noch, ich will dich immer noch, du bist schön", selbst wenn sie aussieht wie der „aufgewärmte Tod".

Ein Mann will diese Art von Zusicherung nicht. Ein Mann will Raum. Er will einfach alleine daran arbeiten. Männer können schnell mit etwas klarkommen, wenn sie in Ruhe gelassen werden. Wenn Männern erlaubt würde, auf ihre eigene Weise zu trauern, würden sich dadurch viele ihrer negativen Stimmungen in bezug auf Frauen auflösen.

Kummer ist nicht die Wurzel des Zorns, aber Zorn maskiert den Kummer. Wenn Zorn nicht als Ablenkungsmittel benutzt würde, käme der Kummer spontan zum Vorschein, und dieser Kummer wäre sehr demütigend und auf furchteinflößende Weise transformierend. Dieser aufrichtige Kummer ist die Trauer um den menschlichen Zustand: der Kummer darüber, die Enttäuschung des Göttlichen zu erkennen, ...sich die Unmöglichkeit der Perfektion in bezug auf Gott einzugestehen, ...uns so zu sehen, wie wir wirklich sind, entblößt von der Heuchelei unseres Ego und frei von unseren Projektionen, Wünschen, Hoffnungen und Ängsten. Auf der Grundlage dieser Realität zu leben wäre so befreiend und so lebensbejahend, daß keine anderen Wünsche offen blieben.

Weil aber dieser wahrhaftige Kummer so verzehrend ist, versucht der Zorn, ihn zu vermeiden. Zorn ist die Reaktion der Psyche (oder des Ego) auf die Mitteilung seiner eigenen Bedeutungslosigkeit oder seines Mangels an Autonomie, im Gegensatz zu dem „Alles" oder „Allsein" des Göttlichen.

Manchmal gehen wir mit diesem Kummer um, als sei es gewöhnliche Traurigkeit, die mit einem bestimmten Ereignis in unserem Leben zusammenhängt. Wenn Sie aber einmal „das wahre Herz der Traurigkeit"[8], wie Chögyam Trungpa es bezeichnet hat, gefühlt haben, wissen

---

8 Das wahre Herz der Traurigkeit (engl.: „the genuine heart of sadness") – beschrieben durch den tibetischen buddhistischen Lehrer Chögyam Trungpa in: *Shambhala, The Sacred Path of the Warrior* [dt.: Shambhala, Der heilige Pfad des Kriegers] (Boston, MA: Shambhala Publishing, 1984). Durch den Pfad der Meditation erfährt der „Krieger" eine große Verletzlichkeit. Das Herz ist ungeschützt und wird daher vom Zustand anderer Menschen tief berührt.

Sie aus Erfahrung, daß es sich von der gewöhnlichen Traurigkeit unterscheidet. Aber solange Sie nicht, als ganzkörperliche Erfahrung, den Unterschied zwischen gewöhnlicher Traurigkeit und dem „wahren Herzen der Traurigkeit" erkannt haben, können Sie ihn nicht definieren. Intellektuelles Verstehen allein ist einfach zu eng und zu begrenzt.

Daher dürfen wir normalen Kummer – ehrliche Traurigkeit über einen Verlust oder Schmerz über persönliches menschliches Leiden – nicht mit diesem Kummer des Bodhisattva[9] verwechseln. Darin zu versagen, diesen Unterschied zu erkennen, bedeutet, Gott wieder einmal zu vergessen.

9 Bodhisattva – im Buddhismus ein Wesen oder eine Gottheit, die die Verkörperung des Mitgefühls ist. Ein Bodhisattva gelobt, alle empfindungsfähigen Geschöpfe vor der Illusion des Daseins zu retten, ehe er selbst gerettet wird.

# *Geheimnis 5: Vertrautheit kann Verachtung hervorrufen*

Im Mittelalter gab es in Europa eine besondere Form der Ritterlichkeit, bei der die Männer einen Schwur leisteten, niemals tatsächlich eine körperliche Beziehung zu einer Frau zu haben, sondern lediglich eine bestimmte Frau als ihren idealen Gegenstand der Verehrung anzusehen – so rein und wert, angebetet zu werden, aber unberührbar. Sie schrieben ihr Liebesbriefe und Gedichte und baten sie um Erlaubnis, sie anbeten zu dürfen und ihre Hingabe anzunehmen.

Männer und Frauen in unserer Zeit neigen dazu, eine interessante Dynamik mit einer gewissen Ähnlichkeit zu entwickeln. Wenn sie voneinander getrennt sind, ist ihre Sensibilität für die grundlegende Energiedynamik, die zwischen Mann und Frau besteht, sehr ausgeprägt. Voneinander getrennt, fällt es ihnen leicht, dem Partner Gefühle von sehr großer Einheit, Verantwortlichkeit und Klarheit entgegenzubringen. Sie können die klare Absicht fassen, mit dem anderen zusammen zu sein mit einer Einstellung des Dienens, des Mitgefühls, der Großzügigkeit und der Behutsamkeit.

Solange sie nicht mit den oberflächlichen Reizen der fünf Sinne konfrontiert werden, fällt es ihnen immer viel leichter, die reinen und perfekten archetypischen Grundzüge des anderen – ob männlich oder weiblich – zu „sehen" oder instinktiv zu spüren.

Paradoxerweise beabsichtigen Männer und Frauen also, auf der Basis der grundlegenden Energiebeziehung, die jeder von ihnen darstellt, auf den jeweils anderen einzugehen; aber wenn sie zusammen kommen, neigt das Ego dazu, durch physische Dynamik einen Umstand zu schaffen, der völlig selbstsüchtig oder selbstbezogen ist, manipulierend anstatt eine Beziehung schaffend.

Lassen Sie mich Ihnen ein Beispiel geben. Sagen wir, daß ein Mann und eine Frau einen Tag getrennt voneinander verbringen und daß sie während dieses Tages gelegentlich aneinander denken. Der Mann denkt: „Wenn ich nach Hause komme, wird es schön sein, meine Frau zu sehen. Ich kann ihr einen dicken Begrüßungskuß geben. Ich habe sie den ganzen Tag vermißt, und wir können uns hinsetzen und ein bißchen reden. Ich zünde ein paar Kerzen an und bringe ihr Blumen mit, und es wird richtig nett." Vielleicht denkt die Frau: „Ich gehe ein bißchen früher nach Hause und koche ein besonderes Abendessen. Ich weiß, daß der Weg zum Herzen eines Mannes durch seinen Magen führt."

So treffen sie sich am Ende des Tages, voller guter Vorsätze von Eleganz, Sensibilität und Gemeinschaft. Der Mann kommt herein, und weil er einen ziemlich skurrilen Sinn für Humor hat, sagt er zu der Frau, die Stunden damit zugebracht hat, ein besonderes Essen zu kochen: „Wonach stinkt es denn hier, Liebling?" Dann sieht er den Braten im Ofen und sagt: „Sag' nicht, daß das der Hund ist. Mein Gott, ich hatte gerade angefangen, den pelzigen kleinen Mistkerl zu mögen!" Nun ja, die Frau ist ein wenig an seinen Sinn für Humor gewöhnt, deshalb ist sie ein bißchen verärgert, aber sie sagt: „Ha, ha, ha, ist das nicht spaßig? Geh' einfach und wasch' dich, damit wir essen können." Er sagt: „Okay", und denkt nicht weiter darüber nach, als er ins Badezimmer tanzt, so glücklich wie ein Schwein im Mist, um seine Hände zu waschen, oder – was wahrscheinlicher ist – sich im Spiegel zu bewundern.

Einige Minuten später kommt der Mann aus dem Badezimmer und will sich an den Tisch setzen. Jetzt sagt die Frau: „Nein, nein. Ich möchte, daß du *hier* sitzt", und zeigt auf einen anderen Stuhl als den, den er sich ausgesucht hat. Er sagt: „Kann ich nicht *hier* sitzen?" Sie sagt: „Nein, nein, es ist sehr wichtig, du mußt *hier* sitzen." Er gibt nach und geht zu dem Stuhl, den die Frau ihm zugedacht hat, aber mittlerweile ist auch er ein wenig verärgert. „Immerhin", denkt er, „ist das Heim eines Mannes angeblich seine Burg, oder? Und der König sollte doch dort sitzen können, wo er sitzen will, oder?"

Schließlich bringt sie das Abendessen, und bald tanzt und singt auch sie um ihn herum, so wie glückliche und liebevolle Frauen das eben tun. Sie kümmert sich um ihn, mütterlich und vernarrt. Nun, es gibt nichts, was einen Mann wütender macht als eine Frau, die versucht, sich um ihn zu kümmern, als ob er zwei Jahre alt wäre. Sie können sich also vorstellen, daß zu dem Zeitpunkt, als das Abendessen vorüber ist, beide große Streitpunkte auf der Tagesordnung haben. Beide sind verärgert, obwohl sie höflich zueinander sind, weil ja das „Bonbon" erst später kommt. Die Spannung aber baut sich definitiv auf.

Während sie voneinander getrennt waren, gab es keine Ärgernisse, nur einfache Liebe und Anerkennung, und sie hatten die Absicht, in ihrer Beziehung zueinander anders zu sein. Aber als sie dann zusammen waren, wurden die besten Absichten von den gewohnheitsmäßigen und unbedachten psychologischen Auslösemechanismen wieder vollständig überlagert.

Männer haben die folgende Redewendung in bezug auf Frauen: „Frauen, du kannst nicht mit ihnen leben, und du kannst nicht ohne sie leben." Frauen sagen über Männer: „Männer, was kannst du mit ihnen anfangen? Sie sind alle wie kleine Jungen, aber sie sind so süße kleine Jungen. Sie sind einfach so allerliebst!" Es spielt keine Rolle, ob ein Mann gebaut ist wie ich (und aussieht wie ein abstrakter Picasso), er will immer noch, daß die Frau ihn sieht und denkt: „Mein Held!"

Ein Mann weiß vielleicht manchmal, was eine Frau will oder wie Frauen behandelt werden wollen oder was die „wahrhaftige Frau" braucht, und umgekehrt. Das Dilemma besteht jedoch darin, den Kampf zu beenden zwischen dem, was wir in sensiblen und klaren Augenblicken fühlen, und der unglaublichen Macht des Ego, uns mit seinen eigenen, unaufrichtigen Absichten sofort blind zu machen. (Sie sollten sich keinen Illusionen über die neurotischen Absichten des Ego hingeben. Vielleicht ist der Ausdruck „unaufrichtig" sogar zu milde. Es ist die uneingeschränkte Absicht des Ego, sein Überleben zu sichern, und es wird alles zerstören, was ihm in die Quere kommt! Alles – einschließlich des Körpers selbst. Viele Beispiele von Selbstmord demonstrieren dies in psychologisch vorhersehbaren Abläufen.)

Drei Dinge sind bei der Arbeit mit diesem Zwiespalt, diesem Dilemma, besonders nützlich: Verständnis, Absicht oder Auflösung, und die Disziplin, den Preis zu bezahlen. Die erste Sache, an der wir arbeiten müssen, ist ein klares, präzises Verständnis der Mechanismen der Gewohnheit – wie Sex viel eher zu einem machtvollen Instrument der Manipulation für einen selbst oder für andere werden kann als zu einem sehr schönen Bestandteil einer Beziehung. Dies muß die Erkenntnis einschließen, daß eine Veränderung nicht über Nacht eintritt und daß Veränderung und Fortschritt in der Umgebung geschehen, in der man sich gerade befindet, und nicht irgendwo anders.

Bei dem zweiten Element der Arbeit mit dem Dilemma zwischen Männern und Frauen geht es darum, die Einstellung zu entwickeln, daß die Auflösung geschieht durch Übung, Erfahrung, Selbstbeobachtung und durch die Absicht, anders zu werden. Sie geschieht nicht durch irgendwelche extremen, asketischen „Friß-oder-Stirb"-Praktiken.

Das dritte notwendige Element ist die Bereitschaft, dem Wunsch, ein vollständiges menschliches Wesen zu werden, Beachtung und Disziplin zu schenken, getreu der Energie des jeweiligen Geschlechts. Und wir müssen dafür sorgen, daß die Auflösung des Dilemmas den Preis wert ist, der bezahlt werden muß. Wenn Sie jedesmal, wenn Sie gewisse „Gelüste" haben, ihnen nachgeben, dann werden Sie sich nie mit dem Thema der wahren Beziehung auseinandersetzen. Sie werden niemals die *wahre Männlichkeit* und die *wahre Weiblichkeit* einbeziehen; Sie werden niemals die Gesundheit und Vitalität Ihrer eigenen Anima oder Ihres eigenen Animus einschließen.

Um also zu dem Punkt zu kommen, der es Ihnen ermöglicht, ohne Spannungen mit einem Geliebten oder einem Kameraden zusammen zu sein, bedarf es der Übung, Beobachtung, Erfahrung und vor allem des richtigen Kontextes. Es gibt keinen schnellen Weg, nicht nur lebenslange Gewohnheiten, sondern auch viele, viele Jahrhunderte alte Geschichte und Tradition zu transformieren.

# *Geheimnis 6:*
# *Das Geheimnis der Gottesanbeterin*

Die Gottesanbeterin ist eine interessante Insektenart, an der man ein bestimmtes kannibalisches Verhalten studieren kann. Die weibliche Gottesanbeterin frißt das Männchen, nachdem dieses sie befruchtet hat. Sie fängt mit dem Kopf an und frißt den besten Teil zum Schluß – den schönen, fleischigen Körper. Manchmal kopuliert das Männchen sogar noch Stunden nach seinem Tod, während das Weibchen seinen Körper verzehrt.

An einem Ort tief in ihrer Psyche spüren viele Männer, daß genau das passiert, wenn sie mit einer Frau zusammen sind. Sie denken, daß ihr Leben aufgefressen wird und daß sie von den Frauen kastriert werden. Dieses Gefühl ist nicht unbedingt auf eine bestimmte Frau bezogen. Es ist eher eine psychologische, ja sogar krankhafte Energiedynamik zwischen Mann und Frau.

Männer haben eine gewalttätige Aggressivität gegenüber Frauen, die in Richtung einer „Verleugnung des Weiblichen" der gesamten Spezies gelenkt wird – das heißt, gegen den „Verschlinger", den „Unterdrücker", der ein Wesenszug aller Frauen ist. Diese männliche Aggressivität richtet sich gegen eine neurotische Manifestation der Frauen, nicht gegen den archetypischen Schattencharakter (der ein notwendiger Bestandteil der weiblichen Energie ist).

In Wahrheit wird das Männliche tatsächlich vom Weiblichen verzehrt, und jeder Mann bei klarem Verstand würde darum bitten, dem – ihr – ganz und gar ausgeliefert zu werden. Frauen wollen Männer nicht kastrieren. Aber Männer sind einfach so kindisch. Was soll eine Frau tun, wenn sie erkennt, daß der dreißig Jahre alte Kerl, auf den sie ihre ganzen Hoffnungen gesetzt hat, nur ein Bündel an Reaktionen und „Knöpfen, die darauf warten, gedrückt zu werden", ist? Es ist so deprimierend. Männer nehmen es übel, wenn Frauen sich ihnen gegenüber wie Mütter verhalten, aber sie erkennen auch nicht, daß sie diese Dynamik durch ihr eigenes unreifes Verhalten hervorrufen.

Die männliche Aggression gegenüber Frauen gilt nicht für alle Männer in gleichem Maße, aber sie ist doch hinreichend verbreitet, weil die meisten Männer nicht auf natürliche Weise richtig „bemuttert" wurden. Männer wachsen daher oft auf und definieren ihr Leben als Reaktion auf eine fehlende Bemutterung, und nicht aus der Kraft, zu wissen, wer sie als Männer sind. Sie wachsen auf mit der Auswirkung von Kräften, von denen sie glauben, daß sie darüber herrschen sollten. Statt ihren eigenen Müttern dafür die Schuld zu geben, beschuldigen sie statt dessen die gesamte Kultur der Frauen. Aber dieser Effekt geschieht so früh im Leben eines Mannes und wird so erfolgreich vergessen, daß der Mann als Erwachsener ein soziales Bewußtsein entwickelt hat, das seine ursprünglichen, unterbewußten Muster überschattet. Er weiß nicht, daß er die weibliche Gesellschaft für die Eroberung, die „Jagd", tatsächlich genießt. Er hat so gut gelernt, sozial akzeptabel zu sein, daß er diesen Konflikt zwischen seinem grundlegenden Sein und seiner Konditionierung unterdrückt. (Es gibt auch ein Niveau, auf dem Männer die weibliche Energie, Gesellschaft und Natur wirklich genießen. Aber ich betone dies hier besonders.)

Nancy Friday hat ein Buch über die sexuellen Phantasien von Frauen geschrieben mit dem Titel *My Secret Garden* [dt.: *Mein geheimer Garten*] (New York: Pocket Books, 1973). Es war ein wildes, beängstigendes Buch, und äußerst erfolgreich. Dann schrieb sie ein Buch über die sexuellen Phantasien der Männer. Das Material dafür sammelte sie durch Anzeigen in Zeitschriften und durch Fragebögen.

Im Vergleich zu dem Buch über weibliche Phantasien fand ich das Buch über männliche Phantasien insgesamt einfallslos, sehr trocken und uninteressant. Sie wären sicherlich geschockt darüber, wieviele Männer darüber phantasieren, den Frauen nach dem Liebesakt Gewalt anzutun. (Natürlich setzen die meisten Männer diese Phantasien niemals ernstlich in die Tat um, weil ihnen zumindest noch ein rudimentäres Gewissen geblieben ist.) Männer können ihre Phantasien auch nicht öffentlich aussprechen, weil diese normalerweise zu sehr in Widerstreit stehen mit ihrer moralischen Natur und den Instinkten ihres Herzens. Bezeichnenderweise sind Männer von ihrer wahren, spontanen Männlichkeit unterdrückt und getrennt.

Andererseits nahmen die sexuellen Phantasien der Frauen durchgängig Formen der Unterdrückung durch den Mann an, von ihm gefesselt zu werden oder Sklavin seiner Gelüste zu sein. Es ist interessant, daß Frauen nicht dazu neigen, die Männer zu kastrieren (wie die Männer befürchten), sondern vielmehr dazu, ihnen unterwürfig zu dienen. Dies ist sehr interessant, wenn man in Betracht zieht, wie brutal die Frauen in den letzten Jahrtausenden von Männern behandelt wurden.

Damit ein Junge einen ausgeprägten Sinn für seine eigene Männlichkeit entwickeln kann, muß in seiner Kindheit eine Bindung stattfinden.

In unserer heutigen Zeit läuft es aber normalerweise so ab, daß Mama ins Krankenhaus geht, das Kind geboren, ihr sofort weggenommen und in einen Brutkasten gesteckt wird. Papa muß hereinkommen und das Kind halten, aber höchstens für eine oder zwei Minuten. Vom Stillen wird genauso abgeraten wie von der „natürlichen Geburt", und die vorherrschende Haltung ist, sich nicht kümmern zu müssen. „Gewöhne das Kind an die Flasche, so daß er oder sie sich an einen gewissen Zeitplan gewöhnt, dann hat Mama keine Unbequemlichkeiten." Überflüssig zu sagen, daß fast niemals eine Bindung an den männlichen Elternteil erfolgt – sowohl bei Jungen als auch bei Mädchen.

Babys sollten von Anfang an eine Bindung an beide Elternteile haben und sich regelmäßig in männlicher Gesellschaft befinden, so daß sie starke und beständige Rollenmodelle entwickeln können. Zuneigung sollte in jeder Umgebung mit Kindern frei gezeigt werden – Zuneigung zwischen Männern, zwischen Frauen, zwischen den Partnern einer Beziehung und natürlich auch zwischen den Eltern und ihren Kindern. Es ist eines der schädlichsten Dinge, die einem Jungen passieren können, wenn sein Vater seiner Mutter gegenüber Zuneigung zeigt, aber nicht ihm gegenüber. Oder wenn seine Mutter seinem Vater gegenüber Zuneigung zeigt, aber nicht ihm gegenüber. Für einige Menschen ist es leichter, ihrem Lebenspartner Zuneigung zu geben als einem Kind. Dies ist bedauerlich, aber auch verständlich, wenn man bedenkt, wieviele Erwachsene als Kind selbst niemals ausreichende Zuwendung und Bindung erfahren haben.

• • •

Der erste Schritt zum Umgang mit der Gewalt, die Männer den Frauen gegenüber empfinden, besteht darin, sie nicht mit Leben zu erfüllen – das heißt beispielsweise, der Dame kein blaues Auge zu verpassen... oder etwas ähnliches. Diese Zurückhaltung wirkt, wenn der Mann an seiner eigenen Heilung interessiert ist, wie ein Vergrößerungsglas für seine tiefere, zugrundeliegende Dynamik. Sie bringt ihn auf den Weg zu der beherrschten Klarheit, die Raum für Veränderung schafft, und sie gewährt ihm auch Zugang zu den eigentlichen Werkzeugen für eine solche Veränderung.

Auf der Verstandesebene ist es einfach, die psychologischen Gründe für Gewalt und Aggressivität zu verstehen, aber um auf der Basis großer Einsichten handeln zu können, muß ein Mann sowohl seine Selbstbeobachtung als auch seine Disziplin vertiefen. Der einzige Weg, die Dynamik der Aggressivität aufzulösen, ist die Fähigkeit des Mannes, sich in einer Situation der Aggressivität zu befinden und trotzdem, ganz bewußt, an einem Ort zu bleiben, der vor der Aggressivität oder der Gewalt liegt.

Hinterfragen ist der Weg, die Ebene des Bewußtseins ständig zu vertiefen, auf der man Dinge wahrnimmt. Man will zu der Ebene gelangen, die vor der Entstehung dieser Dynamik der Aggressivität liegt. Deshalb fragt man jedesmal, wenn die Dynamik in Erscheinung tritt: „Wen verkaufe ich für dumm?“ in Beziehung zu dieser Dynamik. Zum Beispiel: „Ich hasse Frauen nicht wirklich... Wen verkaufe ich für dumm?“ Das Üben wird mit der Zeit natürlicher und erfolgreicher, und es kommt irgendwann sogar spontan, aber zuerst muß man es absichtlich und gewollt anwenden.

Aggressivität und Gewalt sind für unsere Spezies keine unabdingbaren Gegebenheiten. Obwohl Sie vielleicht ein wenig davon geerbt haben, sind Aggressivität und Gewalt immer noch eine verhaltensbedingte Konditionierung.

Wie für viele politische Probleme gibt es auch für diese Dynamik der Aggressivität und Angst zwischen Männern und Frauen keine Patentlösung. Aber wenn wir das Problem erkannt haben und uns seiner Lösung nur fest genug verpflichten, dann gibt es vielleicht in einigen Generationen genügend Menschen, die es klar definiert haben, es in sich selbst erkannt haben und ausreichend erzogen sind, um diese Erziehung weiterzugeben. Wir können heute nur hoffen, daß wir unsere eigenen Motivationen erkennen und die Aggression darin entschärfen können. Vielleicht können wir dann den Kontext unserer Reaktionen wandeln zu einer Hingabe an den Willen Gottes.[10]

10 Wille Gottes – der natürliche Ausdruck der universalen göttlichen Bewegung. Gottes Wille ist daher kein in Stein gemeißelter Erlaß, dem wir unseren eigenen Willen beugen müssen, sondern ein intuitiver Sinn für „Richtigkeit“, auf den wir in freier Wahl in jeder einzelnen Situation reagieren können. „Hingegeben“ zu sein bedeutet, keine Wahl zu haben, als unsere Reaktion in jedem Augenblick als geeignet für die genauen Bedürfnisse dieses Augenblicks zu erkennen.

# *Geheimnis 7: Wir müssen uns Mama gegenüber beweisen*

Ein Mann „mit einem großen M" zu sein, wie G. I. Gurdjieff[11] gesagt haben würde, hat sehr viel damit zu tun, ob man sich seinen Eltern gegenüber immer noch beweisen muß. (Dies ist nicht der einzige Grund, aber er gehört sicherlich dazu.)

Wenn Sie der männlichen Rasse angehören und wenn Sie sich Ihrer Mama gegenüber immer noch beweisen müssen, dann versuchen Sie das auch bei jeder Frau, mit der Sie eine intime Beziehung haben, und bei den meisten anderen Frauen auch. (Dies kann allein durch die körperliche Haltung geschehen, die für das Unterbewußtsein genauso viel bedeutet wie eine sexuelle Erfahrung.) Das ist wohl kaum der Weg für eine richtige Beziehung, nicht nur gegenüber einem Partner, sondern gegenüber der Hälfte der menschlichen Rasse. Sogar Ihrer Mama gegenüber ist das nicht der richtige Weg für eine Beziehung – ihr beweisen zu müssen, daß es Ihnen gutgeht, daß Sie erfolgreich, unabhängig und „erwachsen" sind.

Ihre Mama wird Sie immer wie ein Baby behandeln, auch wenn Sie fünfundvierzig Jahre alt sind, und selbst dann noch, wenn einer von Ihnen beiden schon tot ist. Sich Ihrer Mutter gegenüber beweisen zu müssen besteht nicht darin, sie davon zu überzeugen, daß Sie erwachsen sind, weil Sie für Ihre Mama immer ihr kleines Baby sein werden. Das ist offensichtlich und kein esoterisches Geheimnis.

Sich Ihrer Mama gegenüber wirklich zu beweisen heißt, sie zu lieben, weil sie Ihre Mama ist, so wie sie ist, nicht wie Sie sie haben wollen oder gerne gehabt hätten, als Sie klein waren. Sie davon überzeugen zu wollen, daß Sie endlich erwachsen sind, und daß Sie Ihre eigenen Entscheidungen treffen können, ist nicht nur fruchtlos, sondern absolut unmöglich. Sie beweisen sich Ihrer Mama gegenüber, indem Sie sie lieben, wahrhaftig lieben. Auch wenn Sie sehr berühmt werden, wenn große Menschenmassen zu Ihren Füßen liegen und Ihr Autogramm haben wollen, glaubt Mama immer noch, daß Sie ihr kleines Baby sind. Sie beweisen sich Ihrer Mama gegenüber niemals durch das, was Sie erreichen, oder durch das, was Sie sind, sondern nur durch das, was sie für Sie ist.

---

11 Gurdjieff – ein russischer Mystiker, Autor und Lehrer des 20. Jahrhunderts.

Wenn Sie also versuchen, sich einem Partner gegenüber zu beweisen, dann sehen Sie ganz klar das große Handikap in dieser Beziehung. (Welche Beziehung?) Einige Männer versuchen, sich ihrer Mama gegenüber zu beweisen, indem sie ihrer Partnerin gegenüber schroff und unzugänglich sind: „Ich zeige dir, daß ich unabhängig bin, und daß ich nicht an deinen Rockschößen hänge, meine Dame." Sie haben nie ein freundliches Wort. Sie geben niemals nach. Machos geben sich ihren Partnern niemals hin (werden aber trotzdem beim Orgasmus oft depressiv, obwohl sie das hoch und heilig leugnen, vor allem sich selbst gegenüber).

Einige Männer versuchen, sich ihrer Mama gegenüber zu beweisen, indem sie Frauen gegenüber als Bittsteller auftreten und sich bei ihnen lieb Kind machen: „Ja Liebes, ja Liebes. Bin ich nicht ein guter kleiner Junge? Ich tue alles, was du sagst. Und ich tue ganz bestimmt nie etwas Schlechtes." Und: „Ja Liebes, ja Liebes, diesmal mache ich bestimmt keine Fehler… Mama…" Versuchen Sie das bei einer Partnerin, die möchte, daß Sie ein Mann sind, und warten Sie ab, was passiert. Es gibt dafür natürlich mehrere Wege, aber es ist – ganz offensichtlich – eine ziemlich schlechte Methode, die Sache so anzugehen, wenn Sie wirklich auf jemand anderen unmittelbar als Ihresgleichen eingehen wollen. Ist Ihnen aufgefallen, wie viele Männer eine Frau heiraten, die ein genaues Duplikat ihrer eigenen Mutter ist? Das ist sehr verbreitet. Viele Männer „heiraten" ihre Mutter, weil sie mit ihrer Mutter nicht schlafen und sich in ihrem Alter auch nicht mehr von ihr stillen lassen können. Sie können aber mit ihrer Frau schlafen und weiterhin das abhängige oder rebellische Kind sein, das sie immer waren. Und sie glauben, das ist Liebe! Unterbewußt fühlen sie: „Die Beziehung wird funktionieren, weil ich mich nicht ändern muß." Und: „… und meine Mutter hat mich immer geliebt, trotz meiner Schwächen, und das wird meine Frau (neue Mutter) auch tun." Das ist nicht unbedingt ein Thema, über das ein Paar miteinander sprechen würde. Hier geht es um ursprüngliche Motivationen, die normalerweise so weit vom Bewußtsein entfernt sind, daß sie, sollten sie sich doch einmal bemerkbar machen, als lächerlich empfunden werden.

Frauen versuchen sich ihren Müttern gegenüber auf ähnliche Art zu beweisen. Sie benutzen dazu ihren Partner. „Wenn ich das Leben meines Mannes bestimme, dann weißt du, daß ich tüchtig bin. Dann wirst du mich nicht wie ein Kind behandeln, obwohl ich sechsunddreißig Jahre alt bin, Mama."

Wenn eine Frau bewußt versuchen würde, sich ihrer Mutter gegenüber zu beweisen, dann wäre das in Ordnung. Wenn sie es mit vollem Bewußtsein und voller Aufmerksamkeit täte, könnte sie jederzeit damit aufhören. Aber wenn sie genau auf den Inhalt ihrer Beziehungen achtet, wird sie sehen, daß sie mechanisch und zwanghaft sind… ganz und gar zwanghaft. (Und das ist der wahre Grund dafür, daß wir uns mit dem spirituellen Leben beschäftigen – weil wir nicht zielgerichtet handeln. Wenn wir wirklich wüßten, was wir tun, würden wir das spirituelle Leben nicht brauchen.)

Wenn Sie erkennen, daß Sie „Ihre Mutter geheiratet" haben, brauchen Sie nicht schockiert zu sein und zu denken: „Mein Gott, ich muß jemand anderen finden. Was für eine schreckliche Sache. Ich bin durch irgendein neurotisches Muster da hineingeraten." Und? Viele von uns sind Beziehungen eingegangen aufgrund rein neurotischer Muster. Wir können daraus immer noch wunderbare Beziehungen machen, wenn wir uns mit der Beziehung befassen, so wie sie jetzt ist, und das neurotische Muster durch Klarheit und Weisheit überwinden.

Schließen Sie Frieden damit. Immerhin, wie viele Menschen bekommen überhaupt eine wirkliche Chance, die Wahrheit zu sehen und tatsächlich ihre nicht zugegebenen, sie aber ständig lenkenden Konflikte mit der Realität des Erwachsenseins aufzulösen? Ohne diese Auflösung ist eine Ehe im besten Fall gütig und sanft, aber immer noch auf einer Lüge begründet; und im schlimmsten Fall ist sie ein Alptraum aus Gewalt und Verleugnung, verurteilt zu einer „Hölle der Ko-Abhängigkeit" oder zum praktischen Scheitern… mit endlosen Wiederholungen.

Veränderung ist nicht angesagt. Erfahrungen sind nicht angesagt. Beschäftigen Sie sich damit, wo Sie sind und was Sie haben, und nicht damit, was sein würde oder sein könnte.

# *Geheimnis 8: Die Rückeroberung des Weiblichen*

Einer der beliebtesten Schwerpunkte in der heutigen Psychotherapie liegt auf der „Rückeroberung des Weiblichen“. Ich glaube jedoch, daß der Versuch, sich mit der Rückeroberung des Weiblichen zu beschäftigen, nicht in die Domäne der Psychotherapie fällt. Die Psychotherapie muß sich statt dessen mit den (in der Kindheit liegenden) Ursachen von Mißbrauch, Vernachlässigung und Beschämung durch unwissende Erwachsene auseinandersetzen.

Ausschlaggebend für die Krankheit des Männlichen ist die Verfassung des Weiblichen. Wenn das Weibliche wahrhaft „zurückerobert“ würde, müßte am Männlichen nichts geändert werden; es wäre automatisch vollständig und heil. Das ganze Problem besteht darin, daß das Weibliche und seine Schönheit, seine Fruchtbarkeit und seine Tiefe zurückgewiesen werden zugunsten des Männlichen und seiner unnormalen Herrschaft, Manipulation und Macht. Die Krankheit des Männlichen ist in Wahrheit eine Reaktion, ein verzweifelter Versuch, die tiefe Schuld und Scham darüber, das Weibliche so mißbraucht und herabgesetzt zu haben, zu besänftigen. Diese Krankheit ist der Versuch des Mannes, die Machtlosigkeit zu vergessen, die er ohne das Weibliche als Kontext zu und Partner in seiner Realität erfährt.

Um das Weibliche tatsächlich auf ganzkörperliche Weise zurückzugewinnen, bedarf es der Verbindung zu einer Quelle, in der das Weibliche bereits heilig ist und seine wahre Rolle ausfüllt.

Viele Menschen haben Erfahrungen der Gemeinschaft mit diesem Weiblichen, aber ich glaube, um sich als Kontext für das eigene Leben darauf einzulassen, um sich beständig auf den Strom seiner Segnungen einzulassen, benötigt man eine Einführung durch jemanden, der sich bereits in diesem Strom befindet. Der Versuch, ohne Hilfe in diesen Strom hineinzugehen, muß zwangsläufig ein Versuch mit vielen Hindernissen werden, da jede Initiative dazu nur aus dem Ursprung kommen kann, der Sie von dieser Quelle isoliert und Sie Ihr Leben lang davon ferngehalten hat – dem Ego. Es ist also ganz offensichtlich, daß dieser Prozeß sich selbst vereitelt. Auch wenn es, akademisch gesehen, möglich ist, ist es praktisch gesehen unmöglich.

Ich sehe die Berührung mit dem Weiblichen als die Berührung mit dem reinen Wesen, gleichzusetzen mit dem Finden von Gott. Jemanden, der das könnte, würde ich als Zauberer, als glühenden Verfechter, als Krieger oder als Schamanen bezeichnen. Geeignete Formen der Psychotherapie können uns bei der Klärung helfen, so daß wir diese Möglichkeiten in Betracht ziehen können, die uns oft deshalb nicht dämmern, weil unser Verstand so starr ist. Daher kann die Psychotherapie uns dabei behilflich sein, unser Denken in die richtige Richtung zu lenken – freier zu sein in unseren unermeßlichen Möglichkeiten.

Im gesamten kulturellen Kontext gab es mehrere tausend Jahre der männlichen Dominanz und mehrere tausend Jahre der darauf beruhenden weiblichen Manipulation. Wir können uns nicht von unseren genetischen Erinnerungen trennen. Wo immer wir hingehen, was immer wir tun, wir tragen diese Erinnerungen in uns, und deshalb fliegen die Funken.

Um die Fähigkeit zu erlangen, das Weibliche zurückzuerobern, müssen wir also zuerst wissen, wieviele versteckte Punkte wir auf der Tagesordnung haben (wie die genetische Erinnerung, daß die Männer die Frauen beherrschen), so daß wir den Wunsch nach Heilung und Ganzheit entwickeln können. Das allein ist schon ein großer Schritt – den die meisten Menschen niemals machen. Die meisten Menschen denken: „Oh, ich habe nur dieses eine kleine Problem. Das ist keine große Sache." Aber das ist es!

Der nächste Schritt besteht darin, diese Tagesordnungspunkte im Gedächtnis zu behalten und den Wunsch zu haben, sie nicht mit Leben zu erfüllen, nicht so verletzend und gemein zu sein. Wenn Sie an der Wurzel der Tagesordnung angekommen sind, dann wird sie nie wieder auftauchen. In der Zwischenzeit müssen Sie nur darauf achten, sich nicht unbewußt in bestimmte Situationen zu begeben. Bewahren Sie Ihre Aufmerksamkeit, seien Sie sich bewußt, daß Sie eine Tagesordnung haben und daß Sie sie nicht wollen. Das bringt Absicht in die Überlegungen. Dann wird sich der göttliche Einfluß[12] um die Situation kümmern... aber nicht ohne Ihre Hilfe. Der göttliche Einfluß liefert die Zutaten, die erforderlich sind, damit Sie an diesen versteckten Tagesordnungspunkten arbeiten können, statt daß sie so unbewußt bleiben, daß sie schon ein hohes Maß an Beschleunigung erreicht haben, ehe Sie die Chance bekommen, etwas dagegen zu tun.

Was ich vorschlage, ist insbesondere für das männliche Ego nicht sehr attraktiv, im Gegenteil, es ist die am wenigsten attraktive Sache. Deshalb

---

12 Göttlicher Einfluß – die transformative Kraft, die jemanden, der dafür empfänglich ist, auf den Willen Gottes ausrichtet. Er wird erfahrbar durch den spirituellen Meister.

müssen Sie vielleicht am Anfang diese Überlegungen bewußt zu einem Akt des Willens machen. Es ist wie etwas, das Sie nicht lernen wollen, weil Sie darüber einen Test schreiben müssen. Tun Sie es einfach!

Vielleicht können wir die *wahre Männlichkeit* nicht finden ohne die *wahre Weiblichkeit.* Solange wir die *wahre Weiblichkeit* nicht gefunden haben, reagieren wir nur auf das Weibliche. Wenn wir uns aber dem Weiblichen unterwerfen würden, könnte es sein, daß wir das wahrhaft Männliche finden, das schon in all seinem Glanz da ist. Das, wonach wir die ganze Zeit gesucht haben, ist ganz woanders, als wir es vermutet haben.

Es gibt mehrere mögliche Wege, sich dem Weiblichen zu unterwerfen. Ein Weg ist, sich wie Ramakrishna Frauenkleidung anzuziehen und eine Weile unter Frauen zu leben, nicht nur mit den Frauen, sondern als Frau. Eine andere Möglichkeit ist die Annäherung aus einer inneren Veranlagung heraus, statt aus der äußeren Form. Um dies zu tun, betrachten Sie die Unterschiede zwischen dem Männlichen und dem Weiblichen, und fördern Sie die Qualitäten des Weiblichen in Ihrem Verhalten und in Ihrer Stimmung. Damit schaffen Sie eine gewisse Veranlagung in Richtung des Weiblichen, und nicht unbedingt in Richtung einer menschlichen Frau. Sie können nie wissen, was daraus entstehen kann, und Sie bleiben offen für alles, was geschehen könnte.

Dramatisieren Sie diese Stimmung oder diese Veranlagung jedoch nicht, sondern bleiben Sie damit unsichtbar. Sagen Sie nicht jedem, was Sie tun.

Egal, ob Sie Mann oder Frau sind, die Hingabe an das Weibliche ist der Weg.

# *Geheimnis 9: Gehen Sie eine leidenschaftliche Liebesbeziehung mit dem Leben ein*

Packen Sie das Leben beim Schopf, und lassen Sie sich von seiner Extravaganz mitreißen. Es gibt ganz allgemein zuviel „Ich“ – zuviel Ego – , das versucht, das Leben wegzunehmen und es aufzufressen. Lehnen Sie sich zurück, und lassen Sie sich vom Leben ersticken. Wenn Sie es zulassen, wird das Leben Sie aufzehren. Sie sind die Plattform des Karussells, und das Leben läuft im Kreis herum, um Sie zu fangen. Weichen Sie nicht zurück. Wenn das Leben kommt, um Sie zu ergreifen, werfen Sie sich hinein. Schon die Farben in einem Raum und die Gesichter von Menschen, die alle Schatzkästen voller Impressionen sind, können Sie in einen Zustand mystischer Klarheit erheben. Beobachten Sie auch die bösartigste Person nur sorgfältig genug, ein- oder zweimal in der Woche, und Sie werden zu Mitgefühl und Zärtlichkeit bewegt sein müssen.

Sie können das Leben nicht durch eine muskulöse Willensanstrengung daran hindern, Sie zu verzehren. Ich habe ziemlich viel Erfahrung, und auch mir gelingt es nicht. Ich bin daran gewöhnt, durch Unaufmerksamkeit hineinzufallen. Sie wissen, wie das bei Autounfällen ist – normalerweise werden die Leute, die betrunken sind, nicht verletzt, weil sie so schlaff und weich sind. Das Auto schießt über die Klippe, und sie denken: „Klasse.“ Sie federn elastisch, wenn sie aufschlagen, weil sie so entspannt sind. Einen Arm oder ein Bein brechen Sie sich dann, wenn Sie angespannt sind. Deshalb bleiben Sie ruhig. Seien Sie sanft, sachte, verschmelzen Sie mit dem Leben. Lassen Sie es über Sie hinweg- und durch Sie hindurchgehen wie eine süße, weiche Brise.

Das Leben ist größer als all die Begrenzungen, die wir ihm auferlegen wollen, und Sie müssen eine beständige Romanze mit dem Leben haben, weil es sonst sehr leicht geschehen kann, daß Sie von Ihren ganz eigenen Lebensumständen einfach verschüttet werden.

Es ist einfach, zu einem Automaten zu werden, der aufsteht, hart arbeitet, sogar spirituelle Übungen macht, aber alles nur aus mechanischer Gewohnheit. Sie können leicht auf den Gedanken kommen, daß Ihre spirituelle Arbeit, oder was immer Sie tun, das einzig Wichtige ist und daß Sie ihr Leben dafür geben müssen, wobei Sie aber gleichzeitig vergessen, was es tatsächlich bedeutet, „Ihr Leben dafür zu geben". Dann kann es geschehen, daß Sie noch mechanischer werden als vorher (sofern das vorstellbar ist), aber in anderer Form.

Die *Arbeit*[13] will Ihr Leben – aber nur, wenn Sie eine Liebesbeziehung mit dem Leben selbst haben, nur, wenn Sie klug, stark, zuversichtlich, fähig sind, kurz: LEBENDIG. Die *Arbeit* will keinen schwerfälligen, leidenschaftslosen, sich abringenden, gequälten Humanoiden. Der *Arbeit* Ihr Leben zu geben bedeutet, der *Arbeit* jeden Tag Atem und Aktivität zu geben, der *Arbeit* jeden Tag Leidenschaft zu geben. Sie müssen einen kindlichen, ewigen *Anfängergeist*[14] haben, einen Glauben an Wunder, wie: „Jeden Tag kann alles geschehen!"

Um eine intime Beziehung in Betracht ziehen zu können, die für den Rest Ihres Lebens bestehen könnte und die sehr wahrscheinlich auch mit Kindern verbunden sein wird (ob Sie sie wollen oder nicht), müssen Sie zuerst diese leidenschaftliche Beziehung zum Leben haben. In einer tiefen und hoffentlich bedeutsamen Verpflichtung zu einem anderen Menschen, wenn beide sich gegenseitig ihr Leben geben, müssen Sie erkennen, daß das Leben größer ist als Ihre eigene intensive kleine Kammer. Es wird Zeiten geben, in denen Sie den anderen in Stücke reißen möchten wegen einer nichtssagenden oder sogar eingebildeten Beleidigung. Es wird Momente geben, in denen Sie denken: „Mein Gott, ich bin erst vierzig. Ich habe noch dreißig Jahre dieses Elends vor mir." Sie glauben vielleicht, daß es absolut unmöglich ist, daß Ihre Beziehung funktioniert. In solchen Momenten brauchen Sie diese Haltung der Unschuld am dringendsten – den Glauben, daß alles geschehen kann. Sie

---

13 Arbeit, – ein in vielen spirituellen Traditionen und kürzlich auch in den Lehren von Gurdjieff verwendeter Ausdruck, der sich auf die Arbeit Gottes bezieht, an der die Menschen aufgefordert werden, mitzuwirken. In Lee Lozowicks Lehre ist er gleichzusetzen mit dem Großen Prozeß der Göttlichen Evolution und der Ausrichtung des einzelnen auf diesen Prozeß. Der KONTEXT, vom Göttlichen bewegt zu werden und nicht vom Bezug auf sich selbst, bestimmt, ob es sich bei einer Aktivität um die *Arbeit* handelt. Die *Arbeit* ist objektives Sadhana (spirituelle Praxis), und nur jemand, der auf den Willen Gottes ausgerichtet ist, kann wissen, um was es sich im jeweils gegebenen Augenblick handelt.

14 Anfängergeist – ein beschreibender Ausdruck, den Shunryu Suzuki, Roshi, Autor von *Zen Mind, Beginner's Mind* [dt.: *Zen-Geist, Anfängergeist*] (New York: Weatherhill, 1970) verwendet hat, und der bedeutet, daß man an jeden Augenblick herangeht, als ob er ganz neu wäre. In der Lehre von Lee Lozowick ist dies ein Geist, der keine Schlüsse zieht.

müssen sich daran erinnern, was LEBEN ist und immer sein wird, unabhängig von Ihren persönlichen Lebensumständen.

Sie haben immer Zugang zu der Größe, der Grenzenlosigkeit des Lebens, egal, wie hoffnungslos die Dinge erscheinen. Diesen Zugang bekommen Sie nicht, wenn Sie Ihren Partner umwerben. Diesen Zugang bekommen Sie, wenn Sie eine Liebesbeziehung zum Leben selbst haben – ein leidenschaftliches Leben. Dann sind auch Ihre Beziehungen leidenschaftlich und reizvoll.

Ich hörte kürzlich im Radio ein Interview mit Henry Miller, einem meiner herausragenden Helden. Er war fünfundachtzig Jahre alt, mit einer lähmenden Arthritis, und er konnte nicht ohne Gehapparat gehen oder ohne Hilfe aus dem Bett aufstehen. Trotzdem entsprach die Stimme dieses Mannes seinem Motto: „Immer fröhlich und heiter." Er sagte: „Wenn Sie so alt sind wie ich, müssen Sie über Krankheit nachdenken", und dann lachte er. Fast jeder zweite Ton, der aus seinem Mund kam, war ein Lachen.

Hier war also Miller, unfähig, an der Schreibmaschine zu arbeiten, fast blind (er war auf einem Auge vollkommen und auf dem anderen halb blind), so voller Schmerzen, daß er die ganze Nacht auf war, weil er nicht schlafen konnte, und trotzdem immer voller Leidenschaft, voller Leben.

Miller sagte: „Die Amerikaner mögen mich nicht, aber die Europäer lieben mich. Ich bin in Amerika nicht beliebt." Das ist kein Wunder. Die Amerikaner haben keinen Geschmack, und ein Grund dafür ist, daß wir unsere Stimmungen und Meinungen von scheinbaren Problemen diktieren lassen. Wir definieren unsere Beziehungen über unsere Umstände. Wenn wir nicht genau das bekommen, was wir wollen und wann wir es wollen, wenn wir nicht genau das Essen bekommen, das wir wollen, wenn die Menschen nicht genau so sind, wie sie unserer Erwartung nach sein müssen, werden wir depressiv oder wütend oder beleidigend. Sie brauchen ein leidenschaftliches Gefecht mit dem Leben, um über diese Kleinlichkeit hinauszuwachsen.

Ich habe oft über andere Alternativen diskutiert, aber es ist für mich durchaus vorstellbar, daß wir nur einmal leben und nur einmal die Chance bekommen. Also machen Sie aus Ihrem Leben eine wilde, leidenschaftliche Sache! Gestalten Sie es real, total, reich und voller Möglichkeiten. Das Leben sollte ein großartiges, majestätisches Ereignis sein – das gute, das schlechte und das gleichgültige Leben. Wenn ein Tag ein Jammer ist: Fühlen Sie sich jämmerlich. Wenn Sie an einem Tag „ganz unten" sind: Lassen Sie es nicht an allen anderen aus. Fühlen Sie es, schmecken Sie es, verströmen Sie es. Seien Sie nicht gemein Ihren Freunden gegenüber. Wenn das Leben an einem Tag lausig ist, dann wird es an einem anderen Tag großartig sein. Das ist der *Anfängergeist.* Morgen könnte alles geschehen. Wenn das zwanzig Jahre lang Ihre Einstellung ist und wenn zwanzig Jahre lang morgen nichts geschieht, dann spielt das keine Rolle. Die Einstellung reicht!

Wenn Sie nicht jeden Tag eine Liebesbeziehung mit dem Leben haben, wenn Sie nicht jeden Tag ein Wunder erwarten, werden Sie nach Gott immer nur in dem suchen, was gut erscheint – im Attraktiven, im Leichten, im Vorhersehbaren. Die meisten von Ihnen, die das hier lesen, sind alt und reif genug und haben ausreichend Erfahrung, um zu wissen, daß Sie nicht erwarten sollten, daß das äußere Erscheinungsbild alles aussagt. Das äußere Erscheinungsbild ist voll und ganz subjektiv. Statt dessen sollten Sie in das Herz der Dinge schauen, durch die äußere Erscheinung hindurch das Wesentliche spüren. Dazu sind Sie nicht nur fähig, das tun Sie alle ohnehin von Natur aus. Sie müssen sich nur bewußt sein, daß Sie es tun, ihm vertrauen, und dieses Bewußtsein realistischer machen als die Illusionen Ihrer anerzogenen Überzeugungen und Meinungen. Sie neigen aber dazu, genau das nicht zu tun, wenn die Umstände Ihr Leben ein wenig grau aussehen lassen. „Was wird passieren, wenn die Rechnungseintreiber an die Tür klopfen…?“, werden Sie fragen. Und so weiter, und so weiter.

Mit dem *Geist des Anfängers* wird die Leidenschaft in Ihrem Leben immer gegenwärtig sein. Wenn Ihre Leidenschaft zu sterben beginnt, geschieht das nicht wegen Ihrer spirituellen Arbeit, Ihrer Freunde, Ihrem Liebhaber oder wegen der schlechten Zeiten im Leben. Ihre Leidenschaft wird sterben, weil Sie – mit Haken, Leine und Sinkgewicht – eine Einstellung gekauft haben, die Ihnen von Ihren Eltern, Ihren Lehrern und dieser Gesellschaft verkauft wurde. Sie haben die Einstellung gekauft, daß Sie aussehen müssen wie der Mann im *Playgirl* (wenn Sie ein Mann sind) oder wie die Frau im *Playboy* (wenn Sie eine Frau sind). Sie glauben, daß Sie „cool“ und kultiviert sein müssen, daß Sie sich richtig anziehen und so riechen müssen wie die kollektive Welt möchte, daß Sie riechen. Wenn Ihre Leidenschaft stirbt, so geschieht dies, weil Sie die Einstellung gekauft haben, daß äußere Erscheinungsbilder alles sind, einschließlich der Erscheinungsbilder Ihrer Weltansicht, Ihrer Politik, Ihrer Meinungen und Überzeugungen.

Um es letztlich bei dieser *Arbeit des Erwachens* und der Transformation „zu schaffen“, müssen Sie das Wunderbare umarmen – immer.

Und das Wunder ist, daß Sie mit sich selbst so sehr in Frieden sind, daß Sie Ihre Energie darauf ausrichten können, die Gelegenheiten willkommen zu heißen und zu nutzen, die Ihnen ständig in den Schoß fallen. Diese Gelegenheiten zu umarmen und zu verschlingen, das macht Sie frei, glücklich, voller Leben, voller Leidenschaft. Dann werden Ihre jeweiligen Umstände nicht so dramatische Auswirkungen auf Sie haben.

Es ist die Natur dieser *Arbeit*, daß eine Offenbarung, ein Durchbruch jederzeit geschehen kann und auch oft geschehen ist! Aber wie schnell vergessen wir das.

# *2. Teil*

## *Was Sex ist und was nicht*

*Dieser Abschnitt des Buches besteht aus einfachen, offenen Worten über die Natürlichkeit der menschlichen Sexualität, in dem Versuch, ein beladenes Thema zu entschärfen und einige der grundlegenden Mißverständnisse über die Sexualität aufzuklären.*

# *Geheimnis 10: Sex – Ware oder Gemeinschaft?*

Natürlich gibt es eine instinktive Ebene der sexuellen Aktivität, die der Fortpflanzung dient. Auf dieser Ebene sind wir einfach Tiere, und weil die Rasse fortbestehen muß, übt der Sex Anziehungskraft auf uns aus. Aber darüber hinaus ist Sex in unserer modernen Welt zur Ware geworden, zu einer sehr kultivierten und verfeinerten Ware. Wir leben in einem besonderen Teil der Welt, in dem Sex nicht nur irgendeine Ware ist, sondern wahrscheinlich *die* Ware schlechthin. Natürlich haben und praktizieren ihn auch die Menschen in Bangladesh oder in Kambodscha, aber Sex hat dort nicht in dem Maße die allumfassende Bedeutung im Leben wie bei uns. Wenn Flüchtlinge in unser Land kommen, bin ich sicher, daß sie im Fernsehen die Werbespots anschauen und feststellen, daß in unserer Kultur das Deodorant den gleichen Stellenwert einnimmt wie in ihrer eigenen Kultur der Reis. Es ist nicht das Deodorant selbst, dem solche Wichtigkeit beigemessen wird, sondern der sexuellen Attraktivität!

Je mehr wir uns einer wahrhaft auseinanderbrechenden Welt nähern (und ich meine damit nicht nur einfach ein hohes Maß an Verbrechen, ich meine eine tatsächlich auseinanderbrechende Welt), um so verzweifelter suchen die Menschen nach mehr und mehr und mehr. Es gibt Kindersex und S & M und all diese Dinge, von denen wir glauben, daß sie uns unseren menschlichen Zustand vergessen lassen. Aber das tun sie nicht. Einen Moment nach einem fünfzehn Sekunden dauernden Orgasmus ist es vorbei, und die Erinnerung kommt zurück. Aber so gehen wir im Unterbewußtsein mit Sex um – als eine Vielfalt von Möglichkeiten, zu vergessen.

Wir sind in einer Kultur aufgewachsen, in der Sex billig gemacht wurde. Wenn Sie die Medien und die Werbung betrachten, wird dort jede noch so schwache Tendenz zur *wahrhaften Sexualität* voll und ganz überlagert von dem neurotischen Bedürfnis, sich in einer Weise zu paaren, die mit dem übereinstimmt, was uns unser Leben lang von den Medien eingetrichtert wurde. In den Köpfen der Leute existiert ein gewaltiges neurotisches Bedürfnis danach, sich wie ein Playgirl oder ein Playboy zu paaren, wie ein „Swinger" oder ein „Hengst". Männermagazine wie den *Playboy* gibt es schon lange, aber *Playgirl* und andere Frauenmagazine sind eine relativ neue Erscheinung. Dabei ist das *Playgirl Magazine* noch nicht einmal der schlimmste Übeltäter. Das sind *Mademoiselle, Harper's Bazaar, Vogue, Cosmopolitan* – all die erstklassigen Zeitschriften für „Damen". Die Artikel in diesen Zeitschriften ermutigen zu den unrealistischsten und oberflächlichsten Sex- und Beziehungsaktivitäten, die man sich vorstellen kann. Sie sind nicht pornographisch und auch nicht sonderlich freizügig, aber sie ermutigen die Frauen dazu, einfältig, sentimental, widerlich und unreif zu sein. In der gleichen Weise werden die Männer in Männermagazinen dazu aufgefordert, hart zu sein, wenn sie es müssen, verständnisvoll und zärtlich zu sein, wenn sie es müssen, und alles zu wissen, was es über Frauen, Sex, Reisen, Autos, Geld und Essen zu wissen gibt. Das meiste von dem, was heute für Sex gehalten wird, ist einfach nur die neurotische Neigung, so sein zu wollen, wie wir glauben, als Mann oder Frau sein zu müssen.

Der Sexualität unserer Tage wohnt keine Heiligkeit mehr inne. Vor langer Zeit, in den am höchsten entwickelten Kulturen der Welt – im alten China, Japan, dem Nahen Osten und Indien – hatte der Akt der Liebe von allen menschlichen Tätigkeiten die größte heilige Bedeutung. Der archetypische Akt der Vereinigung wurde höher bewertet als Essen, höher als Sterben, höher als die Geburt. Und der profane sexuelle Akt wurde, wie es zum Beispiel in einigen alten indischen Abhandlungen beschrieben wird, immer bis zu einer fast unbeschreiblichen Verfeinerung vervollkommnet. In Japan wurden nur die stärksten, intelligentesten, kreativsten und diszipliniertesten Frauen in den vielen kultivierten Künsten ausgebildet, die man braucht, um eine *Geisha* zu sein. In vielen Ländern des Orients war es also so, daß die „Elite" der weiblichen Bevölkerung fast ausschließlich aus Kurtisanen, Prostituierten oder *Geishas* bestand. Natürlich gab es auch in diesen Zeiten bei einem großen Teil der Bevölkerung die alltägliche Einstellung zu Sex, die immer die gleiche war… aber andere, hochgebildete Kreise waren in dieser Beziehung sehr kultiviert. (Und ich spreche hier nicht von der Kultivierung, die der Sex durch den Marquis de Sade erfahren hat. Natürlich hat es auch bestimmte Kreise gegeben, in denen der Sex eine andere Art der Kultivierung erfahren hat – eine, in der man als um so kultivierter angesehen wurde, je erniedrigender man sein konnte. Und das geschieht heute immer noch.)

Die meisten von uns, zumindest in den Vereinigten Staaten, sind in einer Umgebung aufgewachsen, in der die Sexualität völlig verborgen wurde. Als wir groß wurden, gab es im Fernsehen noch keine Programme wie „Love Boat" [dt.: *Liebesboot*] und „Three's Company" [dt.: *Drei sind eine Gruppe*]. Zu meiner Zeit wurden geschlechtslose verheiratete Paare gezeigt, die in getrennten Zimmern schliefen und trotzdem riesige Familien hatten. Wenn sie keine getrennten Schlafzimmer hatten, so standen doch zumindest die Betten so weit wie möglich auseinander, und sie schliefen immer voll angezogen in Nachtkleidern, in die nur ein Puzzle-Experte hinein und wieder heraus gekommen wäre.

Obwohl die ganz normalen weltlichen Einflüsse, die uns als Kinder beschäftigt haben, so ganz und gar mit Sexualität beladen waren, waren die Erwachsenen normalerweise so unsicher, verwirrt und verängstigt darüber, ihre Sexualität wahrhaftig zu fühlen, daß sie uns eine Einstellung der Asexualität vermittelt haben. Ohne diese Ehrlichkeit und Erziehung ist es ein wahres Wunder, daß wir nicht noch mehr seltsame abergläubische Vorstellungen über Sex entwickelt haben. (Es ist nicht so, daß ich meine, die Comicfiguren Sluggo und Nancy sollten „es tun", aber es gibt mit Sicherheit einen Weg, Kindern in bezug auf Sexualität eine wertvolle und ehrliche Erziehung zu vermitteln.) In einer Kultur, die völlig bar jeder Sexualität ist, wurde die Sexualität zu einem geheimnisvollen Rätsel und hat uns deshalb schreckliche Angst eingejagt.

In meinem Fall war Sex ein großes Rätsel, und Frauen oder Mädchen waren unerreichbar. Ich habe niemals das Wort „Göttin" verwendet, weil ich nicht in diesen Begriffen dachte. Weibliche Wesen waren einfach unerreichbare, unberührbare Geschöpfe – Objekte, nach denen man gieren und von denen man träumen konnte, die man aber nicht berühren und mit denen man erst recht nicht sprechen konnte. Wir sind entweder so aufgewachsen, oder wir haben gelernt, daß die Sexualität überhaupt keinen essentiellen Wert haben sollte. Vielleicht haben unsere Eltern sogar in sehr abwertender Weise über Sexualität oder über unsere Nachbarn gesprochen: „Sie ist eine Hure, und ich bin froh, daß sie nicht meine Tochter ist." Der Sexualität wurde in unserer Kultur niemals ihr wahrer Stellenwert eingeräumt.

Meine Überzeugung ist, daß der sexuelle Akt immer eine Gemeinschaft sein sollte. Sex sollte die gleiche Bedeutung haben wie ein Kind zu bekommen – tiefgreifend, ehrfurchtsvoll, hinreißend. Natürlich ist das eine Idealvorstellung. (Ich glaube, daß diese Einstellung noch nicht einmal in einer der nächsten Generationen in unserer Gemeinschaft vorherrschen wird, aber auf dieses Ideal arbeite ich hin.) Der sexuelle Akt ist eine heilige Handlung, und er sollte bei jedem Mal als heilige Handlung angesehen werden. Das bedeutet natürlich nicht, daß Sie nur zweimal im Jahr Sex haben sollen. Die Häufigkeit spielt keine Rolle. Ob Sie jeden Tag

Sex haben, einmal im Monat, zweimal im Monat oder nur einmal im Jahr, es ist eine heilige Handlung. Ein bewußter Mensch (Mann oder Frau), jemand, der wirklich sensibel ist, der im wesentlichen auf der Höhe des dritten Chakras (dem sexuellen Zentrum) oder darüber (auf der Höhe des Herzens) reif ist, trägt in sich selbst die Macht, die Sexualität zu einem Eingang oder einem Tor werden zu lassen. Diese Möglichkeit sollte niemals mit Füßen getreten werden. Die Vereinigung zwischen einem bewußten Mann und einer bewußten Frau ist immer heilig. Zugegebenermaßen müssen wir natürlich auch aus jedem Blickwinkel der Sexualität, genau wie aus jedem Blickwinkel des spirituellen Lebens, die Dilemmas und Probleme erkennen, die sich uns in diesem Bereich stellen.

Heutzutage ist Sex eher so, als ob Sie sich einen Schokoladenriegel in den Mund stecken: Es gibt keine Gefühle, keine Tiefe, keine Nützlichkeit. Ein Orgasmus ist kein Gefühl! Er ist nur ein kleiner Ausschlag auf dem Energiemonitor. (Aber für einige Leute reicht das aus: „Gott sei Dank, ich bin ‚gekommen'. Jetzt kann ich eine Zigarette rauchen und dann einschlafen.")

Unbewußte Menschen glauben typischerweise, daß Sex einfach nur Spaß ist, …daß es sich gut anfühlt und daß sie deshalb jede Chance nutzen sollten, die sie bekommen. Als ich auf dem College war, kannte ich eine Menge Kerle, die in einem phantastischen Haus mit lauter Single-Apartments wohnten, und mit vielen Stewardessen in Apartments rundherum. Sie erzählten mir von den wilden Parties, die sie angeblich veranstalteten, und davon, wie die Stewardessen dort schlafen würden, wenn sie zu betrunken wären, um nach Hause zu gehen. Ich fand heraus, daß keiner dieser Kerle jemals Sex mit einer dieser Frauen hatte; sie schliefen einfach nur bei ihnen, und ich konnte es nicht glauben. Soweit es mich betraf, würde ich niemals mit einer Frau ins Bett gehen, wenn nicht irgend etwas passieren sollte! Als ich ein wenig älter wurde und mehr Erfahrung hatte, bekam ich eine andere Einstellung zu diesen Dingen.

Viele von uns, insbesondere die Männer, aber sogar auch einige der Frauen, sind immer noch so, wie ich damals war – wir wollen eine sofortige Bezahlung mit Sex. Wir fühlen, daß sich dahinter etwas Besseres verbirgt, aber es ist zu riskant, darauf zu warten. „Was ist, wenn ich die ganze Nacht neben dieser Frau schlafe, und nichts passiert? Ich habe eine Nacht versäumt…", als ob es keine nächste und nächste und nächste Nacht mehr gäbe. Wir neigen dazu, sehr kurzfristig zu denken. Aber auf diesem Gebiet funktioniert das nicht. Was die geduldige Frau oder den geduldigen Mann auf diesem Gebiet erwartet, ist viel, viel größer als die sofortige Befriedigung. Aufgrund der Natur der Sexualität, und weil aber die sofortige Befriedigung so mächtig sein kann, sind wir jedoch oft nicht zu einem Experiment bereit. Wir haben diese unglückliche Mentalität – diese Einstellung, keine Zeit zu haben.

Unbewußte Männer denken normalerweise, daß die Frauen sich um die Empfängnisverhütung kümmern sollten, und daß sie (die Männer) die Beziehung jederzeit verlassen können, wenn es hart auf hart kommt. Unbewußte Frauen fühlen im allgemeinen: „Solange ich geschützt bin, na ja, was soll's?" Das Ergebnis dieses Nichtbewußtseins ist jedoch ziemlich verheerend. Betrachten Sie nur einmal die Häufigkeit von Herpes und die Seuche der Geschlechtskrankheiten. Diese Zustände sind wie eine Plage. Es ist nicht so, daß es nicht schon immer Geschlechtskrankheiten gegeben hat, aber die neue Plage zeigt sich in unseren Tagen, weil wir grundlegend gegen das Gesetz Gottes von der Heiligkeit der Vereinigung zwischen einem bewußten Mann und einer bewußten Frau verstoßen haben.

Es ist sehr schwierig, dieses Thema in seiner Gesamtheit zu betrachten, zu sehen, wer wir als Mann und wer wir als Frau sind, und im wesentlichen „unsere Handlungen zu säubern", denn selbst wenn wir auf der physischen Ebene nicht sexuell ausschweifend leben, so tun es die meisten von uns doch in ihrer Einstellung. Der Flirt überwiegt in fast allen Beziehungen zwischen den Geschlechtern. Frauen flirten mit Männern, und Männer flirten mit Frauen, wenn sie eine Versicherung abschließen oder wenn sie ihre Lebensmittel bezahlen. Diese Stimmung durchdringt die gesamte Kultur und schafft eine Krankheit, die schlimmer ist als AIDS.

Es ist ziemlich leicht, körperlich treu zu bleiben – Männer haben ihre Arbeit, Frauen haben Dinge, mit denen sie sich beschäftigen können. Die beiden gemeinsame Krankheit ist, daß die Männer abends von der Arbeit nach Hause kommen und zu müde für Sex sind, und die Frauen sind zu sehr von den Kindern in Anspruch genommen. Wer hat da die Zeit oder die Energie, sich mit der grundlegenden, sachlichen Tatsache auseinanderzusetzen, daß Sex eine heilige, rituelle Handlung ist? Zu sehen: „Wie oben, so unten?" Die archetypische Vereinigung von Shiva und Shakti während des Liebesaktes zu verkörpern und zu vollziehen?

Tatsächlich ist alles, was wir tun, eine rituelle Handlung, einschließlich Essen und Atmen. Aber die Sexualität ist die machtvollste archetypische, dualistische Beziehung im Leben. Der sexuelle Akt ist ehrfurchtgebietend, wenn er das Tor zur Domäne der Gemeinschaft aufschließt, die im wahrsten Sinne des Wortes die Domäne der Schöpfung ist. Damit ist nicht die Zeugung gemeint, die die archetypische Manifestation des Schöpfungsaktes ist. Der sexuelle Akt ist im wahrsten Sinne des Wortes die archetypische Manifestation dessen, was Gott am ersten Tag tat. Sex kann der Schlüssel hierzu sein. Deshalb sind Fragen wie: „Muß ich sofort einen Mann oder eine Frau finden, eine Beziehung eingehen und diese Dinge in die Praxis umsetzen?" alle irrelevant, wenn wir das Prinzip der Heiligkeit des Liebesaktes nicht erkannt haben und nicht zu würdigen wissen.

Diese Betrachtungsweise der Heiligkeit muß das Fundament für jedwede Lehrzeit des Körpers sein, der ein Wissen erlangt, das gezielte Antworten auf all die Fragen gibt, die Männer und Frauen betreffen. Dies ist eine unermeßliche, geheimnisvolle Domäne.

Ein Mann muß der Frau gegenüber eine andere Einstellung gewinnen. Allein die Tatsache, daß eine Frau schwanger werden und ein Kind bekommen kann, ist ein so ehrfurchtgebietendes Geheimnis! Es ist nicht nur eine Sache von Eileitern und Eierstöcken – dem ganzen Zeug, das wir in Biologie gelernt haben. Als ich sechzehn war, nannte ich die Frauen „Kühe", und meine Kusinen traten nach mir und schrien mich an. Als ich aber zu dem Punkt kam, an dem ich wirklich sah, was geschah, war das Mysterium des Ganzen unbeschreiblich. Frauen sind wirklich geheimnisvoll. Frauen sind das Dharma[1]. Frauen sind das *ursprünglich Göttliche*. Sie haben das Potential, spirituelle Energiespender zu sein. (Und die Männer können lernen, diese Energie anzuzapfen und zu transformieren, um wahres Leben, Schönheit und Wirklichkeit in einem größeren Umfang nach außen hin auszudehnen.)

Bei den Männern gibt es nicht so viel Geheimnisvolles. Männer sind einfach Shiva. Sie sind *einfach da*! Sie jagen, und sie bringen die Beute. Aber Frauen sind sehr geheimnisvoll in einem anderweltlichen Sinne. Bis wir alle, Männer und Frauen, dies erkennen und dann bei diesem Leib des Wissens in die Lehre gehen, ist es genauso, als ob wir irgendwo anders zur Schule gehen… es ist zwecklos. Dieser Leib des Wissens über

1 Dharma – die geschriebene oder gesprochene Lehre eines spirituellen Meisters; das philosophische Argument eines spirituellen Weges; die objektiven spirituellen Lehren, sowohl traditionell als auch zeitgenössisch. In besonderem Sprachgebrauch kann es gleichzusetzen sein mit der *Wahrheit*, dem *Gesetz*, oder der *höchsten Wahrheit*.

die transformierende Natur der Sexualität ist immer verfügbar, und er teilt sich mühelos mit, aber man muß auf einer bestimmten Grundlage mit ihm kommunizieren.

Es ist auch nicht erforderlich, einen Partner zu haben, der sich auf diese Betrachtungsweise einläßt, obwohl dies sicherlich hilfreich wäre. Erforderlich ist jedoch, daß Sie sich auf Ihre eigene Männlichkeit oder Ihre eigene Weiblichkeit einlassen und daß Männer sich auf die weiblichen Aspekte in sich selbst und Frauen sich auf die männlichen Aspekte in sich selbst einlassen. (Diese Themen werden in späteren Abschnitten dieses Buches noch ausführlicher behandelt.)

# *Geheimnis 11: Kaya Sadhana*

Sexualität ist von ihrem Wesen her unproblematisch. Sie wird nur dann zum Problem, wenn sie als Mittel zum Zweck dient und nicht einfach nur das ist, „was sie ist". Die Lehre der *Baul* von Bengalen, der ich als Lehrer verbunden bin, glaubt, daß der Weg zur Erkenntnis Gottes *durch* den Körper führt, nicht durch Leugnung oder Abschwörung. Das nennt man *Kaya Sadhana*, und es bedeutet, daß es, solange wir einen Körper haben, eine Schande ist, gutes Rüstzeug zu verschwenden… oder es rosten oder verkümmern zu lassen.

Verleugnen Sie daher Ihre Sexualität nicht, aber übertreiben und dramatisieren Sie sie auch nicht, und schwelgen Sie nicht darin. Erlauben Sie Ihrer Sexualität, natürlich, spontan und ungekünstelt in Beziehung zu Raum, Stimmung, Situation und Umgebung zu reagieren. Sexualität ist kein Gesetz aus sich selbst heraus. Sie schafft sich nicht ihre eigenen Regeln ohne Rücksicht auf jeden anderen Faktor in der Umgebung (obwohl unser Verstand sich so verhält, als ob sie das tun sollte). Mit anderen Worten, wenn Sie Lust auf Sexualität haben, dann bedeutet das nicht, daß Sie sich auf die nächstbeste Person des anderen Geschlechts stürzen müssen.

# *Geheimnis 12: Wahrhafte sexuelle Erziehung*

Die meisten Menschen denken bei dem Wort „Sex“ an Paarung, nicht an Leben. Sie denken daran, was während eines bestimmten Zeitraums mit bestimmten Körperorganen passiert (möglicherweise einschließlich eines kleinen Vor- und Nachspiels), und der Sex wird darauf begrenzt.

Mit meinen Schülern spreche ich nicht oft ausführlich über sexuelle Praktiken. Wir haben allgemein über eine Annäherung an Sex gesprochen, aber ich habe mich spezifischer Anleitungen für taoistische, buddhistische oder hinduistische Tantratechniken enthalten. Einer der Gründe dafür ist, daß die Vereinigung von Mann und Frau in wahrhafter sexueller Gemeinschaft keiner Anleitung bedarf. Akademisch gesehen, wenn unser Leben der grundlegenden *Arbeit*, die wir tun sollten, hingegeben wäre, wenn unser Leben frei wäre von dem Handikap des Krampfes, wenn unser Leben nicht von der Strategie des Überlebens bestimmt würde, dann flössen die höchsten Formen der sexuellen Gemeinschaft sehr natürlich innerhalb unserer Beziehung als Paar, und aus ihr heraus. Keine Anleitung wäre erforderlich.

Vor einigen Jahren gab es zwei Bücher, die eine Zeit lang sehr beliebt waren – eines über den Gebrauch der männlichen sexuellen Energie, und eines über den Gebrauch der weiblichen sexuellen Energie. Jeder hat sie gelesen und war ganz begeistert von all den dort beschriebenen Techniken. Einer der Männer in unserer Gemeinschaft las das Buch über weibliche Sexualität, und ein anderer Mann fragte ihn, warum er dieses Buch lesen würde, und nicht das für die Männer. Er sagte: „Ich habe aus diesem Buch mehr gelernt als im jahrelangen Studium der Frauen.“

Da fiel mir wieder auf, wie leicht wir uns von Techniken verleiten lassen und wie unwillig wir oft sind, vom Leben selbst zu lernen. Dieser Mann glaubte, daß alle diese „technischen“ Beschreibungen wirklich etwas *bedeuten* würden. Aber Technik ist kalt, unwirklich und vom Verstand bestimmt. Wenn Sie diese Bücher lesen und die Techniken anwenden, dann kann Sie das natürlich sehr anregen, aber das ist nicht der Punkt. Ein Mann braucht keine Bücher über sexuelle Energie, wenn es sein ausschließliches Ziel ist, daß viele Frauen ihn für den Besten halten, den sie je im Bett hatten. Wenn aber, auf der anderen Seite, ein Mann oder eine Frau wirklich daran interessiert sind, was sexuelle Energie ist und was sie bedeutet, dann sind diese ganzen Techniken ziemlich bedeutungslos, denn ihre Anwendung macht Sie lediglich zu einer mechanischen Maschine der Energie. Sie sind in der Lage, Energie sehr wirkungsvoll, ja sogar brilliant, zu manipulieren, und 99 % der Menschen, die Sie manipulieren, werden zutiefst beeindruckt sein. Aber nichts davon hat auch nur entfernt etwas zu tun mit den transformativen Möglichkeiten der Sexualität, über die ich in diesem Buch spreche, oder mit dem, was wir in der spirituellen Arbeit miteinander tun. Sie können hier und da mit diesen Dingen experimentieren, solange Sie nicht das eigentliche Ziel verfehlen. Aber im Grunde genommen wird das Ziel hier immer verfehlt.

Sie müssen nicht wissen, welche Muskeln Sie anspannen müssen, wann Sie einatmen und ausatmen müssen, wann Sie die Augen verdrehen und wann Sie Ihrem Partner die Hände um den Hals legen müssen. Sie müssen weder *Kama Sutra*, noch *Ananda Rang* und auch nicht *The Perfumed Garden* [dt.: *Der parfümierte Garten*] lesen.

Können Sie sich zwei *Baul* vorstellen, die sich darauf vorbereiten, Sex zu haben – sich gegenübersitzend und dem anderen in die Augen schauend, um in Stimmung zu kommen? Niemals! Wenn die *Baul* bereit sind, es zu tun, tun sie es. Sie rücken dem anderen zu Leibe. Sie gehen darauf los. Leidenschaft! Da gibt es nicht diesen coolen Quatsch, dieses in Stimmung Kommen, ...nicht dieses Fernbleiben voneinander, das einige tantrische Bücher empfehlen. Wenn sie sich streicheln wollen, dann tun sie das. Sie benutzen ihre Hände, ihre Füße, ihre Ohren, alles, was sie benutzen können. Sie achten im entscheidenden Moment nicht auf jeden Atemzug und jeden Gedanken. Nichts davon.

Sex muß natürlich sein. Wenn Sie Tantra praktizieren, dann sollte das spontanes, natürliches Tantra sein; und wenn Sie jemanden tief genug lieben, dann ist das, was Sie tun, Tantra. Die konventionelle Einstellung, die „Steine aus dem Weg zu räumen", die rund um den Sex existiert, ist eine Funktion der Selbstsucht. Wenn Sie nicht selbstsüchtig sind und Ihre eigene Befriedigung nicht an erster Stelle steht, auch wenn es unbewußte Triebe gibt, dann werden Sie Tantra auf natürliche Weise in Ihren intimen Beziehungen entdecken, und auch in der Beziehung zu Ihren Freunden. Tantra funktioniert auch zwischen Freunden. Wenn Sie in einer Beziehung nicht selbstsüchtig sind, werden Sie es auf natürliche Weise entdecken, auch wenn es vielleicht eine Weile dauern mag.

Dazu aber muß Ihr Leben in jedem Augenblick frei sein von der Strategie des Überlebens[2]. Dann wird die sexuelle Gemeinschaft zum natürlichsten Ausdruck der verbundenen Liebe zwischen Partnern. Von meinem Standpunkt aus geht es bei der „sexuellen Erziehung" hauptsächlich um die Arbeit mit Verleugnung, Verwirrung, Unbewußtsein, dem Krampf, Zurückschrecken, Reaktvität – wie immer Sie es nennen wollen. Wenn Sie die Hindernisse in diesem Bereich aus dem Weg räumen, brauchen Sie keine sexuelle Erziehung. Das grundlegende Verlangen von Mann und Frau, sich in Gemeinschaft zu vereinigen und durch das Labyrinth der Liebe zu reisen, ist voll und ganz instinkthaft. Es bedarf keiner Übung. Männer und Frauen, als Polaritäten in der großen universellen Ordnung der Dinge, kennen den Weg durch dieses Labyrinth. Sie werden den Weg kennen, wenn nichts zwischen Ihrem Wissen (das ich als organische Unschuld[3] bezeichne) und Ihrer Reise steht. All die Dinge, die dazwischenstehen, sind die Dinge, an denen wir arbeiten müssen.

Wenn Sie sich also in esoterischen sexuellen Techniken, in der Manipulation des Körpersystems üben, dann spannen Sie damit den Wagen vor das Pferd. Alles, was Sie tun müssen, ist, das Pferd richtig anzuspannen. Das Verstehen der Absicht ist viel, viel wichtiger als alle speziellen Techniken, wie man es tun sollte. Die sexuelle Energie ist lebendig im Leben, im Dasein, in einer Beziehung. Gelernte Techniken schaffen nur einen Zustand der Unpersönlichkeit. Sie verwandeln das Leben in ein Geschäft, Geschlechtsorgane in Werkzeuge und Menschen in Mechaniker oder Computerbediener. Die Anwendung von Techniken durch den „schlafenden Mann"[4] hilft nicht dabei, ihn aufzuwecken, sondern verstärkt nur noch die Grundsätze, aus denen Schlaf oder Gewohnheit entstehen und aufrechterhalten werden. Das ist für die *Arbeit* sehr gefährlich.

---

2 Strategie des Überlebens – das immense Repertoire an Versuchen des Ego, als eine separate, unabhängige Einheit zu überleben, die uns sämtlich in der Illusion halten, von Gott getrennt zu sein.

3 Organische Unschuld – ein Ausdruck, der die grundlegende Basis des Seins aller Existenz charakterisiert; die wesentliche Intelligenz des Seins oder der Existenz selbst, wie sie sich in ihren einzelnen Formen zeigt. Für die Menschen bedeutet das Leben aus der „organischen Unschuld" heraus, daß sie als Körper leben, weil „der Körper weiß", instinktiv.

4 Schlafender Mann – eine von Gurdjieff und anderen verwendete Terminologie, um den Zustand des unbewußten Menschen zu beschreiben, der noch nicht zu seiner Aufgabe der *Arbeit* erwacht ist oder der seinen grundlegenden Zustand des Nicht-Getrenntseins von Gott noch nicht erkannt hat.

Wir müssen nicht üben. Wir müssen nur die Hindernisse aus dem Weg räumen, die uns, als essentiellen Wesen, aufgezwungen wurden. Wenn die Dinge, an denen wir arbeiten, frei von Komplikation und Verwirrung praktiziert werden, dann *sind* wir sinnliche Wesen, wenn wir es sein müssen. Wir werden in sexueller Gemeinschaft mit unserem Partner sein, wenn das gefordert ist. Wir werden uns, in der Tat, auch in sexueller Gemeinschaft mit der Natur befinden. Niemand, kein böswilliger Geist, hat uns diese Dinge aufgezwungen. Der menschliche Zustand ist der menschliche Zustand.

Der menschliche Zustand stellt uns vor gewisse Herausforderungen, und wenn wir diese Herausforderungen erfolgreich überwunden haben, dann ist alles andere reiner Instinkt.

Die elementarste Herausforderung ist natürlich das Auflösen der Überlebensstrategie, so daß diese nicht länger der unabhängige und beherrschende Faktor in unserem Dasein von einem Augenblick zum anderen ist. Sie folgen dem Instinkt, nicht mit Ihrem Verstand. Dem Instinkt folgt man nicht, indem man Hinweisschilder vor sich sieht und weiß, wohin man gehen muß.

Dem Instinkt zu folgen bedeutet, das zu sein, „was im Augenblick gewollt und gebraucht wird", das heißt, auf den Willen Gottes ausgerichtet zu sein.

Das ist alles, worum es geht.

## *Geheimnis 13: Ein guter Orgasmus ist nie das Ende der Straße, manchmal aber eine Umleitung*

Die meisten Menschen schließen beim Sex ihre Augen, weil sie glauben, daß das, was sich wirklich abspielt, zwischen ihren Beinen passiert. Aber in Wirklichkeit ist das, was zwischen unseren Beinen ist, nur der Startplatz. Das Vergnügen der Geschlechtsorgane ist fast irrelevant. Bei der sexuellen tantrischen Arbeit geht es nicht darum, wie Ihre Geschlechtsorgane sich bei dem Akt anfühlen. Wenn Sie sich auf diese Weise vereinigen müssen, um etwas in Gang zu setzen, dann tun Sie das, aber damit bringen Sie nur den Schneeball in Bewegung, der den Hügel hinunterrollt. Die meisten Leute haben einen guten Orgasmus und denken, das sei die Lawine. Wenn Sie ein Mann sind, dann ist ein Orgasmus der Grat, der den Schneeball zum Anhalten gebracht hat, ehe er größeren Schaden anrichten konnte. Wenn Sie eine Frau sind, ist ein guter Orgasmus nur eine weitere Flucht.

Aber ein Orgasmus ist niemals das Ende der Straße. Manchmal ist er auch eine Umleitung. Wir sollten einfach durch die Absperrung hindurchrasen, die Barrikaden niederreißen und über die Klippe springen. Wenn Sie über die Klippe springen, dann nicht deshalb, weil sich Ihre Geschlechtsorgane paaren. Es ist ein *transformierender Prozeß*, der alle Aspekte des Seins, auch die empfindsamen, berührt und betrifft.

Tatsächlich spielt sich mehr in den Augen ab als in den Geschlechtsorganen. Aber die meisten von uns wollen dem anderen beim Sex nicht in die Augen schauen, weil uns das von unseren Geschlechtsorganen ablenkt. Die Augen ziehen uns wie ein Strudel in eine tiefe und endlose Höhle, die jeden Schatz, jede Entdeckung und alle Möglichkeiten birgt. Und wir denken ganz bestimmt nicht mehr an etwas so bemitleidenswert Unbedeutendes wie das, was wir zwischen unseren Beinen haben, wenn wir unser Sein in den unendlichen Raum und das unendliche Bewußtsein ausdehnen, in Licht und Offenbarung.

# *Geheimnis 14: Sex für Männer; Sex für Frauen*

Kürzlich erschien im *Playboy Magazine* ein phantastischer, einseitiger Artikel. Es ging darum, wie ein Mann und eine Frau sich lieben können und wie dieser Liebesakt schön, erhebend, außergewöhnlich und sogar kosmisch sein kann. Wenn er jedoch vorbei ist, legt der Mann sich lächelnd zurück, und die Frau sagt (und das sind keine direkten Zitate): „Ist das alles?“ Er sagt: „Was?“ Und sie sagt: „Du sprichst nie mit mir.“ Er sagt: „Ich dachte, wir hatten gerade diesen schönen Augenblick der Gemeinschaft.“ Sie sagt: „Sex ist nicht alles im Leben.“ Und er sagt: „Aber das war nicht *nur* Sex. Ich liebe dich. Es war schön. Es war großartig.“ Und sie sagt: „Wir reden nie!“

Also sagt der Mann: „Was habe ich falsch gemacht? Ich habe mir Zeit gelassen. Wir haben uns zwei Stunden lang geliebt. Ich war sensibel für alle deine Gefühle und deine Gedanken. Ich war empfänglich.“ Aber sie sagt: „Ja, aber es war Sex.“ Der Mann sagt: „Was ist falsch an Sex?“ Für Männer – sogar für einen Mann, der sensibel, rücksichtsvoll und verständnisvoll ist (soweit ein Mann das sein kann) – ist Sex ein zentraler Aspekt einer Beziehung.

Der Verfasser schließt den Artikel mit der Frage, wann die Frauen verstehen werden, daß eine Beziehung für eine Frau Sex bedeutet… und Gespräche… und Trost… und Zuneigung, und daß sie für einen Mann Sex bedeutet? Das heißt nicht, daß der Mann die Frau nicht liebt. (Der Mann liebt die Frau mindestens so sehr, wie die Frau ihn liebt.) Aber für ihn reicht eine einfühlsame Liebesnacht aus. Er muß nicht reden. Er muß das Offensichtliche nicht mit Worten noch einmal verkünden. Er muß nicht verarbeiten, psychologisch aufschlüsseln und philosophieren. Für einen Mann sind all diese Dinge durch die Bereiche des Berührens, des Schmeckens, des Riechens und der Gefühle, die den Liebesakt umfassen, abgedeckt und in diesen Bereichen enthalten.

Hört sich das an wie die Phrasen, die die Frauen benutzen, wenn sie sich darüber beschweren, was den Männer fehlt? Natürlich tut es das! Scheint hier etwas nicht in Ordnung zu sein? Natürlich ist es das! Was? Oh …

Und, ja, Männer haben das Bedürfnis, ihre innersten Gefühle zu teilen. Der Verfasser sagte, daß der Orgasmus beim Mann das Mitteilen seiner innersten Gefühle *ist*. Es gibt sonst nichts mitzuteilen. (Natürlich gibt es, wie ich später noch ausführlicher erläutern werde, durch das Zurückhalten der Ejakulation noch ein ganz anderes, intensiveres und verwundbareres Teilen innerster Gefühle. Aber das Beispiel ist klar.)

Wenn die Frau sagt: „Laß uns darüber reden", will sie es sezieren, es aus verschiedenen Blickwinkeln noch einmal betrachten. „Du verstehst mich nicht", sagt sie, wenn der Mann frustriert aussieht.

Wir Männer verstehen das voll und ganz. Es ist nur so, daß das, was für den Mann das Leben bedeutet, anders ist. Er bietet seine innerste Seele an durch die Kommunikation der Sinne… und wenn es vorbei ist, ist es vorbei.

# *Geheimnis 15: Sexuelles Experimentieren innerhalb der Beziehung*

Es gibt drei Stadien der sexuellen Erfahrung – die Begierde, das sexuelle Experimentieren, und schließlich den tantrischen Sex oder die sexuelle Gemeinschaft.

Im ersten Stadium: Kommen Sie zusammen, lieben Sie den anderen, seien Sie Freunde, entwickeln Sie eine friedvolle Beziehung voller Zärtlichkeit, Anteilnahme und gegenseitigem Dienen. Das ist alles, egal wie lange es dauert. Empfinden Sie tiefe Freude und Zuneigung zueinander, frei von Gewalt – körperlich und emotional, psychisch und astral. Seien Sie einfach und „zusammen".

Liebe entwickelt sich nicht aus Sex allein, aber die sexuelle Gemeinschaft ist sowohl ein Anreiz zur Liebe als auch das effektive Ergebnis von Liebe. Der sexuelle Antrieb erwacht durch die Begierde. Sie sehen nicht einfach jemanden, und das ist es: „Oh mein Gott, ich bin verliebt." Sie sehen jemanden... Sie sind vernarrt... Sex geschieht... und dann kann daraus Liebe erwachsen.

Das zweite Stadium ist das sexuelle Experimentieren. Im zweiten Stadium sind Sie auf die Beziehung festgelegt. Sie sind wirklich zusammen und könnten sogar sagen, daß Sie sich lieben. Die Begierde ist vielleicht noch da, aber sie hat bis zu einem Punkt an Tiefe gewonnen, an dem sie nicht mehr überspannt und völlig unrealistisch ist. Sie sind geerdet und festgelegt. Sex geschieht vielleicht nicht so oft oder genau so, wie Sie es gerne hätten, aber er ist ziemlich gut. Es ist zufriedenstellend, wenn nicht perfekt.

In diesem zweiten Stadium ziehen Sie die Phantasien aus der Schublade. Es ist nicht so, daß Sie sich auf jede perverse Variation stürzen, die Sie sich vorstellen können, oder alle Ihre Phantasien in die Tat umsetzen, oder über alle reden. Keine Geheimnisse voreinander zu haben, wäre das Schlimmste, was Ihnen passieren könnte. Teilen Sie Ihre Herzen, aber teilen Sie nicht Ihren Verstand. (Der Verstand ist voll von so viel Schrott!) Entblößen Sie Ihre Seele, absolut, aber nicht Ihren Verstand. „Na ja, dies ist die Nacht der Wahrheit. Du weißt, ich liebe dich wirklich, verstehe mich nicht falsch, aber manchmal, wenn wir Sex haben, stelle ich mir vor, du bist Paul Newman ..." Tun Sie das niemals, denn das ist alles Quatsch! Ihr Verstand ist eine Senkgrube. Entblößen Sie Ihre Seele, öffnen Sie einander Ihre Herzen und Ihre Lebensorgane[5], verbinden Sie sich miteinander, aber halten Sie Ihren Verstand mehr oder weniger geschlossen.

In diesem zweiten Stadium leeren Sie Ihre Taschen von Widerstand, Gift und Unterdrückung, nicht unbedingt dem anderen gegenüber, aber Sie befreien sich von konditionierten und voreingenommenen Begrenzungen. Vielleicht betrachten Sie den Orgasmus zusammen auf eine andere Art und Weise. Sie könnten ernsthaft über verschiedene energetische Annäherungsmöglichkeiten nachdenken, über einen völlig anderen Standpunkt gegenüber der Sexualität – vielleicht den Standpunkt „Sexualität durch Gott" anstelle „Gott durch Sexualität".

Beim sexuellen Experimentieren können Sie sich längere Zeit oder kürzere Zeit lieben. Manchmal sind fünfundvierzig Minuten genau der richtige Zeitraum. Zu anderen Zeiten ist vielleicht keiner von Ihnen nach diesen fünfundvierzig Minuten befriedigt. (Sie können natürlich eine sofortige körperliche Befriedigung erzielen, aber beim Sex ist auch eine tiefere Art der Befriedigung möglich.) Manchmal sind zwei Stunden der richtige Zeitraum… manchmal fünf Stunden! (Das geschieht allerdings nicht sehr oft, nur ab und zu.)

Manche Menschen sehen sich gerne als Sexathleten und sind nicht zufrieden, wenn sie nicht jedesmal mindestens drei Stunden lang Sex haben.

Einige taoistische Bücher deuten an, daß der Liebesakt immer drei bis vier Stunden dauern sollte und daß man sich, je mehr man die Techniken lernt, um so mehr den ganzen Tag oder tagelang lieben kann. Aber das ist nicht wahr. Das ist das Ego – ein intellektuelles Konzept darüber, wie lange es dauern muß. Und es ist genau die gleiche Dynamik, die Sie immer hatten – in Richtung Erfolg, Ruhm, Macht oder Besitz –, außer daß es machtvoller und erhebender ist. Das Endergebnis wird nicht das sein, wonach Sie gesucht haben, obwohl Sie dieser Meinung sein könnten, denn nichts gibt Ihnen so sehr das Gefühl, bedeutend zu sein, wie verlängerter Sex. (Außer, natürlich, Jim Morrison und den Doors zuzuhören.)

Wenn Sie empfänglich sind für die Stimmung zweier Menschen, die sich lieben, gibt es keine festgesetzte Zeit. Sie arbeiten mit dem anderen,

---

5 Lebensorgane (engl.: „vitals") – bezieht sich auf das vitale Zentrum, d. h. den „Bauch" oder das Bewegungszentrum (im 4. Weg oder in Gurdjieffs Terminologie), aus dem die Bewegung entsteht.

bis zwischen Ihnen beiden das Gefühl entsteht, daß Sie einen bestimmten sexuellen Punkt erreicht haben, an dem es übermäßig wäre, weiterzumachen. Einmal ganz abgesehen davon, wie das Übermaß sich auf die Stimmung auswirkt, bringt es auch Unklarheit in das eigentliche Thema, und genau das wollen Sie nicht, wenn Sie versuchen, mit sexueller Energie zu arbeiten. Sexualität ist eine Domäne, in der das eigentliche Thema ohnehin schon unklar genug ist. Deshalb müssen Sie sensibel sein.

Wenn Sie auf etwas Gutes stoßen, werden Sie es wissen. Vielleicht ist in Ihrem Kopf eine kleine Stimme, die sagt: „Ich hab's! Jetzt funktioniert es. Das ist es, wofür ich meine Gebühren bezahlt habe." Das ist schön und gut. Aber man tendiert dazu, dann nicht zur richtigen Zeit aufhören zu wollen. Sie wollen alles aus dieser Erfahrung herausholen, was geht, denn wer weiß, ob Sie diesen Punkt beim nächsten Mal wieder erreichen können. Sie müssen aber auch eine kleine Stimme haben, die Ihnen sagt: „Perfekt. Zeit, aufzuhören." Sie müssen sehr, sehr sensibel sein.

In diesem zweiten Stadium des sexuellen Experimentierens können Sie sich auf unterschiedliche Arten lieben oder frei von den gewöhnlichen Anforderungen und Erwartungen. Sie beseitigen im wesentlichen die Hindernisse in Ihrem sexuellen Leben. Viele Menschen glauben, daß sie das im ersten Stadium bereits getan haben, aber ich habe die Erfahrung gemacht, daß es gewisse Dinge gibt, die im ersten Stadium tabu sind – weil Sie Angst haben, Sie könnten das Boot zum Kentern bringen.

Im zweiten Stadium ist die Beziehung gefestigt – Sie wissen, daß Sie sich lieben, und deshalb müssen Sie keine Angst haben, etwas zu sagen oder zu tun, das die Beziehung zerstören könnte. Sie müssen keine Angst haben, daß Sie etwas „Unanständiges" tun und sie sagt: „Ich will die Scheidung." Wenn Sie einen Fehler machen, dann machen Sie einen Fehler, und das ist alles. Sie sagt einfach: „Das ist nicht mein Stil", und Sie sagen: „Okay", und Sie sind immer noch Freunde. So räumen Sie also im zweiten Stadium die Hindernisse aus dem Weg zu einer völlig freien sexuellen Dynamik, und Sie einigen sich auf Ihre sexuellen Vorlieben – die gesunden Vorlieben und die, die Ihre Arbeit und Ihre hingebungsvolle Orientierung hin zum Göttlichen unterstützen.

Im zweiten Stadium werden Sie dem anderen gegenüber ehrlich und reif genug sein, so daß die ungesunden sexuellen Vorlieben ausgeräumt werden können. Ungesunde sexuelle Vorlieben sind keine sexuellen Vorlieben, sondern neurotische Abhängigkeiten. Im zweiten Stadium werden Sie dieses Zeug los. Das Sonnenlicht der Ehrlichkeit sich selbst gegenüber trocknet sie aus, reinigt neurotische Muster und Ablenkungen. Sie bauen sie nicht unbedingt dadurch ab, daß Sie sie ausleben. Das ist nur ein guter Weg, sich selbst in eine Sackgasse zu manövrieren, und ein ungesunder dazu. Sie transzendieren Ihre neurotischen Abhängigkeiten durch Klarheit und durch richtiges Tun.

Das dritte Stadium ist das Stadium der tantrischen Sexualität, der regenerierenden Sexualität oder der sexuellen Gemeinschaft, in dem Sie Erfahrungen mit der Bewahrung des Orgasmus sammeln und letztlich über die Auswirkungen nachdenken, die diese sexuelle Gemeinschaft im Geist-Körper-Sein hervorruft. Es ist nicht so, daß Sie das nicht auch im ersten und zweiten Stadium tun, aber im dritten Stadium wird dies zu einer natürlichen Gewohnheit in Ihrem gemeinsamen Leben – über eine bloße theoretische Betrachtung hinaus.

Die meisten Menschen betreiben Sex auf degenerative Weise. Sie benutzen den Orgasmus für die Freisetzung einer neurotischen Spannung, wodurch alle aufgebauten Spannungen verbraucht werden, die sie für eine spirituelle oder transformatorische Arbeit hätten bewahren können. Regenerativer Sex ehrt die tiefgehenden energetischen Möglichkeiten der Sexualität. Diese Spannungen können Ihnen einen enormen Antrieb verleihen, das heißt, Sie können diese Spannungen als Brennstoff verwenden, statt sie beim Sex zu verpuffen und loszuwerden. Sie sollten gehoben in den Sex hineingehen und gehobener daraus hervorkommen – und nicht niedrig hineingehen und erleichtert daraus hervorkommen.

Regenerative Sexualität ist jedoch wertlos, wenn alles andere, was Sie tun, degenerativ ist. Einige diätetische Ergänzungen für die Gesundheit sind sehr gut, aber wenn Sie erwarten, daß Ihr Körper dadurch gereinigt wird, während Sie die ganze Zeit trinken, rauchen und Gift essen, warum dann der Aufwand? Das Leben selbst sollte regenerativ sein. Sie sollten die Lobpreisung Gottes zu jeder Zeit auf körperlicher, emotionaler, physischer und energetischer Ebene singen. Die Sexualität kann regenerativ sein, wenn Sie singen, das Leben genießen, glücklich mit Menschen sind, in Übung bleiben und sich richtig ernähren. Wenn Tantra für Sie eine Ausrede dafür ist, Sex zu haben, und alles andere in Ihrem Leben ist degenerativ, dann wird niemals etwas geschehen – außer daß Sie jede Menge Sex haben. Aber es wird niemals etwas Nutzbringendes geschehen.

Sexualität sollte niemals dazu gebraucht werden, jemanden zu beherrschen, wie: „Ich besitze dich jetzt schon ein wenig, aber wenn wir miteinander geschlafen haben, besitze ich ein großes Stück von dir.“ Das ist wirklich unreif. In der Beziehung zwischen zwei Menschen sollte Sexualität zum Ausdruck kommen als die Fülle ihres gemeinsamen Lebens in Gott, nicht als eine weitere „Schlinge“ – wie man in der typischen Komödie „Schtick“ sehen kann, in der es um eine Frau geht, die in einen Sexstreik tritt und die Schlafzimmertür abschließt, wenn sie wütend auf ihren Mann ist. Das sieht vom Standpunkt der Frau so aus, als ob man „gewinnt“, aber in Wahrheit benutzt man das, was (für Männer und Frauen) ein Gebet an die Göttin[6] sein sollte, zu kleinlichen und egoistischen Zwecken. Es ist empörend, Sex als Druckmittel zu benutzen. Es ist nicht gut oder schlecht. Es zeigt nur, daß wir unreif sind. Sexualität zwischen zwei Menschen sollte Ausdehnung und Fülle sein, nicht Kontraktion.

---

6 Göttin – Manifestation; die Schöpfung; der weibliche Aspekt des Göttlichen; das unpersönlich Weibliche; kann sich auch auf bestimmte weibliche Gottheiten beziehen.

# *Geheimnis 16: Die Steuerung der sexuellen Energie*

Ein Schüler fragte mich kürzlich, wie er seine sexuelle Energie bewahren könne. „Ich weiß nicht, was ich damit tun soll. Ich werde ein bißchen verrückt und habe Schaum vor dem Mund", scherzte er.

Nun, es gibt eine Reihe von Möglichkeiten, mit sexueller Energie umzugehen. Bis zu einem gewissen Punkt können Sie sie einfach im Körper behalten. Behalten Sie sie einfach im Körper, und Sie werden sich bald fühlen wie Muhammed Ali. Das ist nicht so schlecht. Sie werden sich großartig fühlen – voller Vitalität. Aber ein wenig darüber hinaus, und Sie könnten anfangen, sich „aufgedreht" zu fühlen, und dann haben Sie „Schaum vor dem Mund", wie der Schüler sagte.

Natürlich nimmt häufiger Sex ohne Bewahrung von Energie den Druck weg – er wird sofort freigesetzt. Darüber hinaus gibt es jedoch noch vier andere Dinge, die Sie mit starker sexueller Energie tun können – wovon ich zwei empfehle und zwei nicht. Die beiden, die ich empfehle, sind harte Arbeit oder irgendeine Art der künstlerischen Betätigung. Beide sind gut. Von den beiden anderen Möglichkeiten, die ich nicht empfehle, ist eine die Negativität – sich zu beschweren, sich zu streiten, richtiggehend zu kämpfen. (Jede Form psychischer oder verbaler Gewalt setzt aufgestaute sexuelle Energie frei oder hört auf, sie zu bewahren.) Die vierte Möglichkeit ist, die Energie hinauf und aus dem Körper heraus in das höhere Chakrasystem hinein zu bewegen. Wenn Sie sich für diese Möglichkeit entscheiden, gibt es eine ganze Reihe von metaphysischen Übungsprogrammen, das im physischen Körper befindliche Chakrasystem[7] mit einem höheren Chakrasystem zu verbinden. Meine Ablehnung dieser Option beruht jedoch prinzipiell auf der Tatsache, daß der Verstand, der die Entscheidung trifft, die Energie in Beziehung zu einer höheren Quelle zu zirkulieren, das gleiche ist wie das Ego, das festlegt, wie unser Leben funktioniert. (Das ist sicherlich besser als Gewalt, aber nicht so gut, wie eine Balance im Körper aufrechtzuerhalten oder hart zu arbeiten.)

---

7 Chakras – Punkte oder Stellen von Energieansammlungen oder Energiekonzentration innerhalb des feinstofflichen Energiesystems des Körpers. Unterschiedliche Denkweisen (hinduistisch, taoistisch) beschreiben eine unterschiedliche Anzahl solcher Energiezentren.

Meine eigene Erfahrung mit der Bewahrung von Energie ist, daß Sie, wenn Sie sexuell relativ aktiv sind, ohne jemals einen „vollständigen“ Orgasmus zu haben, besser viel und hart arbeiten oder versuchen, ein sehr guter Künstler zu werden, denn anderenfalls werden Sie sich ziemlich oft unbehaglich fühlen. Die Transformation sexueller Energie ist ein Prozeß, in den Sie mit der Zeit hineinwachsen, und in der Zwischenzeit empfehle ich Ihnen, daß Sie andere gesunde Formen der Freisetzung praktizieren. Erhalten Sie einfach die Balance aufrecht, und werden Sie in bezug auf diese Übung nicht zu starr und unbeweglich.

Kreativität und gute Arbeit scheinen die besten Wege zu sein, sexuelle Energie zu steuern. Es ist erstaunlich, was ein Tag Arbeit im Garten bewirken kann. Ich reite nicht, aber ich würde meinen, daß ein zweistündiger Ausritt Wunder bewirken könnte, dem ganzen „die Schärfe zu nehmen“, wenn Sie sonst nicht wissen, was Sie mit Ihrer sexuellen Energie anfangen sollen. Die Arbeit mit anderen als menschlichen Lebensformen ist ein äußerst wirkungsvoller Weg, die Energie im Gleichgewicht zu halten. Dann, statt etwas Unnatürliches zu tun, um das Gleichgewicht zu erhalten oder überschüssige Energie freizusetzen, befindet sich der Körper in einer natürlichen Orientierung hin zur energetischen Dynamik. Mit der Zeit wird Ihr Nervensystem in der Lage sein, eine höhere energetische Ladung zu halten. Mit der Zeit bauen Sie Ihre Fähigkeit für den „Strom“ auf.

# *Geheimnis 17: Wenn Sex ein Akt der Liebe ist*

Der Liebesakt bezieht sich nicht einfach nur auf den Sex. Er kann alles sein. Einige Menschen „lieben" das Kochen oder das Auseinanderbauen eines Motors. Der Liebesakt muß nicht nur in einer künstlerischen Domäne stattfinden.

Typischerweise „fällt" man in den Akt der Liebe hinein, fast zufällig – so als ob Sie plötzlich über eine völlig andere Möglichkeit dessen stolpern, was der Liebesakt sein kann. Aber solange der Verstand in seinen gewöhnlichen starren Mustern gefesselt bleibt, gibt es für den Liebesakt keine andere Möglichkeit. Es gibt keine andere Möglichkeit, wenn der Mann ständig denkt: „Wie lange kann ich Sex haben? Wie oft kann ich den Orgasmus der Frau miterleben? Ich mache das besser richtig, oder sie wird mich nicht lieben." Frauen haben andere Gedanken. Solange der Verstand das tut, kommt der Liebesakt nicht zum Vorschein. Sicherlich kann es zu einer sehr intensiven leidenschaftlichen Erfahrung kommen, aber das ist nicht unbedingt ein Liebesakt. Es ist daher wichtig, den Liebesakt nicht mit dem Gradmesser der erhöhten Intensität zu messen, weil wir eine außerordentlich erhöhte Intensität spüren können, die aber trotzdem kein Liebesakt ist; und wir können so gut wie keine Intensität spüren, und es ist trotzdem ein Liebesakt.

Ein Liebesakt kann in der Küche stattfinden, beim Gemüseputzen. Das heißt nicht, daß Sie herumwirbeln, mit dem Messer in der Luft herumsausen und Arien singen. Ganz im Gegenteil. Sie könnten sehr ruhig dasitzen. Jemand anders könnte Sie ansehen und denken: „Meine Güte, was für eine träge Karottenschälerin." Es bedarf keiner außergewöhnlichen physischen Manifestation der Energie. Der Liebesakt, von dem ich hier spreche, könnte für einen außenstehenden Beobachter ganz und gar unbemerkt bleiben.

# *Geheimnis 18: Sexuelle Phantasie ist nicht, was sie scheint*

Im gesamten Prozeß der Sexualität ist es nicht erforderlich (selbst wenn es möglich sein sollte), keine Phantasien mehr zu haben. Der Weg, mit diesen Phantasien umzugehen, ist jedoch nicht, ihre Existenz entweder strahlend zuzugeben oder aber sie gewaltsam unterdrücken zu wollen. Zuallererst muß man erkennen, daß die Phantasie real ist, oder vielmehr, daß sie ihre eigene Realität hat. Sie ist tatsächlich entstanden. Das ist der grundlegende Schlüssel – wirklich zu sehen, daß die Phantasie ihre eigene Realität hat, und Ihre Beobachtung nicht mit dem Verstand zu analysieren oder zu verleugnen.

Wenn Sie akzeptieren und anerkennen können, daß Ihre Phantasie eine Realität hat, dann ist es, als ob sie bereits geschehen wäre. In diesem Fall wird jedes physische Bedürfnis, die Phantasie auszuleben, völlig unnötig, ja sogar irrelevant, weil für den Verstand (der sich so leicht betrügen läßt, auch von sich selbst) die Tat bereits geschehen und damit Geschichte ist. (Natürlich gibt es in der phantastischen nicht-dualistischen Sphäre der Dinge niemals den Gedanken: „Ich frage mich, wie es wäre…“ In der vollständigen Nicht-Dualität gibt es ein absolutes *Wissen*, wie es war, weil es bereits *war* – und alles war eine Illusion. Jedes Ding ist nur, was es ist, und nicht mehr.) Es sind die Projektionen hinter dem, was etwas *ist*, die uns in Schwierigkeiten bringen.

Leben ist Sex, Geld, Essen, Atmen, Ego, Emotionen. Leben ist Wiedergeburt. Leben ist, nicht vor dem wegzulaufen, was wir als eine manifeste Form der Existenz sind. Leben ist, sich nicht in das Reich des Unbewußten zurückzuziehen, es geht um *dieses* Reich. Niemand, der morgens aufwacht, die Augen öffnet, in den Spiegel schaut, zur Toilette geht, kann ernsthaft glauben, er sei nicht *hier*. Sich vorzustellen, wir seien woanders, ist klinischer Wahnsinn.

Wir alle müssen uns letztlich dem Leben stellen, wie es ist, und uns direkt damit auseinandersetzen. Es gibt bestimmte Dinge, die gut sind, und bestimmte Dinge, die nicht gut sind. (Es ist offensichtlich, was nicht gut ist, denn diese Dinge sind immer Formen von physischem, psychischem oder emotionalem Mißbrauch.) Unsere Aufgabe ist es also nicht, keine Phantasien oder unterschiedlichen Realitäten mehr zu haben, sondern damit aufzuhören, uns in einer Wolke von Blindheit und Täuschung zu bewegen, damit wir über die vielen Schichten und Schleier der Verleugnung hinauskommen können. Wenn sich also Ihre sexuellen Phantasien mit Ihrem Partner bewegen im Rahmen von: „Es geschieht nicht hier, und ich wünschte, es würde woanders geschehen", dann müssen Sie sich dem stellen und sich damit auseinandersetzen. Dies ist eine Form von Blindheit.

Erkennen Sie, daß die Phantasie eine separate Realität ist, und versuchen Sie nicht, sie in *diese* Realität hineinzuzwingen oder darauf zu projizieren. Alle diese Probleme entstehen aus dem Versuch, unsere Phantasien zu dieser Realität zu machen. Dadurch werden die Menschen immer tiefer in der Krankheit verwurzelt, in den Illusionen von Unvollständigkeit und Unbehagen.

• • •

Wenn Sie sich in einer Beziehung mit jemandem befinden, den Sie lieben, dann werden Ihnen sicherlich attraktive Menschen des anderen Geschlechts auffallen, aber das muß sich nicht störend auf Ihre Beziehung auswirken. Nur wenn Sie dieser Anziehung nachgeben, entsteht eine Störung. Dann fangen Sie ganz plötzlich an zu phantasieren, finden Fehler an Ihrem Partner, fragen sich, wie andere im Bett wären… Dann beginnt die Beziehung auseinanderzubrechen. Wenn die Phantasie einfach ein Bewußtseinsstrom ist, dem keine Aufmerksamkeit geschenkt wird, passiert nichts. Es gibt keine Ablenkung. Etwas wird erst dann zu einer Ablenkung, wenn Ihre Aufmerksamkeit davon angezogen, darauf konzentriert oder davon gefesselt wird. Eine Ablenkung entsteht, wenn Sie ihr freiwillig und absichtlich (wenn auch unbewußt) Ihre Aufmerksamkeit und Energie widmen. Es ist eine Ablenkung, wenn Ihre Aufmerksamkeit darauf konzentriert ist. Es ist eine Verführung, wenn Sie ihr Ihre Aufmerksamkeit und Ihre Energie geben. Wenn Sie Ihre Aufmerksamkeit nicht ablenken lassen, haben Sie keine Ablenkung und keine Phantasie. Punkt.

Wann immer Sie feststellen, daß Sie durch jemand anderen als Ihren Partner sexuell abgelenkt werden, richten Sie Ihre Aufmerksamkeit wieder auf Ihren Partner. Dadurch wird Ihre Fähigkeit verstärkt, sich nicht ablenken und nicht verführen zu lassen. Behalten Sie Ihre Aufmerksamkeit bei Ihrer Arbeit, wenn Sie arbeiten, und bei Ihrem Partner, wenn Sie mit ihm zusammen sind, immer bei dem, was Sie gerade tun. Es ist ganz einfach und grundlegend. Die Stärke Ihrer tatsächlichen Aufmerksamkeit wird zu einer Quelle der „Nahrung".

Es geht nicht darum, sich über die Anziehungskraft hinwegzusetzen. Es geht vielmehr darum, sie zu ersetzen. Für die Aufmerksamkeit gibt es nur zwei Möglichkeiten: *hin* oder *weg*. Wenn Sie sie auf das *hin*lenken, von dem Sie angezogen werden, werden Sie abgelenkt und verführt. Wenn Sie sie von dem *weg*lenken, von dem Sie angezogen werden, haben Sie es nicht umgewandelt oder vermieden, Sie haben Ihre Aufmerksamkeit einfach in eine andere Richtung gelenkt. Das ist eine sehr wichtige Unterscheidung.

Aufgrund der Arbeitsweise unseres Verstandes merken wir manchmal nicht einmal sofort, daß wir abgelenkt oder nicht aufmerksam sind. Deshalb geschieht die *Arbeit* nicht über Nacht. Deshalb dauert es zehn Jahre, bis wir anfangen, uns wirklich damit auseinanderzusetzen… ein wenig.

## *Geheimnis 19: Wenn Sie keinen Partner haben … und auch, wenn Sie einen haben …*

Wie begegnen Sie tatsächlicher Intimität, ohne einen intimen Partner zu haben?

Begegnen Sie intimen Beziehungen im Umgang mit Freunden, Kindern und Familie, einfach ohne sexuelle Spiele oder sexuelles Engagement. Solche Beziehungen bedeuten nicht, daß Sie keine sexuelle Energie haben, aber diese Formen der Beziehung rufen (hoffentlich) eben nicht die gleiche Reaktion hervor wie ein Liebhaber oder ein Partner. Wenn Sie mit Erfolg fähig sind, ein Freund zu sein, und Ihre sexuelle Energie wirkungsvoll und reif steuern können, dann sind Sie wahrscheinlich auch bereit, sexuelle Energie auf transformative und alchimistische Weise innerhalb der Begrenzungen einer Liebesbeziehung anzuwenden. Wenn Sie dazu nicht fähig sind, dann sollten Sie Ihre sexuelle Energie zuerst „sammeln" (in die Reife erwachsener Werte und Ethik hineinwachsen), ehe Sie mit der esoterischen Anwendung dieser Energie beginnen, und Sie sollten bereit sein, ohne eine Liebesbeziehung zu leben, bis Sie in der Lage sind, dieser in der richtigen und reifen Weise zu dienen.

Es ist nicht produktiv, eine große sexuelle Spannung aufzubauen und sich dann aus einer emotionalen Wut heraus in eine Beziehung zu stürzen, die nicht Ihren höheren Bedürfnissen und Wünschen dient. Vielleicht bekommen Sie ab und zu Hitzewallungen, aber wenn Sie auf eine dienende Beziehung warten können, dann ist das ein sehr wichtiges Zeichen für das, was in allen Bereichen Ihres Lebens geschieht, und damit auch für die Möglichkeit einer höheren Transformation.

Öffnen Sie sich den Menschen gegenüber, so daß Sie, wenn eine Liebesbeziehung entsteht, diese nicht auf die Art und Weise einengen, wie wir dies für gewöhnlich mit normalen Beziehungen tun.

Wenn jemand innerhalb meiner Gemeinschaft keine feste Liebesbeziehung hat, aber im wesentlichen dafür offen ist, dann sind die grundlegenden Bedingungen der spirituellen Praxis alle gleich – Studium, Meditation, Bewegung, vegetarisches Essen und so weiter. Die Betrachtungsweisen hinsichtlich der Reinigung der unteren Dimensionen (untere Zentren oder Chakras) und der Reife des absteigenden Prozesses von

*Prana/Shakti* sind auch relativ identisch, ebenso wie die Betrachtungsweisen hinsichtlich der höheren Dimensionen, das heißt der Transformation der Auswirkungen der aufsteigenden Kanäle (siehe Geheimnis Nr. 50).

In den fortgeschrittenen Übungsstadien gibt es Wege der Nutzung und Transformation der sexuellen Energie, die mit der Atemarbeit zu tun haben. Mit Atem meine ich den sprichwörtlichen Vorgang des Atmens, der sowohl die Verwendung von Sauerstoff und Muskulatur als auch von *Prana* oder Lebenskraft (*Ki* oder *Chi*) einschließt. Daher gibt es prinzipiell Möglichkeiten, sexuelle Energie innerlich zu nutzen, auch wenn man keinen Partner hat. Mit einem Partner ist die Wirkung auch innerlich, aber hier lernt man im wesentlichen, den äußeren Kontakt dazu zu verwenden, die innere Wirkung leichter zu erreichen.

Obwohl ich in späteren Abschnitten dieses Buches noch mehr zu diesem Thema zu sagen haben werde, habe ich Bedenken, die genauen Anwendungsmöglichkeiten dieser Energie zu beschreiben, weil es hier Feinheiten gibt, die von der genauen „Zusammensetzung“ einer Person abhängen, die nur im direkten, persönlichen Umgang beurteilt werden kann. Bei diesen sehr delikaten Fragen sollte man einen Lehrer oder Guru haben und nicht einfach Techniken aus einem Buch übernehmen.

# *Geheimnis 20: Sex ohne Grenzen*

Alle Alchimie ist provokativ. Folglich könnten wir Angst davor haben, was eine *Entdeckung*[8] in der Domäne der Sexualität – das zu tun, was noch nie zuvor getan wurde – provozieren könnte. (Ich spreche hier nicht über Dinge, die pervers oder für den physischen Organismus gefährlich sein könnten.) Bestimmte unserer Verhaltensmuster haben eine so fest herauskristallisierte Form, daß wir die Entstehung anderer Möglichkeiten nicht zulassen können.

Angst vor der Domäne der Möglichkeiten[9] in der Sexualität ist fast eine Garantie dafür, daß die „Nahrung", die dem jeweils anderen innerhalb einer Beziehung zur Verfügung gestellt wird, beträchtlich eingeschränkt wird. Oder es könnte bedeuten, daß zwischen dem Paar ein Zerfall stattfindet, der letztlich die Beziehung zerstört.

Entdeckung ist beängstigend, weil sie unbekannt ist. In der Sexualität wollen wir, daß alles bekannt ist. Eine Frau möchte Zuneigung und Zärtlichkeit. Ein Mann möchte dominieren. Alles ist sehr definiert. Manche Männer sind schon allein durch eine bestimmte Veranlagung der Frau oder durch einen Orgasmus sehr leicht zufriedenzustellen (bis zum nächsten Mal). Manche Frauen sind zufrieden, wenn sie hören: „Ich liebe dich." Es kümmert sie nicht, wie gewalttätig, häßlich oder brutal der Sex ist, solange der Mann nur das Richtige sagt. Wenn man an Sex mit einem leicht zu erreichenden Ziel herangeht, wird deshalb die Tendenz – gesteuert von der Angst – immer dahin gehen, die Domäne der Möglichkeiten innerhalb der sexuellen Gemeinschaft mit allen Mitteln abzulehnen, zu bekämpfen und ihr Widerstand zu leisten. Die Domäne

---

8 Entdeckung – ein von Werner Erhard übernommener Ausdruck, um die Schöpfung von etwas Neuem zu beschreiben, von etwas, das „eigentlich nicht hätte geschehen sollen", etwas, das nur geschehen konnte, weil die Einzelperson sich über die normalen, begrenzenden Definitionen der Natur der Realität hinausbegeben hat. Aktivität, die organisch unschuldig ist, nicht basierend auf einer linearen, mentalen Beziehung von Ursache und Wirkung.

9 Domäne der Möglichkeiten – von Werner Erhard verwendet, um einen Zustand der Existenz außerhalb der normalen, begrenzenden Definitionen der Realität zu beschreiben, innerhalb derer die meisten Menschen leben. Wenn man aus der Domäne der Möglichkeiten heraus handelt oder darin lebt, ist die Entdeckung die Norm.

der Möglichkeiten zu betreten und zu spüren, daß der sexuelle Akt einen sprichwörtlich in die Unendlichkeit schleudern könnte, so daß man niemals zurückkäme, ist so beängstigend, daß viele Leute das Nahen einer Entdeckung spüren und ihrer sexuellen Aktivität sofort einen Riegel vorschieben. Auch wenn sie viermal am Tag Sex haben, werden sie nicht zulassen, daß er über einen bestimmten Punkt hinausgeht.

Entdeckung im praktischen Sinne ist, wenn Sie die Matrix Ihres Seins neu definiert haben. Wenn Sie den Kontext der Domäne der Möglichkeiten mit Sex zusammenbringen, entsteht daher eine Arena, in der eine solche Entdeckung höchst wahrscheinlich wird. Statistisch gesehen ist die Wahrscheinlichkeit, daß eine Entdeckung geschieht, wenn Sie Sex haben, sehr viel größer, als wenn Sie sich mit jemand anderem einen Hamburger teilen. Es ist nicht „möglicher", aber es ist wahrscheinlicher. „Mit dem Rücken zur Wand stehen" ist eine weitere Arena, in der die Wahrscheinlichkeit einer Entdeckung groß ist. Wenn Sie jede Menge Wahlmöglichkeiten haben, geschieht nichts – Sie haben Ihre spirituellen Übungen für diesen Tag erledigt, und Sie wollen sich nur entspannen und plaudern. In diesem Fall ist die Wahrscheinlichkeit einer Entdeckung minimal. Wenn Sie aber „mit dem Rücken zur Wand stehen", keine Wahlmöglichkeiten mehr haben, dann müssen Sie sich selbst und Ihrem Widerstand ins Gesicht sehen.

Für die meisten Menschen besteht ihre Unfähigkeit, Zugang zur Domäne der Möglichkeiten zu finden, darin, daß sie versuchen, diese Domäne durch die Definition einer Form zu sehen. Aber die Domäne der Möglichkeiten kann so nicht definiert werden.

Eine sexuelle Beziehung muß einen Kontext erhalten, indem man sich ihr von der Domäne der Möglichkeiten her nähert. Sex innerhalb der Grenzen von Liebe zu halten ist in Ordnung, aber es gilt auch: „Sex ist Sex, und Liebe ist Liebe." Sie können zusammen auftreten, aber sie sind nicht dasselbe. Sex ist im wesentlichen ein energetischer Prozeß, und Liebe ist es nicht. Liebe transzendiert energetische Prozesse. Liebe kann die Energie des Prozesses transformieren, aber Sex ist nicht Liebe, und wir sollten die beiden nicht verwechseln. Sex kann ein wunderbares Element der Liebe sein, aber der Sex selbst ist nicht Liebe. Die normale menschliche Liebe braucht ein Ego. Aber die Definition von **S*E*X** ist „**S**uddenly **E**go E**X**its" (dt.: plötzlich verschwindet das Ego). Die normale menschliche Liebe benötigt ein Objekt und ein Subjekt, und wenn „das Ego plötzlich verschwindet", dann gibt es kein Subjekt und kein Objekt mehr. Das ist wahrhafter Sex!

Wenn Sie sich dem Sex von der Domäne der Möglichkeiten her nähern, wird die Verantwortung für das energetische Spiel, das dann geschehen kann, der Intelligenz dieser Energie überlassen. Die Energie hat eine angeborene Intelligenz. Der Körper weiß das!

Das Verweilen im Kontext der Domäne der Möglichkeiten während des sexuellen Aktes erlaubt der Energie der Wechselwirkung ihren eigenen Prozeß. Die Energie wird niemals jemanden überfordern – wird niemals eine Alchimie schaffen, die die Menschen innerhalb des Paares zerstören würde. Die Energie ist ultimativ intelligent. Lassen Sie die Energie einfach das sein, was sie beim Sex ist. Wenn wir darüber nachdenken, *wie* es sein sollte, dann ist das ein *Versuch der Entdeckung*, aber bereits mit einer Definition von Begrenzung. Sie sagen damit: „Ich will die Entdeckung, aber sie muß so oder so sein." Wenn Sie in der Domäne der Möglichkeiten verweilen, ist die Energie die führende Intelligenz – nicht das Ego, nicht Ihr Krampf, Psychologie, Beziehung zu Männern, Frauen oder Vergnügen. Die Energie bestimmt, was geschieht.

Wenn die Energie bestimmt, was geschieht, bläst sie alle Begrenzungen weg, die der Möglichkeit einer sexuellen Entdeckung im Wege stehen. „Heißt das, daß ich mehr Orgasmen haben werde? …Oh, wird es ein intensiveres Vergnügen geben, als ich es bisher je gespürt habe? …" Jede Definition begrenzt die Möglichkeit einer Entdeckung. Sie können Entdeckung nicht definieren. Sie müssen sich dem Sex einfach von der Domäne der Möglichkeiten her nähern, und was diese schafft, kann sehr bedrohlich sein.

Innerhalb einer Beziehung entstehen zum Beispiel oft Besitzansprüche, Ausschließlichkeit und Eifersucht. Das Leben aus der Domäne der Möglichkeiten heraus wäre für diese Begrenzungen eine solche Bedrohung, daß, wenn bei einem Menschen der Sex zum Auslöser für diesen Bewußtheitszustand (der Domäne der Möglichkeiten) würde, sein oder ihr Partner sich sehr wahrscheinlich dem Sex niemals wieder von diesem Ausgangspunkt her nähern würde. Diese Art von Sex dürfte nie wieder geschehen, weil die Bedrohung durch diese Art der Freiheit zu groß wäre.

Wenn ein Mann während des sexuellen Aktes in die Domäne der Möglichkeiten „hineinfällt", dann bedeutet das nicht, daß er danach jede Frau anstarrt, die er sieht. Es bedeutet, daß seine Partnerin, vielleicht zum ersten Mal im Leben, wissen wird, wie es ist, Anbetung zu spüren; und es wird *wahrhafte Anbetung* sein (siehe Geheimnis Nr. 63) und nicht nur sein Ausspruch: „Ich liebe dich, ich liebe dich."

Entdeckung kann alles bedeuten. Sie kann sogar bedeuten, daß einer der beiden Menschen in der sexuellen Beziehung in eine Domäne von solcher Intensität hineingestoßen wird, daß er oder sie keinen Sex mehr haben kann – daß Sex für ihn oder sie, von einem nicht-neurotischen Standpunkt aus gesehen, sprichwörtlich fast Gift ist. (Neurotischer Quatsch ist, wenn einer der Partner sagt: „Ich will keinen Sex, weil ich für Gott rein sein muß.") Was geschieht mit dem anderen Partner? Er oder sie steht plötzlich da ohne Sex! Das ist das Geschäft, das sie abschließen, wenn sie sich als Paar dem Göttlichen annähern. Was tun sie, wenn sie wirklich „heiß" werden, wenn sie die Wände hochgehen? Sie erheben ihren Brennpunkt über die Ebene hinaus, auf der Sex das einzige ist, das den Körper erlösen kann. Sie tun das, was Anandamayi Mas[10] Ehemann tat – sie werden zum devoten Verehrer. Dann geben sie Bewunderung anstelle von Sex. Dann erhalten sie Bewunderung anstelle von Sex. Innerhalb der Domäne der Möglichkeiten kann alles geschehen.

Wenn man wirklich sexuell fühlt, scheint die sexuelle Lösung die einzige Lösung zu sein. Aber das ist nicht wahr. Es gibt in Wirklichkeit viele Dinge, die den Körper in einen Zustand der Ausgeglichenheit bringen, aber wir sind nicht darin geübt, sie zu tun. Wir sind nicht darin geübt, mit energetischen Systemen zu arbeiten. Wir sind darin geübt, Wünsche dort zu befriedigen, wo sie entstehen – wenn der Magen etwas haben will, essen wir; wenn die Geschlechtsorgane etwas haben wollen, haben wir Sex; wenn der Kopf etwas will, schlafen wir – statt den Wunsch in eine zufriedenzustellende Domäne umzuwandeln. (Natürlich, wenn wir in der Lage wären, unsere sexuellen Frustrationen zu schlucken und in unseren Magen zu bringen, dann wären wir innerhalb von kurzer Zeit drei Zentner schwer!)

Wenn Sie die Domäne der Möglichkeiten in der Sexualität unterdrücken, gehen Sie das Risiko ein, noch viel mehr zu unterdrücken. Wenn Sie die Domäne der Möglichkeiten in der Sexualität nicht unterdrücken, geht das Ego das Risiko ein, viel zu verlieren. Einige größere Opfer könnten also durchaus in Ordnung sein.

Oft werden wir durch die Entdeckung geschockt. Vielleicht haben wir diese vollkommene Vorstellung von Familienleben, und dann kommt die Entdeckung und kann alles zerstören. Daher stellt sich die Frage: Sam-

---

10 Anandamayi Ma – eine berühmte indische Heilige, die ihr Leben lang im Zölibat lebte.

meln wir die Scherben auf, nehmen wir die Entdeckung als Grundlage für unser Leben und gehen von diesem Punkt aus weiter, oder versuchen wir, die Scherben zu kitten und die alte Grundlage wiederherzustellen?

Ich sage, gehen Sie in die Zerstörung! Es ist nicht möglich, die alte Grundlage wieder herzustellen, außer aus einem anderen Kontext heraus.

# 3. Teil

## Liebe schaffen

*Diese Gruppe profunder Geheimnisse behandelt die allgemeinen, konventionellen Definitionen von Liebe und erklärt, warum diese nicht ausreichend und sogar schädlich sind. Mr Lee bietet eine Beschreibung der bewußten Liebe und erklärt die Schritte und Prozesse, die einer solchen Liebe erlauben, innerhalb einer Beziehung zu wachsen. Dieser Abschnitt dient als Einführung in die Praxis des Tantra.*

## *Geheimnis 21: Beginnen Sie mit Freundschaft*

Sie sollten nicht mit jemandem schlafen, der nicht Ihr Freund ist. Wenn intime Beziehungen zerbrechen, und das gilt auch für Freundschaften, erlebe ich immer wieder viel Kummer, weil gute Freunde viel schwieriger zu finden sind als gute Liebhaber. Ich würde keinen Liebhaber wollen, der nicht auch ein Freund ist, und wenn Sie klug sind, geht es Ihnen nicht anders. Liebe beginnt mit Chemie, und wenn die Liebe bleibt und Sie Glück haben, dringt sie bis zum Herzen vor. Die Chemie können Sie immer irgendwie steuern, aber das Herz nicht, und Freundschaft hat etwas mit dem Herzen zu tun – wahre Freundschaft ist eine Herzensangelegenheit, von Anfang bis Ende. Sie kennen das Sprichwort: „Alte Freunde sind Gold, und neue Freunde sind Silber oder Kupfer.“ Wir aber neigen dazu, unsere Freundschaften als selbstverständlich zu betrachten, und wenn dann auffällige neue Leute mit ihren vorhersehbaren Verlockungen auftauchen, wechseln wir einfach so unsere Bündnispartner.

Freundschaft ist keine Frage einer ausschließlichen und isolierten Situation. Sie können mit zwanzig Leuten zur gleichen Zeit gut befreundet sein, keine Favoriten haben und trotzdem Ihre Integrität bewahren. Wenn Sie sich jemandem als Freund schenken, dann gilt das ein Leben lang. So sollten wahrhafte Freundschaften immer sein – für das ganze Leben. Auch wenn Ihr Freund total sauer ist und Sie nie wieder sehen will, dann ist das seine Dynamik, sein Problem. An Ihrer Freundschaft ändert das gar nichts. In der zwischengeschlechtlichen Kommunikation kann es zum Beispiel geschehen, daß zwei Menschen sich in die Augen schauen und sicher sind, daß sie „Seelengefährten“ sind oder daß es zwischen ihnen eine noch nicht erledigte karmische Angelegenheit gibt. Normalerweise jedoch wächst wahrhafte Liebe zwischen einem Mann und einer Frau, die ein Paar werden könnten, mit der Zeit durch Freundschaft und Aufmerksamkeit.

Unsere erste Reaktion auf jemanden kann oft auch eine Funktion unserer eigenen Bedürfnisse und der momentanen Chemie sein. Wenn wir uns einander jedoch als Freunde nähern und nicht als Geschäftspartner (ich gebe dir Lob, wenn du mir Sex gibst, usw. …), dann kann daraus mehr erwachsen.

Freundschaft ist immer ein guter Ausgangspunkt.

# *Geheimnis 22: Ehre in der Beziehung*

Wenn Sie dieses Buch zu Ende gelesen haben, werden die meisten von Ihnen sehr gut wissen, daß ich bei dem Wort *Liebe* gar nicht zynisch genug sein kann. Ich habe schon oft versucht, es durch bessere und geistreichere Synonyme zu ersetzen – Leben, Realität, Wahrheit, Leiden –, aber nichts entspricht ihm zu meiner Zufriedenheit. Trotzdem widersetze ich mich immer noch ganz stark der Benutzung dieses Wortes, begründet sowohl auf den unbewußten psychologischen Mechanismen, die es auslöst, als auch aufgrund der Tatsache, daß es auf der bewußten Ebene so leicht mißverstanden wird.

Hören Sie, wie oft gesagt wird: „Ich liebe dich", und dann fragen Sie sich: „Gibt es Ehre in all diesen Beziehungen?" Wird das, was dieser Satz bedeutet, in der Praxis, im Handeln und auch im tiefsten Denken geehrt, nicht nur zwischen Liebenden, sondern auch zwischen Eltern und Kindern? Wieviele Eltern sagen zu ihren Kindern: „Ich liebe dich", und in ihrer Beziehung gibt es weder Ehre noch Respekt? Oft werden dieselben Kinder, zu denen sie sagen: „Ich liebe dich", auch geschlagen, belästigt, beschämt und vernachlässigt. Es muß Ehre in Beziehungen geben, damit es im Leben Integrität und Schönheit geben kann.

Auch Sie haben wahrscheinlich Freunde, die geschieden sind und unbedingt wieder eine Beziehung haben möchten und die doch in ihren Beziehungen keine Integrität haben. So sehr sie zum Beispiel auch sagen, daß sie ihre Kinder lieben, sobald sie jemanden des anderen Geschlechts treffen, der nur gut genug aussieht, wird das Kind alleingelassen oder bei einem Babysitter „abgestellt". Sie sagen sich selbst: „Ich mache es bei meinen Kindern später wieder gut. Diese Gelegenheit muß ich jetzt beim Schopf packen."

Wenn die Person, mit der Sie ausgehen, zuläßt, daß Sie das tun, dann kann sie keine besonders gute Gelegenheit sein (und ich bin sicher, daß einige von Ihnen das auch schon herausgefunden haben).

In der westlichen Welt werden die Worte „Ich liebe dich" wahrscheinlich jeden Tag eine Milliarde mal ausgesprochen, aber wieviel Ehre ist in diesen Worten enthalten und wird durch das Handeln auch zum Ausdruck gebracht? Wie groß ist die Integrität? Die meisten Leute haben noch nicht einmal hinreichend gesunden Menschenverstand, um zu sagen: „Nun ja, ich bin oberflächlich und selbstbezogen, aber ich *wäre gerne* dazu fähig, mich mit meinen Umständen auseinanderzusetzen mit etwas Tiefe, Integrität und Ehre."

Ich habe in meinem eigenen Leben lange gebraucht, bis ich überhaupt angefangen habe, über Ehre nachzudenken. Aber dahin müssen wir kommen. Keine noch so große Disziplin ist ein Ersatz für Ehre.

## *Geheimnis 23: Hüten Sie sich vor dem Paarkult*

Ich kannte einmal ein Paar, das überall zusammen hinging. Sie konnten sich noch nicht einmal voneinander trennen, um ins Bad zu gehen! Es war ein Verhältnis von 24-Stunden-am-Tag, 7-Tage-in-der-Woche, 31-Tage-im-Monat. Wenn sie eine Verabredung oder einen Termin hatte, ging er mit ihr. Wenn er eine Verabredung oder einen Termin hatte, ging sie mit ihm. Ihre Beziehung war zwanghaft, und das war für jeden offensichtlich, nur nicht für sie selbst. Auch wenn es nett war, daß sie ihre „Liebe" dem anderen gegenüber zum Ausdruck brachten und die Gesellschaft des anderen genossen, war insgesamt die Beziehung düster und zwanghaft.

Innerhalb einer wahrhaft gesunden Beziehung sind sowohl die Qualität der Zeit, die man miteinander verbringt, als auch tiefer, gegenseitiger Respekt und Ehre von allergrößter Bedeutung. Wenn Sie eine „beschissene" Beziehung haben, dann können Sie sieben Nächte in der Woche miteinander verbringen und zigmal im Monat Sex miteinander haben, aber es wird nicht den geringsten Unterschied machen. Die Beziehung zerbricht oder versinkt in der Hölle der Selbstbeschimpfung oder der Beschimpfung des anderen. Wenn Ihre Beziehung eine Qualität hat und wenn Sie sich in der Zeit, die Sie zusammen verbringen, an der Gesellschaft des anderen freuen können, dann spielt es keine Rolle, wieviel Zeit Sie, natürlich innerhalb angemessener Grenzen, miteinander verbringen. Wenn Sie nur eine Nacht in der Woche miteinander verbringen, dann könnte diese eine Nacht perfekt sein.

Im Idealfall versklavt das Zusammensein nicht, sondern es befreit. Sie können trotz der Beziehung ein Individuum sein und innerhalb des Kontextes von Ehe, Freundschaft, Gemeinschaft und Arbeit Ihr eigenes Leben führen. Wenn nicht, haben Sie das Ziel verfehlt. Wenn Sie Ihrem Partner, Mitbewohner, Angestellten oder Arbeitgeber und Ihren Freunden nicht den Raum zugestehen, einfach sie selbst zu sein – dann haben Sie das Ziel verfehlt. In Beziehungen geht es um Freiheit, Leidenschaft, gegenseitige Freude und so weiter und nicht um die Schaffung eines „wir gegen sie" oder die Manipulation der anderen Person.

Verständlicherweise fällt es schwer, dem anderen diese Freiheit zuzugestehen, denn wenn Sie jemanden finden, den Sie mögen, dann wollen

Sie mit ihm oder ihr zusammensein, und Sie wollen sicherstellen, daß Sie dies kontrollieren können. Aber auch die Manipulation für Zwecke, die wohltätig oder menschenfreundlich erscheinen, ist nicht die richtige Grundlage für eine andauernde, nährende Beziehung.

Wenn Ihr Leben auf die Gemeinschaft ausgerichtet ist, werden Sie persönliche Zeit mit Ihrem Partner verbringen, aber im Kontext wird diese Zeit nicht selbstbezogen und isolierend sein. Da Sie ein Paar sind, werden Sie sich natürlicherweise zueinander hingezogen fühlen, aber Sie werden Ihre Zeit nicht allein auf diese gewöhnliche, ausschließende, kultische Art und Weise verbringen. Es wird Gemeinschaft sein. Wo Gemeinschaft vorhanden ist, gibt es so etwas wie „allein" nicht. Das Wort existiert nicht. Aber die Form wird sicherlich als die von zwei Menschen erscheinen, die zusammen weggehen, ohne daß jemand anderer dabei ist.

Seien Sie also mit Ihrem Partner oder Ihren Freunden zusammen, wenn Sie von diesen die „Genehmigung" dazu erhalten, und wenn nicht, dann haben Sie die Wahl, sich entweder miserabel zu fühlen oder glücklich, während Sie tun, was immer Sie auch tun, wenn Sie nicht zusammen sind. Wenn Ihre Liebe oder Freundschaft nicht auf neurotischen Überlebensstrategien basiert, haben Sie keinen Grund, nicht glücklich zu sein.

# *Geheimnis 24: Wie Sie sich gegenseitig unterstützen und Freude bereiten*

Wenn Sie Freude in das Leben eines anderen Menschen bringen, dann ist er lebendig, und dieses Lebendigsein teilt sich allen anderen mit. Wenn jemand in einer Beziehung glücklich ist, dann steht er in Beziehung zu allem, zum Universum. Dann ist er auf eine organische Art entspannt, ungezwungen, kommunikativ, aufgeweckt, interessiert und weise.

Jemanden zu unterstützen bedeutet also, sein wahres Sein, seine grundlegende Wahrheit und Essenz anzuerkennen, und nicht, seine oberflächlichen Aspekte, Persönlichkeitszüge und neurotische Überspanntheit zu beurteilen, herabzusetzen (oder sogar zu loben). Jemand, der wahrhaftig unterstützt wird, ist immer begabt, fähig, zuverlässig, selbstlos und hart arbeitend.

• • •

Im innersten Herzen glauben die meisten von uns wirklich, daß wir gut darin sind, einem Mann oder einer Frau Freude zu bereiten – wenn nicht sexuell, dann zumindest gesellschaftlich.

Wollen Sie wissen, wie Sie einem Mann oder einer Frau wirklich Freude bereiten? *Seien Sie für ihn/sie da, und lassen Sie ihn/sie in Ruhe.*

Ein Mensch, der Sie liebt, wird Ihnen sein *Sein* öffnen. Wenn Menschen Ihre Gesellschaft zu schätzen wissen und genießen, dann werden sie strahlen, wenn sie sich in Ihrer Gegenwart befinden. *Seien Sie für sie da, und lassen Sie sie in Ruhe.*

Wie lassen Sie sie in Ruhe? Eine Möglichkeit ist, nicht aufdringlich, manipulierend oder dominant zu sein. Meine Damen, wie viele Männer hacken sich tatsächlich ihren linken Arm ab, wenn sie in der Küche Kartoffeln schneiden? Nicht so viele. Vielleicht schneiden sie sich ein wenig in den Finger. Aber wie schlimm kann es sein, wenn Sie den Kerl das rasierklingenscharfe Messer so benutzen lassen, wie *er* es will, und ihm nicht sagen, wie er es machen muß?

Und ihr Männer, was glaubt ihr, wie viele Frauen ganz bestimmt in die Hölle kommen dafür, daß sie ganz aus dem Häuschen geraten, wenn sie eine ihrer Freundinnen sehen, oder daß sie, wenn eine Freundin vor der

Tür steht, ganz anders reagieren, als wenn Sie vor der Tür stehen? Sie wissen, wovon ich spreche. Die Frauen sitzen stundenlang mit ihren Freundinnen zusammen und schwatzen, während Sie in der Ecke sitzen und aufgebracht denken: „Mich behandelt sie nie so.“

Warum, glauben Sie, behandelt sie Sie nie so? Weil Sie nicht für sie da sind und sie in Ruhe lassen.

Diese Art der Dynamik beinhaltet eine Möglichkeit für Männer (und Frauen), eine Art weiblicher Empfänglichkeit zu entwickeln. Die grundlegende weibliche Stimmung ist eine Stimmung der Unterstützung, Nährung, Zuneigung, Aufmerksamkeit. Wenn Sie als Mann zum Beispiel um das Haus herumlaufen und sehen, daß Ihre Frau etwas tut, und Sie sehen, wie man es besser machen könnte, dann halten Sie einfach den Mund. Die Dinge werden schon erledigt. Lassen Sie sie so kochen, wie sie will. Manchmal ist das schwierig, aber es ist ein Anfang. Sitzen Sie nicht hinter dem Steuer, wenn Sie in Wirklichkeit auf dem Beifahrersitz sitzen. Lassen Sie die Frau ab und zu fahren. Sitzen Sie einfach daneben, und seien Sie still. Das ist eine gute praktische Übung, jemand anderem zu erlauben, das, was er tut, auf seine eigene, besondere Weise zu tun.

# *Geheimnis 25:*
# *Wenn eine Liebesbeziehung zerbricht*

Glauben Sie nicht, insbesondere wenn es um Beziehungen geht, daß Sie ein „Überflieger“ sind – das sind Sie nicht. Glauben Sie nicht, daß Sie schon damit „klarkommen“ – denn das werden Sie nicht. Die einzigen Dinge, mit denen Sie klarkommen können, sind Dinge, die Sie bereits kennen, und das auch nur dann, wenn Sie Glück haben oder gesegnet sind. Niemand von uns kann mit etwas Neuem klarkommen. Wir können höchstens versuchen, durch eine neue Situation unbeschädigt hindurchzukommen und etwas dabei zu lernen. Aber damit „klarkommen“? Das glaube ich nicht.

Ich habe in meinem Leben ein paar große Schritte getan. Mittendrin habe ich meine Schultern zurückgeworfen und gesagt: „Ich kann damit klarkommen!“ Aber es stellte sich immer heraus, daß ich gar nicht so gut damit klarkam. Ich hätte ganz anders mit der Situation umgehen können. Eine Reihe radikaler Ereignisse überzeugte mich davon, daß man seinen Mund so weit wie möglich geschlossen halten sollte, wenn man sich in einem Zustand der Hyper-Emotionalität oder der Verzweiflung befindet. Verbale Zurückhaltung, natürlich ohne die Dinge dabei zu verdrängen, könnte eine ganze Menge Schmerz und Kummer ersparen. Meistens ist es am besten, einfach den Mund zu halten, Ihren Eltern, Ihren Kindern, Ihrem Partner und Ihren Freunden gegenüber, denn wir sagen ständig Dinge, die wie Bühnengebärden anmuten – verzweifelte Versuche, irgendeinem unserer neurotischen Elemente von Unsicherheit, Angst oder Zorn Gültigkeit zu verleihen. Diese Neurosen benötigen wohl kaum Unterstützung, und Versuche, sie zu unterstützen, enden damit, daß man in bezug auf Raum oder Situation noch depressiver oder unstimmiger wird.

Manchmal reagieren wir auf diese prahlerischen Forderungen, und normalerweise müssen wir letztlich dafür bezahlen.

Wenn Menschen in Panik geraten, neigen sie zu übertriebenen und irrationalen Gesten – Bühnengebärden. Dazu neigen sie auch, wenn Beziehungen fehlschlagen. Viele Kinder werden geboren in dem Versuch, eine Beziehung oder eine Ehe zu retten, und natürlich ist das das Schlimmste, was man tun kann, um eine angeschlagene oder ungesunde Situation zu retten. Es ist grausam, einem Kind diese Bürde für den Rest seines Lebens aufzuerlegen. Es ist sehr traurig, wenn wir so unreif sind, daß wir Bühnengebärden oder -drohungen machen aus unserer Unfähigkeit heraus, geistige Gesundheit in unser Leben zu bringen.

Viele Menschen lassen sich scheiden und denken: „Dieses Miststück, ich wußte schon, als ich sie (oder ihn) traf, daß sie (oder er) nichts taugt." Wenn Sie nicht mindestens fünfzig Prozent der Verantwortung übernehmen (und es wäre Ihnen sehr dienlich, siebzig oder achtzig Prozent zu übernehmen, auch wenn es nur zu fünf Prozent Ihre Schuld war), wenn Sie herumlaufen und anderen Leuten und Umständen die Schuld für Ihre Probleme geben, dann werden Sie niemals groß genug sein, mit irgend etwas klarzukommen. Sie werden noch nicht einmal fähig sein, damit klarzukommen, einen Tag lang keine Zigaretten zu haben! Sie werden nicht fähig sein, mit irgend etwas klarzukommen, wenn Sie die Schuld an Ihren Problemen ständig allem anderen geben und Ihre eigene Mitschuld an der Situation nicht sehen wollen.

Wenn ich, als Teenager mit Anfang zwanzig, eine Beziehung beendete, sagte ich: „Ich habe etwas Besseres verdient ...", oder: „Es hat für mich nicht funktioniert ...". Ich war völlig selbstsüchtig, wie Sie alle es wahrscheinlich zu irgendeiner Zeit einmal waren. Als meine Beziehungen jedoch begannen, ernst zu werden, lernte ich sehr schnell, daß ich genauso schuld war wie jeder andere, und ich war gewillt, Verantwortung dafür zu übernehmen (obwohl es ein Rätsel ist, *wie* ich dazu bereit und fähig war).

Bühnenspiele oder übertriebene Gebärden haben ihre Grundlage nicht in Geduld, Unbeirrtheit und dem Warten auf den richtigen Zeitpunkt.

# *Geheimnis 26: Monogamie*

Ich glaube, daß die Menschen sich einfach in einer monogamen Beziehung finden und eine gesunde sexuelle Beziehung genießen sollten. Männer und Frauen sollten sich verlieben, den anderen lieben und nicht, nur weil sie unsicher sind, mit jedem anderen Mann oder jeder anderen Frau flirten, der oder die ihnen über den Weg läuft. Monogamie ist empfehlenswert, weil Liebe in einem Umfeld von Intimität und Vereinigung gedeiht.

Sexualität schafft eine Art der Verletzlichkeit, wie man sie sonst nirgendwo findet. Wahrscheinlich läßt sich das noch am ehesten vergleichen mit dem, was die Überlebenden eines Flugzeugabsturzes oder eines anderen tiefgreifenden Erlebnisses, in dem man große Not erfährt, miteinander teilen. Sie teilen diese Art der Verletzlichkeit, die es in der Sexualität gibt, wenn eine niederschmetternde, gemeinsame Tragödie geschieht, aber sonst nirgendwo. Das geschieht noch nicht einmal in den tiefsten Freundschaften. Sie erleben nicht diese Art der chemischen Verletzlichkeit, wie sie während der gemeinsamen Anteilnahme an einer Tragödie geschieht. Ihr Körper verändert sich, wenn eine wahrhafte chemische Zuneigung zu anderen Menschen besteht, und die meisten von uns können diese Art der Verletzlichkeit nicht mit mehr als einer Person teilen, ohne dadurch innerlich zerrissen zu werden. Wir sind nicht so veranlagt.

In einer falschen Monogamie sind Sie auf eine Person begrenzt, weil Sie eine Art von Beziehung entwickeln, die Sie beide gegen den Rest der Welt isoliert. Der Mann kommt von der Arbeit nach Hause, und „Schätzchen“ sagt: „Hast Du die Gehaltserhöhung bekommen, Liebling?“ Und er sagt: „Nein, verdammt. Sie haben jemand anders befördert.“ Und „Schätzchen“ sagt: „Was? Was! Sie behandeln dich da nicht richtig. Du solltest dich nach einem anderen Job umsehen. Dein Vorgesetzter weiß dich nicht zu schätzen.“

Der eine ernährt sich vom anderen, und sie entwickeln eine Art von Blase, die sie vom Rest der Welt getrennt hält.

In einer wahren Monogamie besteht für keinen der Partner die Notwendigkeit, zu flirten oder Verführungs- oder Jägerspiele zu spielen. Die Liebe des Mannes für die Jagd findet sich in seiner Arbeit, in

Kreativität und Kunst, in seiner Leidenschaft für seine Frau und seine Kinder. Die Frau nährt ihre Familie, ihren Mann, das Heim, die Umgebung, die Gemeinschaft, ihre Form der Kunst. Dann findet sich in der Muschelschale tatsächlich die ganze Welt.

• • •

Manchmal machen die Menschen außergewöhnliche Erfahrungen in neuen Beziehungen, in denen die Intensität der Begierde oder der Wunsch nach Bindung sehr stark sind. Deshalb verlieben sich viele Menschen in jemand anderen als den, mit dem sie gerade eine Beziehung haben, gehen aber dann geradewegs zu ihrem ursprünglichen Partner zurück. Sie erkennen, daß in ihrer alten Beziehung außergewöhnliche Erfahrungen gefehlt haben und daß diese in der neuen Beziehung sehr bald ebenfalls fehlen werden.

Mit der Zeit bauen die Menschen etwas zusammen auf, das durch nichts zu ersetzen ist. In einer neuen Beziehung kann keine Zeit geschaffen werden. Es kann durchaus wahr sein, daß Sie „alte karmische Gefährten" sind und daß Sie viele Leben lang zusammen waren, aber trotzdem können Sie es nicht übereilen. Sie können das Element der Zeit in einer Beziehung nicht künstlich erschaffen.

# *Geheimnis 27: Vermeiden Sie eine konventionelle Beziehung*

Sie können mit einer Person jahrelang zusammenleben, ohne verheiratet zu sein, aber wenn der Vertrag einmal unterschrieben ist, wenn die Beziehung einmal legalisiert ist, dann kann sich eine machtvolle „Programmierung" manifestieren in bezug auf das, was die Ehe ist. Diese Programmierung geht oft so tief, daß sie, völlig egal, wie offen oder intelligent oder sensibel man ist, eine politische oder territoriale Bedeutung erlangt, sobald der Vertrag unterschrieben ist. Ich habe die Erfahrung gemacht, daß Menschen aus starken, unbewußten Motiven heraus auf einen Heiratsvertrag reagieren. Eine typische Reaktion ist, zu denken: „Ah, jetzt gehört es mir." (So ähnlich wie Sie reagieren, wenn Sie die letzte Rate für Ihr Auto bezahlt haben.)

Aus dieser Art der Reaktion entsteht eine subtile Strategie – die Menschen fangen an, ihren Partner auszunutzen, obwohl sie das wirklich nicht wollen. Vielleicht sagt der Ehemann keine Nettigkeiten mehr, oder er sagt ihr nicht mehr, wie gut sie kochen kann. Kleine Dinge verändern sich. Wenn der Vertrag einmal unterschrieben und damit legal ist und wenn die Flitterwochen vorbei sind, dann kann diese Rücksichtnahme auf den anderen sehr schnell abflauen.

Konventionelle Beziehungen sowohl mit Freunden als auch mit Partnern beinhalten für gewöhnlich Besitz- und Hoheitsansprüche. Wo immer sich Menschen zu einem Paar zusammenfinden, ist der Antrieb, Hoheitsansprüche zu stellen, sehr stark. Wir neigen dazu, unseren Freund oder unseren Partner als unser Eigentum zu betrachten. Bei einer Party werden wir beispielsweise verrückt, wenn unser Partner sich mit einer Person des anderen Geschlechts unterhält. Aber seien Sie ehrlich, wenn Ihr Partner ernsthaft daran interessiert ist, mit jemand anderem Sex zu haben, dann ist das zwar ziemlich schlimm, aber was wollen Sie dagegen tun? Versuchen, es zu verhindern? Und wie? Durch Einsperren? Mit Gewalt?

Ihr Partner wird keine bessere Beziehung zu Ihnen haben, weil Sie sie oder ihn daran gehindert haben, mit jemand anderem zu schlafen. Sie müssen sich mit der Tatsache auseinandersetzen, daß er (oder sie) Sie noch genauso liebt wie immer. Es ist wahr. Manchmal sind Menschen einfach naiv, und wenn sie anfangen aufzuwachen, dann gibt es auf ihrem

Weg zu Weisheit und Reife viele Zweifel, Verwirrungen und Zusammenbrüche. Wie in diesem Fall. Vielleicht waren Sie der erste Mensch, mit dem Ihr Partner je geschlafen hat. Vielleicht waren Sie der typisch amerikanische Mann, der nur eine Jungfrau heiraten würde. Sie stellten sicher, daß Ihre Frau sich für Sie aufgespart hat. Dann passierte es. Eines Tages, nach ein paar Jahren Ehe, las Ihre Frau *The Joy of Sex* [dt.: *Die Freude am Sex*] und *Fear of Flying* [dt.: *Angst vor dem Fliegen*], und es fing an, sie irgendwo zu kitzeln... Oder vielleicht hat sie deshalb den Wunsch nach einem anderen sexuellen Partner, weil Sie ein Trottel sind. Nach zwei Minuten rollen Sie sich auf die Seite und sagen wahrscheinlich auch noch: „Danke, Liebes", oder: „War es für dich auch gut?" Oder Sie springen auf und sagen: „Hast du Lust auf ein Omelett? Ich bin ein wahnsinnig guter Koch!" (Die meisten Männer sind sehr unsensibel. Die meisten Frauen sind auch unsensibel, aber sie können ihre Unsensibilität verstecken, indem sie sich warm, verständnisvoll, mitfühlend, treusorgend und geduldig verhalten. Sie haben eine andere Strategie: die treusorgende, hart arbeitende, Alles-für-Mann-und-Familie-opfern-Strategie.)

Wenn man die Wahl trifft zu heiraten, dann sollte diese Wahl nicht aus konventionellen Gründen getroffen werden. Die richtige Wahl ist die Wahl, dem anderen ein Leben lang zu dienen. (Aber das ist von unserer gegenwärtigen Erfahrung in der konventionellen Gesellschaft sehr weit entfernt. Eine organische und spirituelle Tradition, die wir hier einmal hatten, wurde verzerrt und zerstört. Wir wurden psychologisch verkrüppelt, insbesondere in der westlichen Welt. Vielleicht sollten wir es DMD nennen – Dead Man's Disease [dt.: Krankheit des toten Mannes] – mit der Betonung auf *Mann*.)

Jeder von uns sollte sich darüber klar werden, ob er oder sie immer noch in der Propagierung konventioneller Aktivität im intimen Leben verwurzelt ist oder nicht. Diese Art der Propagierung ist eine Lüge; sie beinhaltet das „Du", das das Produkt von Gesellschaft, Familie und Umwelt ist – von allem und jedem, aber nicht von Gott. Wenn man sich auf diese Reise der Transformation begibt, muß man genau da beginnen, „wo man lebt" – bei den täglichen Aktivitäten, den persönlichen Manifestationen, Gebärden und Einstellungen. Große metaphysische Konzepte und hochfliegende Ideale sind nutzlos, wenn das intime Leben isoliert und verkrüppelt bleibt durch gewohnheitsmäßige psychologische Starrheit und ungeprüfte Vermutungen.

# *Geheimnis 28: Liebe definieren*

Unabhängig davon, wie alt wir sind, basiert das, was wir für Liebe halten, zum größten Teil auf äußerst unzulänglichen Erfahrungen. Wenn Sie zurückschauen, werden Sie sehen, daß wir dachten, mit dreißig seien wir in bezug auf Liebe wirklich reif, erfahren und weltlich gesinnt. Wenn wir vierzig sind, schauen wir auf das zurück, was wir mit dreißig für Liebe hielten und sagen: „Mein Gott, wie unreif. All die Fehler, die ich gemacht habe, und die Menschen, die ich verletzt habe. Wenn ich nur damals schon gewußt hätte." Dann sind wir fünfzig, und unsere gesamte Perspektive ist reifer… voller… reicher. (Das Wort „reif" hat eine ganze Reihe von Bedeutungen. Es bedeutet nicht nur, daß wir älter und erfahrener sind, sondern auch, daß unsere Fähigkeit entsprechend tiefer und unser Herz entsprechend voller ist.) Im Grunde genommen ist das, was wir weiterhin sehen, das, *was Liebe nicht ist*, und je mehr wir sehen, was Liebe nicht ist, um so mehr lernen wir schätzen, was sie ist – was immer sie ist.

Wenn wir reifer werden, erkennen wir außerdem, daß Liebe immer verfügbar ist und daß sie nicht von *jemand anderem* abhängig ist. Das vierte Buch des *Alexandria-Quartetts*, einer Buchreihe von Lawrence Durrell, kommt zu dem Schluß, daß jemand, der wahrhaft verliebt ist oder der wahrhaft liebt, nichts braucht, das sich außerhalb seiner selbst befindet. Im Falle der historischen Mirabai war die Liebe lebendig, und der Geliebte war gegenwärtig in Form einer kleinen Steinstatue von Krishna. Eine andere Auslegung gab es nicht. Die gleiche Beziehung zur *Liebe* trifft auch für viele Heilige zu. Für viele der christlichen Mystiker ist der *Geliebte* gegenwärtig, nicht so sehr in der Form von Jesus, als vielmehr sprichwörtlich in der Form einer geliebten Ikone, wie einem Bild von Jesus oder einem Kruzifix. (Vielleicht gab es in den frühen Tagen sogar echte Artefakte – Splitter des echten Kreuzes, Kräuter der Jungfrau Maria, Fäden von den Socken Jesu… oder ähnliches.)

Man kommt zu der Erkenntnis, daß die Verkörperung der Liebe ein Verströmen ist, nicht ein Bedürfnis oder die Abhängigkeit von der Aufnahme von außen. Einige der romantischsten und bittersüßesten literarischen Beispiele für Liebe sind die, in denen die Liebe aus irgendeinem Grund keine Erfüllung findet – durch den Tod, durch einfache

Arroganz oder weil sie als selbstverständlich angesehen wurde. Aber die Liebe war so voller Fülle, daß sie auf jeden Fall zum Ausdruck kam, obwohl das Objekt dieser Liebe sich dessen nicht bewußt war.

Wenn man immer mehr zum Studierenden der Liebe wird, dann erkennt man, daß man entweder liebt oder die Liebe studiert. Dazwischen gibt es nichts. Ich würde sogar zu behaupten wagen, daß die meisten von uns einfach nur die Liebe studieren, obwohl wir uns wahrscheinlich schon unzählige Male verliebt haben, wahrscheinlich sogar, ohne es überhaupt zu wissen.

Sie können Liebe nicht genau definieren, aber Sie können eine Fragestellung über die Liebe erarbeiten, die immer wieder mit mehr und mehr Klarheit und Unterscheidung neu definiert wird. Das bedeutet nicht, daß Sie immer wieder Dinge gegen das abwägen, was Liebe ist, aber Ihre Erfahrung dient dazu, die Fragestellung zu verfeinern, so daß Ihr Brennpunkt immer klarer und immer weniger verschwommen wird. Es ist wahrscheinlich, daß Ihr Erkennen zu Anfang einige Dinge beinhalten wird, die dort wirklich nicht hingehören, aber das alles wird gereinigt durch das Feuer des Sadhana[1].

---

1 Sadhana – spirituelle Arbeit oder spirituelle Praxis.

# *Geheimnis 29: Chemische Liebe, emotionale Liebe und bewußte Liebe*

In menschlichen Beziehungen besteht eine magnetische Anziehungskraft sowohl zwischen sympathischen als auch zwischen entgegengesetzten chemischen Energien. Gegensätze ziehen sich an – wie der Nordpol und der Südpol eines Magneten. Sympathische Chemie zieht ebenso an – wir suchen das, was uns widerspiegelt, weil wir wachsen und uns selbst erkennen wollen.

Wenn Gegensätze sich anziehen, dann kann es wie ein Puzzle sein, wenn die Menschen versuchen, sich der Matrix des jeweils anderen anzupassen. Doch obwohl diese Beziehungen, weil sie sich gegenseitig ergänzen, meist von längerer Dauer sind als Beziehungen, die auf sympathischen Anziehungskräften beruhen, wird in bezug auf die Vollständigkeit der Beziehung nichts geschehen, solange diese auf reiner Chemie beruht. Wenn zwei Menschen nicht ein zumindest ähnliches Ziel verfolgen oder ähnliche Perspektiven haben, dann zerstören die niederen Elemente ihres Bewußtseins für gewöhnlich jede Bindung, die entstehen könnte.

Für die chemische Liebe, die im Grunde genommen fast alle unsere Begierden und Liebesaffären einschließt, gelten die Gesetze der Chemie. Menschen haben beispielsweise eine bestimmte physische Toleranz dem anderen gegenüber, die sich von Person zu Person ändert, und diese Toleranz spielen sie einfach aus. (Wenn die Toleranz erschöpft ist, dann ist die Beziehung es auch.)

Wenn wir die Chemie eines anderen – seine „Drüsen" – nähren, gibt es für uns nur eine Möglichkeit der Reaktion. Es ist absurd, davon auszugehen, daß wir in einer chemischen Liebesbeziehung nicht wütend oder eifersüchtig werden, uns schuldig oder unsicher fühlen oder frei sind von allen emotionalen Reaktionen – hoch, niedrig, positiv, negativ oder neutral. Wir sind durch die Grenzen unserer Chemie gebunden, und die Chemie kennt kein Gefühl. Sie tut einfach nur das, wozu sie katalysiert wird (und sie könnte alles tun, was in ihrer Natur liegt).

Auf der alleinigen Grundlage chemischer Liebe ist es absurd, Versprechungen zu machen, weil das Versprechen in unserem Kopf geschieht, ohne die Gesetze der Chemie zu beachten. Wir versprechen aus unserem Glauben, unserer Erwartung oder unserer Projektion heraus (alles vom

Verstand her), aber wir können unsere Chemie nicht steuern und sie in die Zwangsjacke unserer neurotischen Anwendung der Sprache pressen, egal wie ehrlich die Sprache im Augenblick unseres Versprechens ist.

Die Menschen versprechen sich zum Beispiel ewige Treue, aber gemäß unserer chemischen Natur sind wir nicht monogam! Unsere spirituelle Natur ist absolut monogam, aber gemäß unserer chemischen Natur sind wir wie Tiere – wie der Hahn auf dem Bauernhof, der herumläuft und alle Hennen besteigt. Das Tier weiß natürlich nicht, was es tut, indem es darüber nachdenkt; seine Aktivität ist Chemie – reiner Instinkt.

Das gleiche gilt für die chemische Liebe zwischen Menschen. Sie wird voll und ganz von einem unpersönlichen Impuls gesteuert. Und solange die Liebe chemisch bleibt, solange wir unmenschlich bleiben, werden wir immer nur solche Liebesbeziehungen haben.

In der chemischen Liebe begehen wir Ehebruch, wenn nicht körperlich, dann im Geist. Alle diese Redewendungen – wie „Abwechslung ist das Gewürz in der Suppe des Lebens“ oder die ganze Geschichte mit der „Sieben-Jahres-Krise“ – haben einfach nur den Zweck, den chemischen Reaktionen Gültigkeit zu verleihen, weil wir unmenschlich sind.

Wir kennen unsere eigene Chemie oder die unseres Partners nicht vollständig (und müssen sie auch nicht kennen). Aber wir müssen eine bestimmte Einstellung des Erforschens, des Staunens und der Akzeptanz entwickeln. Wenn wir uns selbst studieren, muß uns daher bewußt sein, was chemische, was emotionale und was bewußte Liebe ist.

• • •

Emotionale Liebe entsteht als Ergebnis von Tendenzen, die durch unsere Umwelt in der Psyche programmiert werden – durch unseren Personenkreis, unsere Eltern, Lehrer und durch unsere Lebensumstände. Wir verlieben uns auf emotionaler Ebene, basierend auf den ursprünglichen Überlebensstrategien, die in der chemischen Liebe Gültigkeit hatten. Von Kindheit an beobachten wir unsere Umwelt und entwickeln uns auf der Grundlage dieser Beobachtungen. In allen unseren Beziehungen reagieren wir also auf strategische Weise als Resultat unserer gewählten Weltansicht.

Emotionale Liebesbeziehungen neigen dazu, extrem sprunghaft zu sein. Auf, ab, auf, ab, auf, ab. Es endet meist damit, daß die Leute sich wirklich hassen, sich lieben, und sich wieder hassen – sich aber nicht voneinander trennen. Sie können sich nicht trennen, weil sie zu sehr von der Unterstützung des jeweils anderen abhängig sind. Jede ihrer „Geschichten" ist emotional mit dem anderen verhakt. Die klassische Dynamik der Ko-Abhängigkeit!

Es gibt viele Fälle von emotionaler Liebe. In der westlichen Welt ist die emotionale Liebe wahrscheinlich sogar eine Epidemie. Sie ist auch die Art von Liebe, die am schwierigsten zu transformieren ist. Wenn Sie sich in einem „Hoch" einer emotionalen Liebesbeziehung befinden, mein Gott, ist das aufregend, inspirierend und verzehrend! Deshalb ist sie zu gut, um sie aufs Spiel zu setzen, indem man sich trennt, wenn man sich in einem (mißbrauchenden) „Tief" befindet. Emotionale Liebe ist auch der Stoff, aus dem Inspiration entsteht. Menschen, die emotional verliebt sind, sollten immer Poeten oder Künstler oder Ritter auf der Suche nach einem goldenen Gral sein.

Sie können etwas über die chemische Liebe lernen, sie studieren, und ihre Herrschaft überwinden (in dem Sinne, daß Sie sie gut genug kennen, um nicht durch ihre Signale in Verwirrung zu geraten), aber die emotionale Liebe ist so vollständig zerstörerisch und so sehr in fehlgeleitete psychologische Strategien integriert, daß man, selbst wenn man *aus* ihr herauskommt, selten *über* sie hinwegkommt.

• • •

Bewußte Liebe, auf der anderen Seite, hat keinen Raum für reaktive und degenerative Emotionen. Aber bewußte Liebe ignoriert auch die Chemie nicht – da wir biologische Geschöpfe sind, wollen wir unsere Rasse erhalten und sind bis zu einem gewissen Grad gebunden durch die Gesetze unserer Zellstrukturen und unserer Drüsensekrete.

Nur die bewußte Liebe kann eine Liebesbeziehung schaffen, in der die Menschen darin empfänglich sind für den Gesetze der Alchimie – Gesetze der Transformation – über die und entgegen den Gesetzen von Stagnation und bloßer Erhaltung. Wir sind Maschinen – die besten, die es im Universum (oder zumindest in unserer Galaxie) gibt –, aber trotzdem Maschinen. Ohne die bewußte Liebe gibt es keine Möglichkeit, anders zu sein als die gewöhnlichen primatenähnlichen Geschöpfe, die wir sind.

Bewußte Liebe berührt mehr als nur unsere zwischenmenschlichen Beziehungen. Die Art, wie Menschen exquisite Blumenzüchtungen entwickelt haben, ist ein Versuch in bewußter Liebe. Die Züchtung der prächtigsten vollblütigen Pferde und reinrassigen Hunde ist ein anderer

Weg, sich auf die bewußte Liebe hinzubewegen. In diesen Fällen haben wir, dem Wunsch nach Schönheit folgend, der optimalen Schaffung einer bestimmten Spezies gedient, einem bestimmten Kanal des Lebens.

Natürlich wurden diesen Formen der bewußten Liebe auch durch das Streben nach Gewinn oder Macht – für egoistische Zwecke – in ein schlechtes Licht gerückt. Wir haben es nicht für den Hund getan, sondern wir wollten den Preis gewinnen. Wir haben es nicht für das Pferd getan, sondern wir wollten Rennen gewinnen und unser unersättliches Streben nach Schönheit befriedigen. Wir haben es nicht für die Blume getan, aber dadurch verliert der ursprüngliche Wunsch nicht seine Gültigkeit. Wir haben es getan, weil diese Blume etwas in uns wachgerufen hat, und wir wollten dieses Gefühl haben. Wir strebten danach, Götter zu sein – zu schaffen und zu transformieren! Ohne zu wissen, was bewußte Liebe ist, haben wir sie nicht absichtlich geschaffen, aber wir haben uns in diese Richtung bewegt. Bewußte Liebe ist die höchste Form der Liebe, nach der wir streben können.

Intuitiv ist die ganze Idee einer „Super-Rasse" – der Versuch, diese Rasse zu vervollkommnen – ein Versuch, bewußte Liebe zu schaffen. Aber dieser Versuch wird zerstört durch unsere selbstsüchtigen, wenn auch unbewußten, psychologischen Motivationen. Wir fangen diese Dinge einfach falsch an. Wir wissen nicht, was wir tun, aber wir werden tatsächlich durch die Forderungen des großen Prozesses der Göttlichen Evolution[2] in eine bestimmte Richtung gezogen.

Wenn der Mensch mit der Natur kommuniziert, dann erhält er eine sehr primitive Form bewußter Liebe. Die Natur ist rein. Sie kennt keine psychologischen Verwicklungen, kein freies Ego – kein Wurm-Ego, kein Elefanten-Ego, kein Berg- oder Regenbogen- oder Sonnen-Ego! Wir können der Natur gegenüber verletzlich und frei sein, weil es hier keine psychische Gegenreaktion gibt. Unglücklicherweise passiert uns das im Umgang mit anderen Menschen nicht, außer in einer ganz besonderen und bewußten Umgebung – wie zum Beispiel in einer funktionierenden spirituellen Schule.

Bewußte Liebe ist, in der Tat, so heilig und ehrfurchtgebietend, daß der Geliebte dem Zauber der Liebe des Liebenden verfällt und den bewußt Liebenden niemals vergessen oder verlassen wird. Mit der Zeit wird eine

---

2 Großer Prozeß der Göttlichen Evolution – der Wille Gottes. Es ist der fortlaufende Prozeß Gottes, der alles Gesehene und nicht Gesehene beinhaltet, einschließlich des Lebens von der Zeugung bis zum Tod.

solche Liebe immer erwidert. Die anfängliche Reaktion auf bewußte Liebe ist, sozusagen einen „lebenslangen Vertrag zu unterschreiben".

Eine andere Sache ist es natürlich, diese Liebe zurückgeben zu können, nachdem man einmal damit in Berührung gekommen ist, ebenso wie die tiefe Wärme aufrechtzuerhalten – die Spannung der Transformation, die die bewußte Liebe hervorruft. Es kann ein ganzes Leben lang dauern, diese auf Erfahrung beruhenden Anpassungen zu erarbeiten. Aber was macht das schon? Was gibt es denn sonst Wertvolles, das man tun könnte?

Bewußte Liebe geschieht nicht zufällig. Sie muß kultiviert, verwirklicht, aktiviert und gelebt werden. Man „verliebt" sich nicht „bewußt". Damit ist enorm viel sehr harte Arbeit verbunden, bei der ein Element darin besteht, daß Sie sich immer selbst beobachten müssen, um festzustellen, ob das, was Sie für den Geliebten wollen, für ihn oder sie am besten ist, oder ob es nur Ihrer eigenen, egozentrischen Vorliebe dient.

Natürlich wollen Sie bestimmte Dinge, aber was ist das beste für den anderen – das Objekt dieser Liebe? Nehmen wir an, daß das, was für ihn oder sie das Beste ist, Sie nicht betrifft – für einen Monat, für zwei Monate, für ein Jahr?

Bewußte Liebe bedeutet, immer das zu tun, was für den Geliebten das Beste ist, auch wenn es dem, was Ihr Ego sich am meisten für Sie (für sich selbst) wünscht, völlig entgegensteht. (Sogar der Ausdruck „Ihr Geliebter" ist lächerlich, weil die ganzen Vorstellungen von Besitzanspruch für die bewußte Liebe nicht gelten. Und natürlich hat das Wort „Geliebter" absolut nichts mit der gewöhnlichen Verwendung dieses Wortes zu tun. Ich verwende dieses Wort nur, um nicht immer wieder eine ermüdende rhetorische Erklärung abgeben zu müssen.) Der Mensch, der versucht, bewußte Liebe zu entwickeln, steht diesen Krisen immer wieder gegenüber, jeden Tag – in bezug auf seine Arbeit, wann er morgens aufstehen soll, wie oft er Sex haben soll und welche Art von Sex, was er essen oder wie viele Vitamine er nehmen soll, wann er Kinder haben soll und wie viele, wie er sie erziehen soll, wie er seine Schwiegereltern behandeln soll, wann er seine Eltern besuchen soll… und so weiter, und so weiter… jeden einzelnen Tag… immer und immer wieder. Aber diese Krisen betreffen nur die Ebene des Verstandes – auf psychologischer oder mentaler Basis – und nicht den Körper.

„Was ist für meinen Geliebten am besten?" Was immer es ist, dem müssen Sie sich ergeben. (Und das geschieht nur durch die Hingabe an den göttlichen Einfluß. Das Ego selbst kann diese Wahl niemals treffen.

Nur der Wille Gottes ist intelligent genug, um die erforderliche Perspektive zu haben.)

Manchmal ist das, was für Ihren Geliebten am besten ist, für ihn oder sie sehr schmerzvoll. Manchmal muß Ihr Geliebter etwas erreichen, wofür er Blut schwitzen muß, und er wird sich erbittert dagegen auflehnen. Wenn Sie die Macht haben, Ihren Geliebten in die Lage zu versetzen, das zu erreichen, was er für sich selbst erreichen muß, dann müssen Sie das tun, auch wenn es für Sie selbst eine sehr große Anstrengung bedeutet, und auch, wenn er sich bis zum Ende dagegen wehrt.

Sie können nicht bewußt lieben in dem Sinne, in dem ich es hier beschreibe, ohne daß Gott im Herzen Ihrer Beziehung zu dem geliebten Menschen gegenwärtig ist. Wenn Sie Ihren Partner bewußt lieben, sind Sie perfekt eingestellt auf die spirituellen Dimensionen der Intelligenz Gottes. Wenn Sie versuchen, diese Entscheidungen aus erlernten Informationen oder antrainierter Erfahrung heraus zu machen, dann funktionieren Sie bestenfalls aus einer bloßen Vermutung heraus. Sicherheit bedeutet, daß Gottes Wille Entscheidungen trifft durch den menschlichen Instinkt und niemals aus einem mentalen Gedankengebäude oder einer Ansammlung von Kenntnissen heraus.

Wenn Sie bewußt lieben, dann können Sie die Vollkommenheit in Ihrem Geliebten spüren, nicht als Mensch, sondern als Teil der Schöpfung Gottes. Egal, wie die „Schale" aussieht, unabhängig davon, wie viele gute oder schlechte Eigenschaften der andere hat, unabhängig davon, wie verrückt er ist, Sie können diese Vollkommenheit, diese Essenz, immer spüren. Und Sie wollen diese Vollkommenheit in Ihrem Geliebten wachrufen, egal was es Sie kostet, einschließlich Ihrer geistigen Gesundheit. Das ist bewußte Liebe. Diese Art der idealen Beziehung muß gepflegt werden. Sie muß erarbeitet, trainiert werden. Sie sind in unserer Gesellschaft nicht mit dieser Fähigkeit aufgewachsen. Bewußt lieben zu können ist die größte Fähigkeit, die zu erreichen wir jemals hoffen können.

Die meisten von uns sind nicht einmal bewußt tolerant. (Es gibt einen sehr großen Unterschied zwischen einfach tolerant sein und bewußt tolerant sein.) Die Menschen bestehen aus einer riesigen Ansammlung von Neigungen, Gewohnheiten und Neurosen. Bewußte Toleranz ist die Erkennung dieser Neigungen und das Verständnis, daß Sie mit anderen Menschen mit all ihren Gewohnheiten und Neurosen umgehen müssen und daß Sie nicht warten dürfen, bis sie nicht länger das bei Ihnen hervorrufen, was Ihnen „aufstößt". Wenn Sie darauf warten, warten Sie ewig… vielleicht noch länger. Vielleicht werden sie sich in fünf Jahren ein wenig geändert haben, vielleicht werden sie auch nie anders sein, aber so oder so sind sie, was sie sind!

Wenn Sie diesen Funken Vollkommenheit in Ihrem Geliebten sehen, dann müssen Sie sich mit beidem, sowohl damit als auch mit seiner Oberflächenstruktur, auseinandersetzen, bis er sich ändert, bis er in Ausrichtung mit seiner angeborenen Vollkommenheit handelt. Das ist bewußte Toleranz.

Die Toleranz, die die meisten von uns erfahren, ist jedoch keine gewählte Toleranz, sondern eher eine Toleranz der Notwendigkeit. Wir sind tolerant, weil wir es sein müssen, weil wir einfach miteinander auskommen wollen, weil es uns nicht kümmert oder weil wir keine Auseinandersetzung und keine Probleme schaffen wollen. Wir sind tolerant für unser eigenes Leben, nicht bewußt tolerant für unseren Geliebten. Wir sehen die Vollkommenheit in dem anderen nicht. Statt dessen ärgern und beschweren wir uns ständig, und wenn wir mit den Fehlern anderer konfrontiert werden, dann schaffen wir es vielleicht, uns auf die Lippen zu beißen, wenn unsere Selbstkontrolle ausreicht. Wir sind tolerant! Wir wollen keine Wellen schlagen, also sind wir tolerant.

Aber jemand, der bewußt liebt, braucht sowohl Demut als auch bewußte Toleranz. Der bewußt Liebende könnte seiner oder ihrer eigenen Perfektion tausendmal näher sein als der Geliebte, aber es bedarf auch immer der Demut. Wenn Sie für den Geliebten leben, was spielt es da für eine Rolle, wie perfekt Sie sind? Sie laufen nicht herum und regieren andere mit Ihrer Perfektion.

Mit der Zeit geben Menschen, die sich der Transformation durch die bewußte Liebe unterwerfen, diese Liebe genau so zurück, sie erlangen die Fähigkeit dazu aus ihrer eigenen Stärke und ihrem eigenen Prozeß heraus. Es entsteht ein perfektes Geben und Nehmen in der Wechselseitigkeit von Bewunderung und Hingabe. Es gibt immer Geben und Nehmen. Es gibt niemals Unstimmigkeiten darüber, wer wann gibt und wer wann nimmt. Auf beiden oder allen Seiten gibt es das Geben und das Annehmen des Gebens; und es gibt das Nehmen und das Annehmen des Nehmens. Dies gilt natürlich zwischen Mann und Frau, zwischen Freunden des gleichen Geschlechts und auch zwischen Mensch und Gott (was auch besser wäre!).

Wir müssen wissen, was wir tun. Bei der Schaffung bewußter Liebe arbeiten wir mit einer chemischen Fabrik, die in technologischer Hinsicht empfindlicher ist als alle chemischen Fabriken dieser Welt. Wenn wir kein *Wissen* haben, das heißt, *wenn wir nicht bereit sind, die Beziehung der funktionalen und formalen Welt zur Bewegung Gottes zu kennen, wenn wir nicht bereit sind, die Hierarchie der Chemie und der Energien zu verstehen, die sich in diesem Körper treffen, zusammenspielen und ihn formen*, dann werden wir uns gegenseitig umbringen. Wir machen unsere Partner krank, unglücklich und wahnsinnig. Wir zerstören uns buchstäblich gegenseitig ein Leben lang. Wir schaffen nicht einfach eine Art psychosomatischer Krankheit. Die Menschen zerstören sich tatsächlich gegenseitig, wenn das *Wissen* nicht vorhanden ist.

Liebe reicht nicht aus; es muß *Wissen* geben. Wenn wir einfach nur lieben, aber das Gesetz[3] nicht erfüllen, sterben wir. Den bewußt Liebenden stört es nicht, für den Geliebten alles aufzugeben, was nötig ist; und im Idealfall hat auch der Geliebte das *Wissen*, so daß sie sich gegenseitig nähren und befreien können.

---

3 Das Gesetz – die Opfernatur aller bestehenden Elemente, die bewußt gelebt werden kann. „Alles ist Nahrung für alles andere."

## *Geheimnis 30:<br>Kein Ich bedeutet Liebe, Ich bedeutet keine Liebe*

Sie können nicht Liebe haben und gleichzeitig von Gott getrennt sein. „Nun ja, ich halte meine Trennung von Gott aufrecht, weil ich immerhin Träume und Ziele habe und Dinge, die ich mit meinem Leben tun will. Ich muß zuerst frei sein, und ich muß schöpferisch sein, und ich muß tanzen und singen und nähen und Kinder bekommen und mich um meinen Mann kümmern. Ich werde Zeit für Gott haben, wenn ich alles getan habe, was ich in meinem Leben tun muß. Dann werde ich liebevoll sein..."

Nein, das werden Sie nicht! Vielleicht werden Sie im herkömmlichen Sinne etwas zärtlicher und offener sein als die meisten Menschen; aber Liebe ist etwas, das getrennt von Gott nicht existieren kann. Solange Ihr „Ich" lebt, solange „Sie" Liebe wollen und „Sie" Liebe geben, ist es keine Liebe. Es mag Zuneigung sein, es mag Fürsorge sein, es mag Anteilnahme, Rücksicht, Verständnis, Sympathie oder Einfühlungsvermögen sein – aber Liebe, nein! Nicht Liebe. Egal, wie begeistert Sie sind, wenn Ihr Liebhaber Ihnen eine Rose schenkt, es ist keine Liebe. Es ist Begeisterung, nicht Liebe. Es ist alles Quatsch – wenn Ihr Herz dahinschmilzt oder Ihre Augen feucht werden, wenn Sie Ihren Partner oder Ihr Kind anschauen! Liebe kann nicht gegenwärtig sein, wenn Sie von Gott getrennt sind. Das geht nicht.

In diesen Tagen ist es sehr modern, mit Liebe umzugehen, als ob sie eine Ware wäre. Wir alle glauben fälschlicherweise, daß das Ego seine Unabhängigkeit bewahren wird und daß wir Liebe erhalten als das Geschenk dafür, daß wir „gut" sind. Niemals! Es gibt einige fundamentalistische Christen, die so „gut" sind, daß sie, wenn es dafür Medaillen gäbe, nicht mehr laufen könnten, weil das Gewicht der Medaillen auf ihrer Brust sie nach unten ziehen würde. Sie bekommen keine Liebe, indem Sie gut sind. Sie bekommen Liebe, indem Sie verschwinden, indem Sie sich auflösen. Solange *Sie* existieren, tut die Liebe es nicht. Wenn *Sie* nicht mehr existieren, tut es die Liebe – sofort. Einfach so.

Perfekte Kombination: Kein Ich bedeutet Liebe, Ich bedeutet keine Liebe. Es gibt keine Abstufungen. Das erste, was Sie tun müssen, ist, alle Ihre kleinen „Ichs" aufzugeben, denn Sie werden noch nicht einmal wissen, wer Ihr „Ich" ist, solange innerhalb Ihrer Psyche ein Weltkrieg tobt.

Zuerst müssen Sie alle Ihre kleinen „Ichs“ in eine Art Zentrum bringen, so daß Ihre drei Zentren (Intellekt, Herz und Bewegungszentrum) im wesentlichen übereinstimmen und nicht gegeneinander arbeiten. Dies erreicht man durch den Zustand der Meditation, der Übung und des Studiums. Dann, wenn Sie sich ganz toll fühlen, weil Sie all diese Dinge tun und meistens in sehr gehobener Stimmung und losgelöst sind, und wenn Sie Offenbarungen und Visionen und Satori[4] erleben, dann müssen Sie all das ebenfalls aufgeben. Schließlich müssen Sie nackt durch die Welt laufen, frei von einem „ICH“, das Sie verteidigt und beschützt, und das sicherstellt, daß Sie immer richtig liegen (auch wenn Sie falscher liegen als falsch). So, das ist die Geschichte.

Solange Sie den Versuch aufrechterhalten, Ihr „ICH“ zu dramatisieren und zu verherrlichen, werden Sie Gott niemals erkennen. Sie haben keine Wahl, kein Gebet, nicht ein viertel Prozent, noch nicht einmal ein zehntel Prozent einer Chance. Wenn Sie anfangen, bereit zu sein, das aufzugeben, dann wird die *Arbeit* sehr schnell voranschreiten. Sie werden hindurchfliegen. Die Kreuzigung wird hart sein, aber bald vorüber.

Einige von Ihnen hängen seit Jahren am Kreuz und jammern und beklagen sich, und es ist nur Ihre eigene verdammte Schuld. Niemand ist dafür verantwortlich außer Ihnen selbst mit Ihrer perversen, sturen Ablehnung, Ihr „ICH“ aufzugeben. Es ist nicht: „Ich kann aber nicht.“ Sie sind stur, stur, stur. So, da haben Sie es. Nichts weiter dabei. Das Leben ist so einfach.

Es gibt wirklich nur zwei Dinge – das „ICH“ und die Transzendierung des „ICH“. Statt dessen machen wir diese endlose Reihe von Einwänden. „Was ist mit diesem, was ist mit jenem, was ist mit… Leben nach dem Tod?… Wann tritt die Seele in den Körper ein?… Ist Abtreibung moralisch?… Was ist mit Männern, Frauen, dem Leben, dem Tod, der Unendlichkeit?… Und wie lange läuft die ‚Lindenstraße‘ im Fernsehen?“

Vielleicht sollten wir alle in die Fernsehwelt eintreten; dort ist das Leben sehr nett. Wir würden alle so bleiben, wie wir jetzt sind, und niemals alt werden. Wir sind eine Kultur von Idioten, und dies ist eine intellektuelle Wüste; ein ganzes Land wird in zwei Lager gespalten dadurch, ob ein Fernsehheld nun ermordet werden wird oder nicht! Wenn es nicht so traurig wäre, wäre es der unglaublichste, bizarrste Witz, den die Menschheit je gekannt hat. Nun ja, da haben Sie es noch einmal, hmm?

---

1 Satori – plötzliche Erleuchtung, Begriff aus der Zen-Lehre.

# *Geheimnis 31: Liebe schaffen und die heilige Ehe*

In dem Buch *Chasm of Fire* [dt.: *Abgrund des Feuers*] von Irina Tweedle sagt ihr Sufi-Lehrer: „Liebe wird geschaffen." Liebe geschieht nicht einfach. Sie müssen sie erschaffen und erhalten und sie reparieren, wenn das nötig ist. Das gleiche gilt für die Beziehung. Wenn die Leidenschaft ein wenig nachläßt, müssen Sie sie neu schaffen. Sie können sie nicht aus der Vergangenheit holen, denn die Vergangenheit ist tot. Wenn Sie eine Ehe eingehen, dann sollten Sie erkennen, daß diese Verpflichtung die gegenseitige Schöpfung des fortwährenden Bestehens dieser Leidenschaft beinhalten muß.

Innerhalb einer Ehe ist der Inhalt der Gemeinschaft ständigen Schwankungen unterworfen, und deshalb wird es, wie in jeder Beziehung, immer Hochs und auch Tiefs geben. Wenn Sie sich zu einer Ehe verpflichten, dann sollten Sie nicht erwarten, daß die Dinge immer und zu jedem Zeitpunkt großartig und „toll" sein werden. Wenn Sie in ein Tief kommen, sollten Sie nicht denken: „Alles lief so großartig zwischen uns, wir sollten dafür sorgen, daß es wieder so wird, wie es war." Denken Sie stattdessen: „Hier sind wir jetzt. Was tun wir jetzt?"

Sowohl Männer als auch Frauen erleben manchmal die sogenannte „Sieben-Jahres-Krise", oder „Vierzehn-Jahres-Krise". Einige Männer befällt im Alter zwischen vierzig und sechzig Jahren die „Wanderlust". Die Frauen sind oft zutiefst unzufrieden, wenn der Mann darin versagt, der „Frau" in ihnen zu dienen. All dies entsteht durch die Liebesaffäre unserer heutigen Zeit mit egozentrischer Verantwortungslosigkeit und Narzißmus und macht dadurch eine langfristige Beziehung zu einer enorm großen Herausforderung.

Aber trotz dieser vielen Probleme und Hindernisse bin ich ein großer Verfechter langfristiger, verbindlicher Beziehungen. Menschen, die über lange Zeit (und alles, was über sieben Jahre hinausgeht, ist heute schon eine sehr lange Zeit) intim und eng verbunden miteinander leben, entwickeln zusammen etwas potentiell Wertvolles, das sie unter keinen anderen Umständen entwickeln würden. Sie entwickeln eine Matrix, die, wenn sie erkannt und genutzt wird, tiefgreifende Transformation ermöglichen kann.

Wir müssen dazu fähig sein, uns diesem Schaffen von Liebe zu widmen, denn wir werden nicht in der Lage sein, ein Leben lang auf der anfänglichen „Wolke zu schweben" – dieser ersten Welle der Begierde, auch wenn sie ein wenig über die normale fleischliche Anziehung hinausging („Endlich habe ich meinen Seelengefährten gefunden."). Ich habe festgestellt, daß die mehr ätherischen und astralen Aspekte einer Beziehung für sich selbst Sorge tragen, wenn die anderen Aspekte, die normalen, vernunftbezogenen Verantwortungen wie Sorge, Ehrlichkeit, Bereitschaft, das Gesicht zu verlieren, und Sinn für Humor (insbesondere sich selbst gegenüber) mit absoluter Integrität behandelt werden.

Die Ehe ist nicht nur eine kulturelle Gewohnheit oder ein kulturelles Gesetz, und sie ist auch kein leeres Ritual und schwülstiges Drama der zeitgenössischen Szene. Die Elemente und Erwartungen an eine Ehe in der konventionellen Gesellschaft geben wohl kaum einen Hinweis auf die tatsächliche Heiligkeit der wahren Ehe. Und der „wahren" Ehe muß nicht erst durch eine religiöse Zeremonie oder staatliche Erlaubnis Gültigkeit verliehen werden.

Ehe bedeutet eine Übereinkunft, „intim" zu sein, nicht nur auf sexueller Ebene, sondern auch intim in Freundschaft auf den Ebenen der Seele, auf den Ebenen des tiefen, organischen Seins. Die Ehe ist eine Übereinkunft, dem anderen ein Leben lang zu dienen, ehrlich und offen zu sein (zu dem, der der Partner ist, und auch zu dem, der er oder sie zu sein glaubt, oder der er oder sie zu sein fürchtet), und im Angesicht all dessen kommunikativ, liebevoll und mitfühlend zu sein. Es ist klar, daß in einer „erfolgreichen" Ehegemeinschaft natürlich beide Partner eine ähnliche Veranlagung zu Akzeptanz und Bewunderung haben. (Aber es ist sehr ungewöhnlich, daß beide zur gleichen Zeit am selben Ort sind, oder überhaupt am selben Ort.) Der Schlüssel jedoch ist die Einstellung. Ein Partner kann furchtbar eifersüchtig und für eine Zeitlang sehr beunruhigt sein, aber solange beide Partner bereit sind, damit umzugehen und sich auf jeden Fall zu lieben, wird das Paar es überwinden. Wichtig ist die Einstellung – Ihrem Partner Freiheit zuzugestehen und auch zu erkennen, daß sie (oder er) Ihnen dient. Es funktioniert in beide Richtungen.

Ehe beinhaltet die Wahl, dem anderen die Freiheit zu lassen, von Zeit zu Zeit ein wenig unsensibel zu sein, und Sie sogar als selbstverständlich anzusehen. Dienen bedeutet die Wahl, keine Rache zu nehmen, wenn Ihr Partner ein wenig launisch ist, selbst wenn Sie genau wissen, wie Sie ihn (oder sie) Ihrerseits verletzen können. (Wenn Sie einige Monate mit einer Person zusammen waren, dann wissen Sie, wo die verwundbaren Punkte sind. Ist es nicht merkwürdig, daß wir in einer intimen Beziehung immer zuallererst Informationen darüber sammeln, wie wir unseren Partner emotional verletzen können?)

Ehe bedeutet auch, dem anderen die Erlaubnis zu geben, zu wachsen; ihm die Freiheit zu geben, so zu reagieren, wie es erforderlich ist, wenn es um sein essentielles *Sein* geht, und ihn eine tiefe und letztlich sinnvolle Beziehung zu Gott entwickeln zu lassen.

In der Ehe dient einer dem anderen – aber nicht in dem fundamentalistischen Sinne, in dem der Mann die Frau beherrscht, kontrolliert und mißbraucht. Das Patriarchat ist nicht erleuchtet. (Ich weiß auch nicht, ob es jemals erleuchtet war.) Die Ehegesetze des Patriarchats sind aus sich selbst heraus voreingenommen und ungerecht. Daher muß also unterschieden werden zwischen der Ehe als Annahme und der Ehe als einer Beziehung mit einem Ziel. Diese letztere Art der Ehe besteht in den Augen Gottes und bedeutet, daß wir als Einzelpersonen zunächst Gott gegenüber und erst dann sowohl der Situation als auch dem Partner gegenüber aufgeschlossen sind. Diese zielgerichtete Art der Beziehung ist eine Sicht aus einer größeren Perspektive – die berücksichtigt, daß das Paar wahrhaftig die Welt beeinflußt. Daher müssen wir uns davor hüten, so in unserer eigenen kleinen, geschlossenen Blase eingekapselt zu sein, daß wir vergessen, daß wir tatsächlich „die Welt" selbst sind.

Die wahre Ehe ist eine elegante Formalisierung des Engagements zweier Menschen, auf eine Weise zusammenzuarbeiten, die ihre Beziehung zum Göttlichen widerspiegelt. Im wesentlichen ist es eine formale Bindung, die aus dem Geist von *Sadhana* oder spiritueller Praxis gemacht wird und nicht aus irgendeinem Geist der Moral. Das ist auch der archetypische Ausdruck von Ehe. Wenn man zum wahren Schüler Gottes wird, existieren alle diese Elemente – Empfänglichkeit gegenüber Gott, Situation, Partner – gleichzeitig. Es gibt keine Hierarchie. Das eine wird nicht vor das andere gestellt. Das gesamte Verhalten eines solchen Schülers ist natürlich und spontan, und daher entsteht, was auch immer entstehen muß, so, daß es dem Göttlichen Prozeß dient.

Ehe auf der Ebene der Seele oder des Geistes (in der schamanischen Weltsicht die Aspekte der Oberwelt), die Details des täglichen Lebens (die Aspekte der Mittelwelt) und die dunklen Geheimnisse der Unterwelt jedes einzelnen – all das ist in diesem Prozeß des „Schaffens von Liebe" enthalten und wird darin erarbeitet, denn ein solcher Prozeß ist tatsächlich der einer alchimistischen Transformation.

Der formelle Ritus der Eheschließung sollte ein Zeichen dafür sein, daß Sie in der *Arbeit* (der spirituellen Arbeit) eine Ebene der Reife erreicht haben, in der Sie Ihren Partner mit bedingungsloser Unterstützung befreien können, so daß er seinem *Sadhana* folgen kann. Aber mißverstehen Sie diese Definition bitte nicht. Wenn Sie dieses alchimistische oder zielgerichtete Konzept anderen Menschen gegenüber erwähnen, werden die meisten von ihnen sagen: „Oh, Sie meinen so etwas wie eine offene Ehe?" Die Menschen denken im allgemeinen an die „Befreiung des Partners" nur in Zusammenhang mit Sex.

Heilige Ehe bedeutet, eine vollständige Umgebung der Zuflucht für die spirituelle Arbeit oder Praxis des anderen zu schaffen. Sie befreien Ihren Partner, damit er die spirituelle Arbeit tun kann, die er tun muß, während Sie ihm gleichzeitig Ihre uneingeschränkte Unterstützung gewähren. Und all dies geschieht innerhalb des Kontextes von Intimität, Zärtlichkeit und sexueller Gemeinschaft. Die heilige Ehe befreit die Partner, statt sie zu kontrollieren. Ehe ist in gewissem Sinn der Schwur, das *Sadhana* Ihres Partners niemals durch Neid, Kleinlichkeit, Konkurrenzdenken oder Gier zu erschweren.

Liebe zu schaffen – mit Partnern, Kindern und Freunden – ist jeden Preis wert, den Sie bezahlen müssen, auch den Preis des seelischen Friedens und der körperlichen Gesundheit. Das Schaffen von Liebe schafft seinerseits eine Qualität des Seins, die nicht aufhört oder endet, wenn der Körper-Geist-Komplex stirbt. Und durch das Schaffen von *Liebe* entstehen „Muskeln", die in vielen anderen Bereichen des *Sadhana* nützlich und sogar entscheidend sind.

Das Schaffen von *Liebe* erfordert Opfer und ruft Hitze hervor, weil jeder sich selbst dramatisierende und das Göttliche verleugnende Knochen im Körper (sowohl psychisch als auch physisch) versuchen wird, die Klarheit und den Impuls zu untergraben und zu verwirren, die man entwickelt, wenn man *Liebe* schafft und erhält. Dieser Prozeß erfordert Qualitäten, die außergewöhnlich sind. Aber auch das Ergebnis ist außergewöhnlich, denn es erhebt einen aus der Gosse des Ego in die Position eines glühenden Verehrers Gottes.

# *Geheimnis 32: Die Liebe endet niemals*

Die Menschen machen im Laufe ihrer Beziehungen eine Reihe von radikalen Verhaltensänderungen durch. Darauf müssen Sie bei Ihren Partnern und Ihren Freunden vorbereitet sein, und Sie müssen bereit sein zu erkennen, daß Phasen, so schwierig sie auch sein mögen, nur Phasen sind. Sie gehen vorüber, auch wenn einige vielleicht ein wenig länger dauern. *Liebe* ist nicht abhängig von Verhaltensänderungen. Das kann sie nicht sein. Wenn sie es trotzdem ist, ist es – offensichtlich – keine *Liebe*. Aber das, was wir im allgemeinen als Liebe bezeichnen, *wird* durch Verhaltensänderungen beeinflußt. Jemand sagt zum Beispiel alarmiert: „Du bist nicht mehr die Person, die ich geheiratet habe."

Sie würden nicht wollen, daß irgend jemand die Person ist, die Sie geheiratet haben, denn dann hätten Sie einen Holzklotz oder einen Stein geheiratet! Aber manchmal, insbesondere wenn man sich in die Sphäre des göttlichen Einflusses begibt, können die Verhaltensänderungen ziemlich gravierend sein. Wenn *Liebe* gegenwärtig ist, dann wird sie durch die Verhaltensänderungen jedoch nicht beeinflußt, auch wenn vielleicht einige Anpassungen erforderlich sind. Diese Veränderungen bei der anderen Person ärgern Sie vielleicht, aber die *Liebe* steht nicht zur Diskussion. (Manchmal kann vielleicht eine Zeitlang Ihre Fähigkeit, sich mit jemand anderem im gleichen Raum wohlzufühlen, zur Diskussion stehen, aber die *Liebe* sollte durch transformative Veränderungen niemals bedroht oder geschwächt werden.)

Wenn die Liebe einmal in Ihr Leben tritt, und es ist *Liebe*, dann wird sie immer bleiben. Sie bleibt, unabhängig davon, ob Sie eine persönliche Beziehung weiterführen oder nicht.

Wahre *Liebe* beinhaltet Risiko und Schrecken. Alles, worauf Sie bewußt Ihr Dasein in der Welt gründen, muß im Angesicht der wahren Liebe weichen. „Was ist, wenn ich nicht zurückkomme?", fragen Sie. Nun, das ist das Risiko!

Wir wissen nicht, welches Risiko es in der Liebe geben könnte, weil wir niemals wissen, welche Form die *Liebe* annimmt. Wenn Sie anfangs über Liebe nachdachten, dann dachten Sie wahrscheinlich an ein gutes Leben mit jemand anderem zusammen – eine nette Familie, ab und zu verreisen, gutes Essen und modische Kleider. Vielleicht sind Sie ein paar

Risiken eingegangen und haben jemanden geheiratet, den Ihre Familie nicht akzeptierte. Aber wenn Sie wirklich in die *Liebe* kommen, wissen Sie niemals, welche Form sie annehmen könnte.

Das Aufrechterhalten einer Beziehung setzt Sie einem emotionalen Risiko aus, aber nur im psychologischen Bereich. Die *Liebe* selbst steht nicht zur Diskussion, denn die *Liebe* ist konstant. Bleiben Sie in der *Liebe.* Natürlich gibt es Probleme, aber sich selbst einem emotionalen Risiko auszusetzen bedeutet, in der Beziehung zu bleiben und die Probleme zu klären. Jedes Risiko zu vermeiden bedeutet, woanders hinzugehen, wenn es „heiß“ wird, oder die Dinge leicht, luftig und humorvoll zu halten, so daß man sich nicht mit der Hitze auseinandersetzen muß. Risiko zu vermeiden bedeutet immer, sich selbst aus der Hitze herauszunehmen.

*Liebe* und Beziehung haben keine Verbindung zueinander. Es ist sehr selten, daß zwei Menschen in einer Beziehung beide in der *Liebe* sind, auch wenn sie eine Million Mal sagen: „Ich liebe dich.“ Aber eine solche Beziehung ist immer noch jedes Risiko wert. Gehen Sie das Risiko ein! Wenn Sie *lieben*, und die andere Person tut es nicht, dann tut sie es vielleicht zu einem späteren Zeitpunkt, oder vielleicht auch nicht; aber *Liebe* und Beziehung sind nicht miteinander verbunden. Sie befinden sich nicht in der gleichen Domäne.

Wenn zwei Menschen in der *Liebe* sind, und ihr Bezugspunkt dafür ist der jeweils andere, dann müssen sie erstens erkennen, daß sie in der *Liebe* sind, und zweitens, daß sie zufälligerweise zusammen sind. Es ist nicht so, daß sie wegen des jeweils anderen *lieben*, sondern vielmehr so, daß die *Liebe* gegenwärtig ist trotz einer persönlichen Beziehung. Wie schön! Sie haben, aus dem einen oder anderen Grund, *Liebe* – warum, spielt keine Rolle. Sie haben die *Liebe*, und diese kommt in der Beziehung zum Ausdruck.

*Liebe* ist wie Gott. Sie ist sowohl erdend als auch erhebend. Sie verlieren sie nie. Sie ist immer da. In die wahrhaftige *Liebe* werden Sie nicht ein- und wieder ausgeblendet. Alle möglichen Gefühle wie Entsetzen, Neid, Gier oder Leidenschaft können entstehen, aber die *Liebe* verlieren Sie niemals. Zu sagen: „Ich bin nicht mehr in der *Liebe*, weil in der Beziehung etwas falsch gelaufen ist“, bedeutet, daß Sie niemals in der *Liebe* waren. Wenn Sie die *Liebe* gehabt haben, dann werden Sie sie *immer* haben, egal unter welchen Umständen.

• • •

Die Menschen denken im allgemeinen, daß sie eine Beziehung haben wollen, aber so etwas wie „eine Beziehung“ gibt es nicht. Es gibt nur *Beziehung*. Es gibt keine *Beziehung*, wenn Sie „eine Beziehung“ haben.

Dies ist eine esoterische, dharmische Betrachtung der Sprache. Aber es ist auch wahr. Es ist auch ein Widerspruch im Sinne von: „Eine Beziehung“ verleugnet das, was *Beziehung* ist.

• • •

Wenn Sie jemanden lieben und Ihre Aufmerksamkeit sich auf ihn richtet, dann benutzen Sie Gott als Brücke; aber wenn Sie jemanden lieben, und die *Liebe* selbst ist der Brennpunkt, und nicht der, den Sie lieben, dann gehen Sie den direkten Weg zur *Quelle*. Wenn Sie den direkten Weg wählen, dann wird der, den Sie lieben, objektiv geliebt, aber nicht auf die neurotische Art und Weise gestreichelt. Die ultimative Form von Beziehung ist die, in der zwei Menschen einen erfolgreichen Bund von Arbeit und Gemeinschaft aufrechterhalten, der voll ist von Zuneigung, Mitgefühl, Ehrlichkeit und Intimität, weil die Aufmerksamkeit beider auf der *Liebe* ist und nicht auf dem jeweils anderen. Dann ist Beziehung das, was sich für Sie spontan zeigt, denn Sie sind dem Willen Gottes hingegeben durch den großen Prozeß der göttlichen Evolution. Das ist anders, als in „einer Beziehung“ zu sein, die auf Einsamkeit und Erwartungen begründet ist.

Die Gemeinschaft, die Menschen in einer wahrhaften *Gemeinschaft* miteinander empfinden, besteht nicht deshalb, weil sie beginnen, danach zu suchen, sondern weil der erste Brennpunkt eines jeden seine *Arbeit* ist. Daraus entsteht Kameradschaft. Je intensiver wir unseren Brennpunkt auf die *Arbeit* richten, um so kraftvoller entsteht Kameradschaft.

# *Geheimnis 33: Die Verwendung von Elementen menschlicher Liebe zur Betrachtung der Liebe zu dem Geliebten*[5]

„Du mußt besonders darauf bedacht sein, einem geliebten Menschen nicht die göttliche Gemeinschaft einzuhauchen, die richtigerweise dem *Geliebten* gehört, obwohl du diesen *Geliebten* in dem anderen widerspiegeln kannst. Wenn du den Fehler begehst, die Liebe, die dem *Geliebten* gehört, menschlichen Geschöpfen zu geben, dann gehst du das Risiko ein, sie durch die Intensität der Gefühle, die du auf sie überträgst, auszulöschen. Fast unvermeidlich müssen sie fliehen, und du bleibst mit ungeheuer großem Verlust und großer Trauer zurück." (Jean Houston, *The Search for the Beloved* [dt.: *Die Suche nach dem Geliebten*], Los Angeles: Celestial Arts, 1988.)

Sie können eine tiefe, treusorgende, herzliche und tadellose liebende Beziehung zu Ihrer Frau, Ihren Kindern, Eltern und Freunden haben, aber es gibt im Vergleich zu irgendeinem menschlichen Wesen – auch dem Seelengefährten, vorausgesetzt, daß es so etwas gibt – eine andere Qualität der Liebe, die man dem *Geliebten* entgegenbringt. Es ist heutzutage sehr populär, die Lehre des New Age nachzuplappern, in der man seinen Partner als den Gott oder die Göttin anbeten muß, der oder die er oder sie wahrhaftig ist. Das ist eine sehr gefährliche Lehre.

Auf der grundlegenden menschlichen Ebene kann das Wunder des Lebens uns berühren und so unser Herz öffnen. Das kann geschehen, wenn man sich gegenseitig liebt oder wenn man einen anderen liebt, oder durch einen Auslöser, der nicht menschlichen Ursprungs ist. Die Beziehung zwischen zwei Personen ist analog zur Beziehung zwischen Liebendem und *Geliebtem*. „Wie oben, so unten." In unserer Sehnsucht danach, den *Geliebten* zu finden, können wir also einen anderen Menschen

---

5 *Der Geliebte* – in der Sufi-Tradition das Göttliche als ein Objekt der Liebe (das personifiziert werden kann oder nicht), wie es von jemandem betrachtet wird, der sich dem Willen Gottes hingegeben hat. Auch genannt der *Gast* oder der *Freund*. In der Terminologie der *Baul* ist der Geliebte *Maner Manush* – „der Mann des Herzens". „Geliebter" bezieht sich in diesem Buch, sofern nicht kursiv geschrieben, auf ein Objekt menschlicher Liebe.

treffen, der diesen durch bestimmte Umstände oder unsere verzerrte Wahrnehmung für uns verkörpert. Wir erlauben uns, von dieser Verkörperung berührt zu werden, und wenn wir fähig sind zu unterscheiden, dann können wir diese Person sehr lieben und tappen trotzdem nicht in die Falle, die Jean Houston beschreibt. Der Fehler wäre zu denken: „Ich habe den *Geliebten* gefunden" – statt zu denken: „Ich habe meinen Geliebten gefunden".

Manche Art menschlicher Liebe kann mit dem *Geliebten* eine Dreieinigkeit bilden. In anderen Worten, wenn zwei Menschen eine gemeinsame Liebe für den *Geliebten* haben, dann kann dies ein Element in ihrer gegenseitigen Liebe sein und zu einer äußerst starken Beziehung beitragen.

Die archetypischen Formen von Krishna und Radha, Parvati und Shiva, Ram und Sita sind Spiegelbilder des *Liebenden*, der den *Geliebten* gefunden hat. Sie sollten nicht das Bild der Perfektion „menschlicher" Liebe heraufbeschwören. Wenn wir diese Bilder mit unserem Bild der menschlichen Liebe überdecken, haben wir vielleicht nette Rollenmodelle, aber wir wenden die *Segnung* im Grunde genommen falsch an. Darüber hinaus ging in all diesen Fällen irgendwann der *Geliebte* weg, oder es gab eine Form der Trennung zwischen *Liebendem* und *Geliebtem*. Sie müssen verstehen, daß es die Trennung ist, die es möglich macht, den *Geliebten* durch die Sehnsucht nach ihm zu finden. In jeder Manifestation verläßt Shiva seine Gemahlin für eine Weile und sagt: „Es könnte sein, daß ich nicht zurückkomme. Ich muß gehen und 15.000 Jahre lang oder so Buße tun. Warte hier."

Man verwendet die Elemente der menschlichen Beziehung, um die Liebe zu dem *Geliebten* zu betrachten, wobei man aber die richtige Unterscheidung treffen muß. Die richtige Unterscheidung trifft man, indem man erkennt, daß die geliebte Person, so sehr man sie auch lieben mag, nicht der *Geliebte* ist. Shams-i-Tabriz war die Verkörperung des *Geliebten* für Rumi, und Layla war das gleiche für Majnun. Rumi könnte den Namen „Shams" und die Persönlichkeit dieses Mannes als seinen Berührungspunkt zu dem *Geliebten* verwendet haben. Es gibt in seiner Poesie tatsächlich Hinweise darauf, daß Shams nur ein Name ist. In der erweiterten Fassung der Geschichte von Layla und Majnun wird erzählt, daß Majnun Layla letzten Endes gewinnt, und sie stimmt zu, ihn zu heiraten. Zu dem Zeitpunkt jedoch, wo sie heiraten sollen, ist Majnun gegangen. Nachdem er einmal tatsächlich die Frau in Layla erkannt hat, ist er gegangen. Er vollzieht die Ehe nicht. Er will nichts mit ihr zu tun haben. Sie sitzt dort auf dem Bett, und er geht aus dem Zelt und sagt: „Layla, Layla…“.

So können Sie also die Elemente der menschlichen Liebe – wie Zärtlichkeit, Mitgefühl, Begeisterung und Hingabe – dazu verwenden, die Liebe zu dem *Geliebten* zu betrachten. Zuerst arbeiten Sie an der Beziehung, und dann, wenn die Beziehung funktioniert, arbeiten Sie daran, tiefer und tiefer in die *Liebe* hineinzugehen.

## *Geheimnis 34: Wenn Sie einmal in der Liebe sind, müssen Sie ihr bis zum Schluß folgen*

Es ist wichtig, daß Sie sich in Beziehungen, die innerhalb des Kontextes eines Lebens entstehen, das Gott gewidmet ist, anders verhalten als in gewöhnlichen Beziehungen. Das Endergebnis *wahrer Liebe* ist das Aufgehen im Objekt dieser *Liebe*, und zwar bis zu einem Punkt, an dem es keinen Selbstbezug mehr gibt. Bis zu diesem Punkt erzeugt der noch vorhandene Selbstbezug Sehnsucht, Kummer und manchmal auch emotionale Schmerzen, und es gibt nichts, das man dagegen tun könnte, außer noch mehr zu lieben.

Wenn Menschen sich auf gewöhnliche Art verlieben, sagen sie: „Warum sollte ich mehr lieben? Das bedeutet nur mehr Schmerzen. Ehe ich mich verliebt habe, habe ich nichts davon gespürt." Aber der Punkt ist, daß Sie nicht weniger lieben können und daß Sie auch nicht stehenbleiben können, und daher sieht es so aus, als ob dies der einzige Ausweg sei, auch wenn mehr lieben bedeutet, mehr Schmerzen zu haben. Deshalb müssen Sie immer tiefer in die Liebe hineingehen, bis Sie von ihr verzehrt werden. Es gibt keine anderen Antworten; es gibt keinen einfachen Weg hinaus. Wenn die *Liebe* Sie einmal gefangen hat, müssen Sie ihr erlauben, Sie zu verzehren, denn sonst erfahren Sie Schmerz, Kummer, Sehnsucht, Trennung. Es gibt kein Dazwischen. Einmal gefangen, immer gefangen. Einmal gebrannt, immer gebrannt. Sie können ihr nicht entkommen, daher sollten Sie, wenn Sie noch nicht in die *Liebe* „gefallen" sind, jetzt darüber nachdenken, was es bedeutet. Es gibt keine halbherzigen Schritte. Wenn die *Liebe* Sie einmal berührt hat, müssen Sie ihr bis zum Ende folgen.

Wenn Sie sich verlieben, dann gibt es da immer noch ein Überbleibsel des konventionellen Wunsches, daß es so sein soll, wie Sie gelernt haben, daß es sein sollte – Sie wollen das Objekt der Liebe besitzen, die andere Person soll Sie von Kopf bis Fuß bedienen, sie soll so sprechen, wie Sie es wollen, so aussehen, wie Sie es wollen, sie soll Sie mit Sensibilität, Romantik und Empfindsamkeit behandeln. Das ist ein normaler und verständlicher Wunsch. Aber mit dieser *Liebe* einer anderen Ordnung besteht der einzige Weg, mit der Sehnsucht, dem Wunsch und dem Schmerz der Trennung umzugehen, darin, sich von der *Liebe* selbst verzehren zu lassen. Es gibt kein Zwischenstadium. Solange Sie nicht verzehrt wurden, gibt es Schmerz, Wünsche, unerfüllte Sehnsucht, aber einmal verzehrt, immer verzehrt. Wenn die *Liebe* Sie einmal auch nur ein klein wenig gefangen hat, dann gibt es keinen Weg hinaus, nur hindurch.

Wenn Sie also noch nicht in der Liebe sind, dann haben Sie noch die Chance, so weit davor wegzulaufen, wie es geht. Führen Sie kein spirituelles Leben, denken Sie nicht über Gott nach, stellen Sie keine Fragen. Sie wurden noch nicht gebrannt, und wenn Sie das nicht wollen, dann steigen Sie schnell aus… laufen Sie schnell weg. Halten Sie sich aus diesem Geschäft heraus bis zu einem späteren Leben, wenn Sie dazu bereit sind. Denn wenn Sie einmal in der Falle sind, dann führt der einzige Weg hindurch – indem man von der *Liebe* verzehrt wird.

Wenn Sie von der *Liebe* verzehrt werden, dann gibt es keinen Selbstbezug. Es gibt keinen „Jemand", der verletzt oder bekümmert ist und der Schmerzen und Wünsche hat. Es gibt kein Individuum, gegen das man diese Dinge in Bezug setzen kann, denn *Ihr* Wunsch *ist* der Wunsch des *Liebenden*. Wenn es der Wunsch des *Liebenden* ist, nicht bei Ihnen zu sein, dann ist das auch Ihr Wunsch. Kein Schmerz, keine Qual, kein Elend, …nur: „Nun, das sind die Karten, die ich bekommen habe." Natürlich muß ein *Liebender* Opfer bringen. Aber wenn Sie einmal in dieser *Liebe* verzehrt wurden, dann trifft auch das Wort Opfer nicht mehr zu.

Es ist meine Aufgabe, Sie hindurch auf die andere Seite zu bringen. Tatsächlich ist es nicht wirklich meine Aufgabe, Sie hindurchzubringen, weil ich das nicht kann. Es ist meine Aufgabe, Sie richtig zu „hüten", so daß Sie sich zumindest nicht in den Bergen verirren oder in den Bach fallen und ertrinken. So viel kann ich für Sie tun, wenn Sie mir die Chance dazu geben.

# 4. Teil

## Die Kulturen, Polaritäten und essentiellen Energien von Männern und Frauen

*Im Mittelpunkt von Lee Lozowicks Vision steht die Schaffung einer Gemeinschaft, die von einer Kultur gestützt wird, in der Gott im Mittelpunkt steht – einer Gemeinschaft, die eine lebensfähige Alternative darstellt zu den entmenschlichenden Elementen der Kultur insgesamt. In seiner Interpretation ist Kultur etwas, das eine vollständige Erziehung von der Zeugung bis zum Tod umfaßt (einschließlich der grundlegenden Bedeutung dessen, ein Mann oder eine Frau zu sein) und so den gesamten Kontext dafür festlegt, wie man sein Leben lebt.*

*In diesem Abschnitt führt er uns in die Richtung einer lebendigen männlichen Kultur und einer lebendigen weiblichen Kultur und beschreibt die Einzigartigkeit und die Kraft von beiden. Auf dieser Grundlage erforscht er die essentielle Natur der männlichen und weiblichen Polaritäten, die zu der im Brennpunkt stehenden Betrachtung führen, FRAU zu werden.*

# *Geheimnis 35: Die Nahrung der männlichen und weiblichen Kulturen*

Als ich jung war, kamen alle Freunde meiner Eltern mit ihren Ehefrauen oder -männern zu Parties in unser Haus. Die meisten der Männer und viele ihrer Frauen waren Künstler. Sie waren Freunde, nicht nur durch einfache Bekanntschaft, sondern weil sie die gleichen Ideale und Gefühle, Absichten und Ziele hatten. Diese Parties hatten eine Atmosphäre ungeheurer Gemeinschaft – warm und erfüllt. (Als Kind wußte ich das nie zu schätzen, aber als ich siebenunddreißig wurde, da habe ich mir sehr gewünscht, ich könnte noch einmal auf einer dieser Parties sein, einfach dasitzen und diese Atmosphäre in mich aufnehmen!)

Alle saßen da und unterhielten sich, und dann gingen wir zum Abendessen ins Eßzimmer. Die Paare saßen im allgemeinen zusammen, aber manchmal auch nicht… es war sehr locker. Nach dem Essen gingen die Männer immer ins Wohnzimmer, und die Frauen gingen immer in die Küche. (Obwohl hin und wieder auch eine der Frauen ins Wohnzimmer ging und sich mit den Männern unterhielt.)

Wenn etwas noch besser war, als daß die Leute zum Abendessen kamen, dann waren es diese Gespräche nach dem Abendessen. Sie hatten ein anderes Aroma, eine andere Intensität als die Gespräche beim Essen, bei dem alle Paare zusammen waren, aber der Reichtum war überwältigend. Es war erstaunlich, ins Wohnzimmer zu kommen, wo die Männer sich über Politik oder irgend etwas anderes unterhielten (was, war egal), und die Tiefe der Gemeinschaft dort zu spüren. Ich konnte nicht genau sagen, was es war, und ich fühlte mich nicht als Teil davon (aber auch überhaupt nicht ausgeschlossen, nur neugierig, aber trotzdem desinteressiert), aber das Gefühl war unverwechselbar und unvergeßlich, und das ist es immer noch.

Die Frauen (von denen viele selbst erfolgreiche, bekannte Künstlerinnen waren, die ihre Arbeiten in Museen oder in eigenen Kunstausstellungen zeigten) gingen in die Küche. Sie erledigten den Abwasch und unterhielten sich dort.

Seit Ewigkeiten hat die Dynamik einer Männerkultur und einer Frauenkultur, die in traditionellen Stammessituationen und sogar in größeren, aber immer noch traditionellen gesellschaftlichen Umgebungen zum Ausdruck kommt, hervorragend funktioniert. Wenn ich mich an meine eigenen Erfahrungen erinnere, hat sie sogar vor dreißig Jahren noch funktioniert. Wenn die Paare zusammen am Eßtisch saßen und miteinander redeten, dann bestand eine entspannte, lockere und wunderbare Atmosphäre, und alle waren Teil der Gemeinschaft. Wenn die Männer ins Wohnzimmer und die Frauen in die Küche gingen, gab es dadurch keinen Bruch in der Gemeinschaft. Diese Frauen, die in die Küche gingen, wurden nicht unterdrückt. Sie waren nicht frustriert darüber, daß sie nicht mit den Männern zusammen im Wohnzimmer saßen. Sie saßen nicht in der Küche und sprachen über die Verabschiedung des Gesetzes für die Gleichberechtigung und wie sie, wenn das Gesetz einmal verabschiedet wäre, ins Wohnzimmer marschieren und Teil der Unterhaltung der Männer sein würden. Die Männer sprachen über das, was sie inspirierte und anregte, und die Frauen sprachen über das, was sie inspirierte und anregte, und oft waren es die gleichen Themen, aber es gab etwas im Unterschied der Kulturen, das äußerst förderlich, richtig und erfüllend war. Die Frauen in Gemeinschaft in der Küche und die Männer in Gemeinschaft im Wohnzimmer waren beide mehr in Gemeinschaft mit der jeweils anderen Gruppe, als sie es gewesen wären, wenn sich alle zusammen im selben Raum befunden hätten.

Schauen Sie sich an, was heute auf gemischten Parties passiert. Was dort geschieht, ist nicht Gemeinschaft. Der Raum ist angefüllt mit Spannungen, großen Vortäuschungen von Glück und Zufriedenheit, Posituren gesellschaftlicher Stellung und von Verführung. Jeder konzentriert sich darauf, wer wen ansieht… wer morgen abend oder nächste Woche mit wem schläft… wer welche Kleider trägt. Die sexuelle Spannung ist unglaublich hoch und für jeden mit einem Hauch von Eleganz und Kultur zwar nicht ganz unerträglich, aber sicherlich schäbig. Das ist das, was heute passiert, weil Männer nicht mit anderen Männern und Frauen nicht mit anderen Frauen zusammen sind. Die schwache, unsichere und verwirrte Psyche sagt, daß da etwas faul ist.

Gar nichts ist da faul! Es ist ein wunderbares, erstaunliches Phänomen.

Nach einem solchen Abend mit den Männern strahlte mein Vater! Er liebte es, mit seinen männlichen Freunden zusammen zu sein. Er liebte es, beim Abendessen mit allen zusammen zu sitzen, und er liebte die Familie. Aber er liebte es, mit seinen Männerfreunden zusammen zu sein, weil diese Treffen anders waren als die Familientreffen. Bei den Männern bekam er andere „Nahrung“ – nicht besser, aber definitiv anders.

Wenn Sie jemanden ansehen, den Sie lieben, und er ist frei und spontan glücklich, dann ist das Nahrung für die Beziehung des Paares. Wenn Sie sehen, daß die Person, mit der Sie eine Beziehung haben, wirklich in Gemeinschaft mit einer anderen Person desselben Geschlechtes ist, dann dient das Ihrer Beziehung auf unschätzbare Weise. Sie haben vielleicht zwei Wochen lang miteinander gekämpft. Sie waren vielleicht kurz davor, sich gegenseitig umzubringen. Aber wenn Sie sehen, wie die Person, mit der Sie zwei Wochen lang erbittert gestritten haben, einen „freien Moment“[1] erlebt, dann lieben Sie sie oder ihn sofort wieder. Diese Erkenntnis entfacht die Hitze der Gemeinschaft – der essentiellen Gemeinschaft Ihres Herzens.

Die meisten von uns haben Bezugspunkte für die Anwendung einer Männerkultur und einer Frauenkultur. Klar definierte Männer- und Frauenkulturen sind in Beziehungen ein entscheidendes und sogar notwendiges Element.

Es liegt nicht in der Natur einer Männerkultur und einer Frauenkultur, die Energien zu isolieren und dadurch eine klare Unterscheidung zwischen männlich und weiblich zu schaffen. (Diese Kulturen ein wenig exklusiv zu gestalten, ist nur ein Stadium, das wir durchlaufen.) Diese Unterschiede sollten in jedem Fall sichtbar sein. Die Natur der Männer- und der Frauenkultur ist vielmehr eine Frage der „Ernährung“. Es gibt eine ausschließliche Art der „Nahrung“, die Männer für Männer bewirken und die Frauen für Frauen bewirken, und dafür gibt es keinen Ersatz. Darin sind weder Vorurteile noch Voreingenommenheit enthalten. Es ist eine einfache, objektive Tatsache.

Männern scheint es oft leichter zu fallen, diese bestimmten Nährstoffe bei Frauen zu suchen. Um das gleiche von Männern zu erhalten, müssen sie also mit Männern die gleiche Art von Beziehung eingehen wie mit Frauen – natürlich ohne den sexuellen Teil. Um in einer idealen Beziehung zu einem Partner zu sein, muß man dazu fähig sein, mit ihm oder ihr genau so umzugehen, wie man es mit einer gleichgeschlechtlichen Person tut, wenn man sich mit ihm oder ihr in Gemeinschaft befindet. Das wirft zusätzliches Licht auf das Bedürfnis für eine Männerkultur und eine Frauenkultur. Fast alle von uns kennen die Erfahrung der Gemeinschaft mit jemandem desselben Geschlechts. Wenn wir einen

---

1 Freier Moment – die Stimmung der Erleuchtung; ein Augenblick, der gekennzeichnet ist durch das Freisein vom gewöhnlichen, trennenden Bewußtsein.

Sinn für dieses Gefühl der Gemeinschaft haben, können wir lernen, eine Männerkultur und eine Frauenkultur zu schätzen, was sie bedeuten und wie sie uns „nähren“ können. Die getrennten Kulturen sind im allgemeinen frei von Mann-Frau-Spielen, insbesondere, wenn es eine wahrhafte Kultur der Intimität und Verbundenheit ist und nicht nur eine Gruppe, die zusammen „herumhängt“. Wenn Sie die Freiheit einer Beziehung zu einer Person des selben Geschlechts erkennen und wenn Sie diese Essenz auf eine Beziehung zu einem Partner anwenden können, dann haben Sie es verstanden. Es gibt noch eine ganze Reihe anderer Einzelheiten, aber das ist das wichtige Fundament.

# *Geheimnis 36: Universelle Polaritäten*

Der Mann ist der Schöpfer, die Frau wird geschaffen. Der Mann kann aber außerhalb der Schöpfung nicht bestehen. Daher ist der Mythos von Adam und Eva, nach dem die Frau aus dem Mann erschaffen wird, in Wahrheit falsch herum. Gott hat zuerst die *Frau* geschaffen, und aus der *Frau* kam der Mann. Wenn Sie der Typ Mann sind, der ein Machoheld sein will, dann kann die Erkenntnis, daß der Mann aus der Frau kam, für Sie ziemlich ernüchternd sein! In Wirklichkeit verdankt der Mann alles der Frau. Solange der Mann nicht beginnt, die Frau als die zu ehren, die sie wahrhaftig ist, und für das, was jede einzelne Frau in Beziehung zur weiblichen Polarität aller Realität darstellt, bleibt die höchste Erfüllung von Männern und Frauen in persönlichen Beziehungen praktisch unmöglich.

Das Universum ist eine dynamische Einheit, nicht statisch, und seine Dynamik rührt her vom ewigen Spiel dieser Polaritäten. In jedem Element der Schöpfung ist diese Polarität sowohl symbolisch als auch tatsächlich manifestiert. Mann und Frau – die physischen maskulinen und femininen Geschlechter – sind die Symbole für die Polarität des Universums. (Nun nennen die sogenannten Christen diese Polaritäten „Gott" und „Teufel". Für sie ist „Gott" offensichtlich die männliche Polarität, und „Teufel" ist die weibliche Polarität. Das ist der Grund, warum viele Christen emotionale und psychische Krüppel sind, ganz abgesehen davon, daß sie auch schamlos patriarchalisch sind. Der unbewußte Frauenhaß in vielen sogenannten „organisierten Religionen" ist zu offensichtlich, um dazu überhaupt noch einen Kommentar abzugeben.)

Viele therapeutische Modelle gehen davon aus, daß wir unsere männlichen und unsere weiblichen Aspekte zu einem beständigen Ganzen synthetisieren müssen. Ich habe jedoch ein anderes Verständnis. Ich glaube, daß die männlichen und die weiblichen Aspekte des Bewußtseins oder des Seins vollkommen verschieden sind, und ich bin zu dem Schluß gekommen, daß die Synthese der männlichen und weiblichen Aspekte im Grunde genommen unmöglich ist. Man muß klar erkennen, was jede dieser Polaritäten ist, und diese Erkenntnis verleiht einem die Fähigkeit, ohne Konflikte mit den Polaritäten zu arbeiten und ein Sein zu schaffen, das größer ist als sie beide zusammen oder jede von ihnen getrennt.

(Diesem Sein muß sich die Einzigartigkeit jeder der beiden Polaritäten nicht unterordnen, sondern es verwendet sie in seinem eigenen, größeren Prozeß. Etwas anderes *wird* geschaffen, aber dieses andere Etwas wird geschaffen, weil die beiden anderen Kräfte, männlich und weiblich, „Nahrung" für Möglichkeit, für Schöpfung bieten – nicht weil Teile dieser beiden Kräfte sich vereinigen und eine dritte Kraft schaffen.) Die Synthese besteht im wesentlichen darin, mit jeder der Polaritäten im ganzen zu arbeiten und nicht mit einer buchstäblichen Integrierung.

Es ist hier eine anerkannte Prämisse, daß die Schöpfung evolutionär ist und daß die Schöpfung sich entwickelt, egal was wir tun. Wir können bewußt an der Schöpfung teilnehmen, indem wir ihr dienen, oder wir können uns einfach von ihrer Welle dahintragen lassen. In anderen Worten, unsere Rolle dabei kann unterstützend sein oder auch nicht. Einerseits ist unser Gespür für männliche und weibliche Polaritäten für den evolutionären Prozeß nicht entscheidend, denn unsere Fähigkeit, dem Wesen nach das zu sein, als das wir geschaffen wurden, hat nichts mit dem höchsten göttlichen Prozeß zu tun. (Dieser Prozeß ist größer als wir und wartet nicht auf uns.) Andererseits jedoch, wenn wir uns jemals nach diesem Prozeß ausrichten, das heißt, bewußt werden wollen, dann ist das Verständnis dieser Dynamik von männlich und weiblich von großer Bedeutung. Polarität ist ein Aspekt von prinzipiell allem, einschließlich unseres Seins und unseres Bewußtseins. Und Gott ist polar in aller Schöpfung, ob wir das nun anerkennen oder nicht.

Anzuerkennen, daß diese Polarität existiert, sowohl in uns als auch in einem größeren Maßstab, sollte offensichtlich sein. Auf einer Ebene ist diese Polarität ein Teil unserer gesamten psychologischen Persönlichkeit: Sie erklärt, warum wir schüchtern, aggressiv, zornig oder unsicher sind. Auf einer anderen Ebene wird diese Dynamik der Polaritäten sogar ein Teil des Weges hin zur Transzendenz sein.

Beim maskulinen Aspekt der Existenz geht es um die Struktur oder die Matrix, aus der alles entsteht (Shiva), und beim femininen Aspekt geht es um die Form (Shakti). Der Mann ist das Bewußtsein, die Frau ist die Manifestation. Bewußtsein ist die zugrundeliegende Struktur ohne Substanz; nicht ein „Ding", sondern der Boden, in dem die Dinge entstehen. Form und Manifestation sind Dinge; sie haben ein Sein.

Jede Polarität hat ihre eigenen, ganz spezifischen Charakteristiken. Es ist daher äußerst hilfreich, mit beidem, dem Menschen und der Transzendenz, zu arbeiten, um charakterisieren zu können, was männlich und was weiblich ist.

Zu Anfang treffen Sie diese Unterscheidungen durch Lernen – einfache Bücherweisheiten – und durch einfaches, aufmerksames Beobachten Ihrer selbst und der Welt um Sie herum. Dann gehen Sie weiter, indem Sie das tun, was Gurdjieff mit dem Ausdruck „Selbstbeobachtung“ bezeichnete. Wenn Sie sich selbst beobachten – was sich auf Sie als Mann (oder als Frau) ausgerichtet anfühlt, und was sich charakteristisch anders anfühlt, obwohl es ein Teil Ihres Seins ist –, dann werden Sie mit einiger Übung dazu in der Lage sein, zu definieren, was gefühlsmäßig männlich bzw. weiblich ist.

Normalerweise fällt der Höhepunkt dieses instinktiven Wissens über Männlichkeit und Weiblichkeit in die Pubertät (oder sollte es zumindest tun). Aber in unserer Kultur haben wir selten die Erfahrung oder die Kenntnisse, um diese Unterschiede zum Ausdruck zu bringen, und deshalb sinken sie oft hinab ins Unterbewußte, und wir können sie nicht als Quelle anzapfen oder nutzen. Bei einer erwachsenen Frau würde dieser Instinkt wohl am ehesten während der Menstruation nahe an die Oberfläche kommen. Deshalb ist bei einigen tantrischen Methoden diese Zeit für sexuelle Beziehungen am besten geeignet. Natürlich erzählt man Ihnen in einigen New-Age-Gemeinschaften, daß Sie genau in dieser Zeit Sex vermeiden sollen. In der Tat sind die Frauen in vielen Traditionen während der Menstruation völlig isoliert. Welch ein Verlust! Diese Vermeidung und Isolation hat, so scheint mir, viel zu tun mit der in unserer Kultur umfassenden Unterdrückung des weiblichen Aspektes und auch mit der Unterdrückung der Funktionen der rechten Gehirnhälfte.

Wenn wir zulassen, daß die „Hingabe an den Willen Gottes“ unsere Antriebskraft ist, werden wir im wesentlichen eine vollkommene Balance zwischen männlicher und weiblicher Chemie finden. Wenn jedoch das Ego die Antriebskraft ist, werden wir früher oder später ziemlich viele Probleme bekommen. Wenn unsere Struktur nicht hinreichend im Fluß ist, wenn wir uns nicht so zwischen den Polaritäten bewegen können, wie es sein sollte, wie können wir dann hoffen, uns mit dem Göttlichen zu verbinden?

Psychotherapie kann uns weicher machen; sie kann Mauern abbauen. Wir müssen so männlich und so weiblich sein, wie es nötig ist, und diese Energien müssen frei in beide Richtungen fließen können. Wenn wir dazu in der Lage sind, werden wir manchmal sehr weiblich, manchmal sehr männlich und manchmal sogar fast androgyn sein – aber nicht das Ego wird die Entscheidung treffen, welche Manifestation in einer bestimmten Situation gerade gebraucht wird. Wenn das Ego diese Entscheidung trifft, dient sie immer den strategischen Zwecken des Ego, niemals den Bedürfnissen Gottes.

Damit ein Mann und eine Frau die symbolischen Polaritäten des Universums in einer Beziehung zueinander manifestieren können, müssen alle persönlichen Angelegenheiten geklärt sein oder zumindest als irrelevant angesehen werden. Persönliche Angelegenheiten beinhalten Angelegenheiten in den Bereichen Sexualität, Besitz und Raum, wie zum Beispiel: „Das ist mein Lieblingsstuhl. Ich möchte nicht, daß du darauf sitzt." In anderen Worten, alle Elemente, die die ersten drei Chakras betreffen, müssen unproblematisch sein – frei von neurotischen Forderungen und irregeleiteten Manifestationen.

So haben wir also in der heutigen Gesellschaft eine interessante Situation. Wir haben eine gesamte Kultur von Frauen, und wir haben eine gesamte Kultur von Männern, in der die Männer ihre entsprechende Struktur oder Matrix nicht zum Ausdruck bringen oder mit Leben erfüllen. Tatsächlich haben wir, als Kultur, buchstäblich keinen Bezug zu dieser Art von Wissen, da dieses Wissen in unserer Erziehung schon seit so langer Zeit fehlt. Wir wissen noch nicht einmal, daß es zu unserem toten, konditionierten Standpunkt auch Alternativen gibt. Und die Frauen, die keine entsprechende Matrix haben, auf die sie sich beziehen können, bringen das essentiell Weibliche in sich nicht zum Ausdruck. Sie haben keinen wirklichen Gegenpol, von dem sie angezogen werden. Der Gegenpol, den sie reflektieren sollen, ist patriarchalisch, frauenfeindlich, psychologisch fehlgeleitet und ignorant. Kein Wunder, daß wir alle so frustriert und leer sind. Die Manifestation bringt die wahre Natur des Weiblichen nicht zum Ausdruck, weil es in der Welt nicht das essentiell Männliche gibt, auf das sie sich beziehen könnte. Wir haben eine Kultur von Frauen, die keine Basis haben, auf der sie *Frau* werden können, weil die Männer diese ursprüngliche Basis verleugnet haben zugunsten einer Basis, die auf Schwäche, Zorn und Angst beruht.

Gelegentlich wird eine Frau trotzdem *Frau*, mehr oder weniger zufällig, denn die Frauen sind im Grunde genommen ohnehin feminin, aber es gibt keine westliche Kultur, in der solche Möglichkeiten angeregt oder geschätzt oder sogar erkannt werden, wenn sie geschehen.

Eine Kultur, die mich wirklich beeindruckt hat, ist die Frauenkultur in Indien. Dieser Eindruck läßt in der heutigen Zeit mehr und mehr nach, weil das Land „moderner" und gieriger wird und immer mehr von Konkurrenzdenken geprägt ist, aber die Frauenkultur dort ist immer noch ganz klar definiert.

Historisch gesehen galten Frauen in Indien immer als Eigentum. Im Alter von fünf oder sechs Jahren wurden sie ihrem zukünftigen Ehemann versprochen, den ihre Eltern ausgewählt hatten. (Im ländlichen Indien ist das heute noch sehr oft der Fall, weniger jedoch in den größeren Städten.) Indische Frauen sind in der Freiheit ihrer Möglichkeiten sehr eingeschränkt (auch hier gibt es in den Städten gewisse Ausnahmen).

In Amerika kann eine Frau Telefone reparieren oder ein Taxi fahren. Wenn eine Frau in Indien ein Taxi fahren würde, würde sie wahrscheinlich erschossen. Das tut „Frau“ eben einfach nicht. Aus diesem Grund wurde die Frauenkultur in Indien gezwungen, sich zu einer Kultur zu entwickeln, die unglaublich reich und stark und sehr unabhängig ist, so daß die Frauen sich selbst erfüllen können und sich nicht völlig ohnmächtig und von den Männern geschlagen fühlen. Was mich jedoch am meisten beeindruckt hat, war das Strahlen – das physische Strahlen der Aura – bei den Frauen auf dem Land. Darin steckt eine unglaubliche Kraft. Diese Frauen ducken sich kein bißchen, weil die Männer sie wie ihr Eigentum behandeln. Im Westen gibt es immer noch so viel Kleinlichkeit und Konkurrenzdenken zwischen den Geschlechtern. Ich habe in Amerika oder in Europa niemals etwas ähnliches gesehen wie diese Stärke innerhalb der indischen Kultur. Es gibt ein wenig von dieser Stärke in einigen europäischen Ländern, aber in Amerika ist sie absolut nicht existent.

# *Geheimnis 37: Mann werden*

Vor zwanzig oder dreißig Jahren waren die Männer richtige Machos. Sie hatten keinerlei Gefühl oder Sensibilität dafür, was oder wer die Frauen waren. Natürlich reagierten die Frauen darauf (endlich!), und als Resultat entstand die gesamte Frauenbewegung. Jetzt versuchen die Männer, mit ihrer weiblichen Seite in Kontakt zu kommen, und arbeiten daran, gefühlvoll, rücksichtsvoll, zärtlich, und so weiter zu werden. Aber in einem kürzlich veröffentlichten Zeitschriftenartikel sagte der Dichter Robert Bly, daß alle diese „idealen Männer" keine Energie haben.

Bly sagte, daß er, wo immer er auch hingeht, mit Paaren spricht. Er hat beobachtet, daß die männlichen Partner im allgemeinen so aussehen, als seien sie ideale Partner: Sie sind gefühlvoll, empfänglich für Frauen, zärtlich, in Kontakt mit ihrer weiblichen Energie, und sie ehren den Standpunkt, die Individualität und die Weiblichkeit einer Frau. Aber sie haben keine Energie. Sie haben keinen „Saft". Und Bly sagte, daß hier etwas *sehr falsch* ist.

Bly hat ein Buch geschrieben mit dem Titel *Iron John* [dt.: *Eisenhans*] (New York: Vintage Press, 1990), in dem es um die Bedeutung und die archetypischen Aussagen von Märchen und Mythen geht. Eine dieser Geschichten heißt „Der Eisenhans" und ist ein traditionelles Märchen, das ursprünglich von den Gebrüdern Grimm aufgeschrieben wurde. Die Geschichte geht etwa so:

> In einem Dorf verschwinden immer wieder Jäger. Mehr Männer werden ausgeschickt, um nach denen zu suchen, die verschwunden sind, und sie verschwinden ebenfalls. Dann kommt ein Jäger, der keine Arbeit hat, in die Stadt. Er geht herum und fragt, ob irgend jemand Arbeit für ihn hat, aber die Leute erzählen ihm immer wieder von all den anderen Jägern, die verschwunden sind. Also geht er mit seinem Hund hinaus und wandert in dem Gebiet herum, in dem all die anderen Männer verschwunden sind. Da kommt er an einen See. Ganz plötzlich sieht er aus dem See eine große Hand herauskommen. Die Hand ist aus Eisen, sie ist rostig, und sie greift nach dem Hund und zieht ihn ins Wasser. Der Jäger beobachtet dies, denkt sehr nüchtern darüber nach, geht dann zurück und bringt alle Männer aus der Stadt dazu, mit Eimern zu dem See zu gehen. Zusammen entleeren sie das gesamte Wasser aus dem See, und dort auf dem Boden befindet sich ein riesi-

ger, rostiger Eisenmann – fünf Meter groß, mit Haaren, die von seinem Kopf bis hinunter zu seinen Knöcheln reichen. Die Männer nehmen ihn gefangen und bringen ihn vor den König, und der Eisenmann wird in einem großen Käfig auf dem Hof gefangen gehalten.

Nun hat der König einen jungen Sohn. Eines Tages spielt der Sohn draußen mit einem goldenen Ball. Dabei läßt er ihn fallen, und der goldene Ball rollt in den Käfig, in dem der Eisenmann sitzt. So sagt also der Eisenmann, mit Haaren so lang, daß sie bis zu seinen Knöcheln reichen, zu dem kleinen Jungen: „Möchtest du deinen Ball zurückhaben?“ Der Junge sagt: „Ja,“ und der Eisenmann sagt: „Dann mußt du zu mir in den Käfig kommen.“

Der kleine Junge bekommt Angst und läuft weinend davon, aber er will seinen Ball zurückhaben, und deshalb kommt er am nächsten Tag wieder zurück und sagt: „Kann ich meinen Ball zurückhaben?“ Der Eisenmann sagt: „Du mußt hier zu mir herein kommen, wenn du ihn haben willst.“ Der Junge sagt: „Ich kann mich nicht durch die Gitterstäbe zwängen, und ich habe den Schlüssel nicht.“ Der Eisenmann sagt: „Ich weiß, wo der Schlüssel ist. Er ist unter dem Kopfkissen deiner Mutter.“

Endlich, an einem Tag, an dem sein Vater und seine Mutter fort von zu Hause sind, beschließt der Junge, den Schlüssel zu holen. Dann öffnet er den Käfig. Der Eisenmann gibt ihm den Ball, kommt aus dem Käfig heraus und will die Burg verlassen. Aber der Junge sagt: „Du darfst nicht gehen, denn wenn meine Mutter und mein Vater zurückkommen und herausfinden, daß ich dich herausgelassen habe, dann werden sie mich umbringen.“ Da sagt der Eisenmann: „Wenn Du keinen Ärger mit deinen Eltern haben willst, ist die einzige Alternative, mit mir zu kommen.“ Der kleine Junge stimmt zu, der Eisenmann setzt ihn auf seine Schultern, und zusammen gehen sie davon.

Bly erklärt anhand dieses Märchens, was den heutigen Männern fehlt. Der Junge, der mit dem Ball spielt, ist in Märchen ein häufiges Symbol. Der goldene Ball symbolisiert Unschuld, Spontaneität und jugendliche Freiheit von Kindern. Der Eisenmann, mit Haaren bis zu seinen Knöcheln, symbolisiert die Essenz des Mannes – die stark ist und bei Bedarf auch gewalttätig sein kann, animalisch und körperlich kraftvoll. Aber wenn der Eisenmann dem Kind gegenübersteht, ist er nicht gefährlich. Sie werden gute Freunde. Er spricht mit dem Kind. Er verletzt es nicht, aber er nimmt es weg von Mama und Papa. Als Freund sitzt das Kind auf den Schultern des eisernen Mannes. Blys Erklärung ist noch wesentlich umfangreicher, aber wir müssen nicht alles kennen, um über dieses besondere Thema sprechen zu können.

Wenn ein Mann die Qualität der Männlichkeit des Eisenmannes betrachtet, dann kann diese sehr beängstigend sein. Es ist die Qualität des

„Ur“-Mannes, des Kriegers, und sie ist nicht nur kraftvoll und dynamisch, sondern auch dunkel und uralt. Wenn ein Mann das sieht, sagt er: „Ich sollte so nicht sein. Ich sollte nicht aggressiv, dominant und brutal sein. Ich sollte sanft sein und immer meine Gefühle zeigen“, und so weiter. Er kann diesen Teil seiner Männlichkeit bis zur vollständigen Verdrängung verleugnen. Dann setzt er sich nicht nur nicht damit auseinander, sondern er hat auch keine Energie.

Jemand, der Kontakt zu dem eisernen Mann in sich hat, hat eine bestimmte Art von Energie. Vielleicht ist er einfach nur ein Biest, ein Tier. Vielleicht wird er vom eisernen Mann „gesteuert“, und er hat keine Weisheit, keinen Überblick. (Viele Männer sind einfach nur Tiere, aber sie haben auch eine bestimmte Intensität von Energie.) Mit dem eisernen Mann in Kontakt zu sein kann auch bedeuten, daß ein Mann sich mit diesem tiefen Aspekt seiner Männlichkeit auseinandergesetzt und erkannt hat, wie er sie zum Ausdruck bringen muß. Der Mann muß sie irgendwie zum Ausdruck bringen, damit er ganz und gar gesund sein kann. Deshalb muß man nicht Mr Macho sein und Frauen schlagen und erniedrigen; aber ein Mann muß erkennen, daß der Krieger, der uralte Krieger, eine der grundlegenden und ursprünglichen Qualitäten der Männlichkeit in allen Männern ist, die nicht ignoriert werden kann und auch nicht ignoriert werden sollte. (Die ursprüngliche Qualität des Weiblichen ist die *Mutter*, die Empfänglichkeit.)

Wenn ein Mann sich nicht mit dieser essentiellen männlichen Qualität auseinandersetzt, kastriert er sich im Grunde genommen selbst. Er kann unglaubliche Qualitäten an Sanftheit, Verständnis, Unterstützung und Großzügigkeit entwickeln, aber trotzdem fehlt etwas – etwas sehr Wichtiges. Früher oder später wird das, was fehlt, die Menschen im Umfeld dieses Mannes „auffressen“ – Partner, Freunde, Kinder. Er wird sie verschlingen in dem intuitiven Versuch, von ihnen die Energie zu bekommen, die er nicht hat.

Es ist furchteinflößend, diesem Tier gegenüberzutreten, denn es ist zu solch wilder Gewalt fähig. Und wer kann den Eisenmann aufhalten? Der Eisenmann verschlingt Menschen. Aber wenn Sie sich mit ihm anfreunden, ihm Freiheit erlauben und ihm vertrauen… dann wird er niemals jemanden böswillig verletzen. Er wird funktionieren wie ein Krieger.

Natürlich ist der Eisenmann nicht unverwundbar. Daß er nicht unverwundbar ist, sehen Sie daran, wie er sich mit einem Kind angefreundet hat. Er hat alle Jäger verschlungen, weil er Aggression mit Aggression begegnet ist, aber mit dem Jungen hat er sich angefreundet. Er hat dem

Jungen seinen Ball zurückgegeben, ihn auf seine Schultern gehoben und ihm gesagt, daß er mit ihm kommen könne.

Bly führt das Beispiel primitiver Kulturen an, wie die Kultur der Hopi-Indianer, bei denen ein Junge, wenn er zwölf oder dreizehn Jahre alt ist, in das *Kiva*[2] geführt wird. Er bleibt dort lange Zeit bei den Kriegern, und er sieht seine Mutter anderthalb Jahre lang nicht. Auch wenn er aus dem *Kiva* herauskommt, sieht er seine Mutter nicht. Dies dient zum Teil dazu, alle ungesunden Aspekte der Mutter-Sohn-Bindung zu durchtrennen, die sich bis dahin entwickelt haben könnten.

Bly sagt, daß ein Kind heute, wenn es mit seinem Vater ins Büro geht und sieht, wie er Papier herumschiebt, anstatt zu jagen, nicht verstehen kann, wieso das nützlich sein soll. Jungen wachsen auf mit diesem enorm großen Konflikt – zu fühlen, daß ihre Väter nutzlos sind. Aber in arbeitsorientierten Gesellschaften, wie es sie vor vielen hundert Jahren gab, entwickelten die Jungen Stolz, wenn sie sahen, wie ihre Väter das Land bearbeiteten oder einen Zaun reparierten. Sie erkannten, daß das, was ihr Vater tat, zu etwas nutze war. Heute versteht ein Kind nicht, wie das Schreiben auf ein Stück Papier eine nützliche Arbeit sein soll. Ein Kind versteht das vielleicht mit dem Verstand, aber irgendwo ganz tief in seinem Instinkt, in seinem Körper, fühlt es sich verwirrt und desorientiert.

In vielen primitiven Kulturen werden die Jungen, wenn sie zwölf oder dreizehn Jahre alt sind, aus der weiblichen Kultur herausgenommen. Sie werden auf die Jagd geschickt. Es gibt für Männer (und oft auch für Frauen) immer sehr tiefgreifende Einweihungsrituale für den Übergang ins Erwachsensein.

In einer Kultur wurden die Jungen von den Männern für drei Tage ohne Nahrung und ohne Wasser isoliert. Dann wurden sie in den Kreis aller Männer des Stammes gebracht. Drei Tage lang hatte der Junge kaum geschlafen und nichts gegessen, und er fragte sich, was eigentlich los sei. Er war allein gewesen mit seinen Ängsten und seinen Erwartungen an das Mannsein. Aber nachdem man ihn in den Kreis der Männer gebracht hatte, gab es Musik, und die Luft war geladen, lebendig. Dann holten alle Männer ein Messer hervor, schnitten sich in die Arme, tropften ein wenig Blut in eine Schale, und gaben es dem Jungen zu trinken. Sie ermutigten ihn, es zu trinken, aber sie waren nicht schroff oder fordernd. Sie ermu-

---

2 Kiva – ein großer Raum in einem indianischen Pueblo, oft teilweise oder ganz unterirdisch, der für religiöse Zeremonien oder andere Zwecke benutzt wird.

tigten ihn auf sanfte und unterstützende Weise. Das vermittelte ihm die Vorstellung, daß er sein Leben lang von seiner Mutter gesäugt worden war, daß es aber jetzt an der Zeit war, in eine andere Domäne zu wechseln, eine andere Beziehung zu ihr zu haben. Es vermittelte ihm die Vorstellung, daß die Männer ihm eine andere Art von Nahrung vermitteln konnten. Sie durchliefen ein ganz symbolisches Ritual, das aber sehr tiefgreifend war. Ein Dreizehnjähriger ging daraus als Mann hervor.

Bly wies jedoch darauf hin, daß wir in unserer modernen Welt, insbesondere im Westen, keine Männerkultur haben. Es gibt noch nicht einmal Überbleibsel davon.

# *Geheimnis 38:*
# *Bleiben Sie in Verbindung mit der Straße*

Wenn ein Mann sich dem *Weiblichen* ohne klare Absicht[3] und ohne Weisheit hingibt, dann wird er völlig ins Nichts gezogen, in das Fluidum der Schöpfung, das noch nicht durch Erkenntnis und Bewußtsein definiert ist. Wenn ein Mann in seinem Versuch, sich dem *Weiblichen* hinzugeben, sich völlig blind „einer" Frau hingibt, dann wird er zu einem Riesen-Baby – entweder ein bedürftiges, launisches, forderndes Kind oder einfach emotionales Gemüse. Dies kann sich als sehr lebensnegativ erweisen – sehr selbstsüchtig und unsensibel. Aber wenn man sich dem *Weiblichen* mit Klarheit und Weisheit hingeben kann, dann kann das *Weibliche* voll und ganz als das gewürdigt werden, das es seinem Wesen nach ist, und es kann sowohl in seiner wahren Form als auch in der objektiven Form wirklicher Anbetung verehrt werden.

Wie entwickelt ein Mann diese Klarheit? Indem er mit „der Straße" in Verbindung bleibt. Die Frau allein ist letztlich nicht genug, um den Mann voll und ganz zu „nähren". Die eigene Weiblichkeit des Mannes muß vervollkommnet werden, indem er in Verbindung mit der Straße bleibt. Und es muß dieses organische und ausgeprägte Verständnis geben, damit eine Männerkultur voll und ganz funktionieren kann.

Wie sind die *Baul* aus historischer Sicht mit der Straße in Verbindung geblieben? Sie sind buchstäblich durch die Straßen gewandert, haben sich betrunken, wurden „aufs Kreuz gelegt", aßen alles und jedes und schrieben Gedichte und Lieder. Ihr Gesang und ihre Musik waren das Ergebnis davon, daß sie mit der Straße in Verbindung blieben und sich dort mit Wesen (Energiekräften) anfreundeten. Ihre Auffassung von Gemeinschaft mit dem *Weiblichen* war das, was sich aus dem Leben „ständig an der Grenze" entwickelte, das sie auf der Straße führten.

Wenn jemand „auf der Straße ist", dann ist er eher fähig, aufmerksam zu sein und zu unterscheiden. Naivität ist nicht empfehlenswert. Wenn

---

3 Absicht – bezieht sich im allgemeinen auf den Vorgang der mentalen Festlegung eines Objektes oder Ergebnisses. In Mr Lees Werk wird der Ausdruck häufig mit der Bedeutung verwendet, einen Zweck in bezug auf die eigene *Arbeit* zu haben, oder den Wunsch zu haben, daß die Lehre in einem selbst wahr werden möge, oder den Wunsch, der *Arbeit* zu dienen. Die *Absicht* kann Umstände oder Gelegenheiten für die *Arbeit* schaffen, die nicht vom Selbst oder Ego erzeugt werden können.

Sie etwas Gefährliches tun, wie Autorennen fahren oder Bergsteigen, dann wäre es besser, wenn Sie die Prioritäten Ihrer Aufmerksamkeit klar definiert hätten. Wenn Sie zum Beispiel auf der Autobahn in Deutschland mit einhundert Meilen pro Stunde fahren, dann können Sie Ihre Augen noch nicht einmal für den Bruchteil einer Sekunde von der Straße nehmen. Andere Menschen sausen mit 130, 140 oder sogar 150 Meilen pro Stunde an Ihnen vorbei. Sie können nicht mit offenen Augen träumen, wenn Sie mit einhundert Meilen pro Stunde hinter dem Steuer sitzen!

Wenn Sie – wenn auch nur ein wenig – „auf der Straße" waren, dann wissen Sie, daß es eine bestimmte Grenze gibt, die aufrechterhalten werden muß, oder es gibt eine Katastrophe. Sie brauchen Klarheit und Unterscheidung, nicht Argwohn und Prahlerei. In Kinofilmen scheinen die Verbrecher beispielsweise immer zu wissen, wer Polizist ist und wer nicht, weil Verbrecher klare, ausgeprägte Instinkte haben. Dieser Instinkt ist pragmatisch und belebend und kein nutzloser psychologischer Blödsinn. Diese Art von Instinkt erfordert, daß Sie wirklich gegenwärtig sind.

Wenn Sie diese Gegenwärtigkeit haben und wenn Sie die Notwendigkeit verstehen, die *Frau*, das *Weibliche,* zu umarmen, dann laufen Sie bei Ihrer Interaktion mit dieser *Kraft* (egal, ob mit einer einzelnen Frau oder mit dem *Weiblichen* als Pol der Energie, und unabhängig davon, ob Sie ein Mann oder eine Frau sind) nicht Gefahr, verschlungen zu werden. Denn das *Weibliche* wird alles verschlingen – voll und ganz. Das ist seine Natur – seiner eigenen evolutionären Entwicklung alles andere unterzuordnen. Wenn ein Mann sich über seine eigene Weiblichkeit im klaren ist, dann wird er in einer Beziehung nicht durch die „alles auf ihrem Weg verschlingende" Maschine in Gefahr gebracht, die das *Weibliche* immer zu werden droht, wenn es vom „kleinen Weiblichen", der Psychologie der Frau, falsch ausgelegt wird.

Eine Frau muß mit der gleichen Klarheit auf ihre eigene *Weiblichkeit* reagieren, damit sie nicht zu einer „Erstickungsmaschine" wird: ein leerer, gehfähiger Humanoid, angetrieben von krasser Sentimentalität. Wenn diese Klarheit fehlt, wird die Frau sich nur ständig selbst martern, unterschiedslos und unangemessen. Für diese Frauen spielt es keine Rolle, was gebraucht wird, was gewünscht wird, wer die Person ist oder wie die Situation ist. Sie selbst haben gesehen, was das für jede Umgebung bedeuten kann, oder nicht? Eine Frau muß also auch Klarheit entwickeln, genau wie der Mann. Wie kann eine Frau das? Durch die Beteiligung an der und das Zugehen auf die Frauenkultur – durch die persönliche, intime

Freundschaft mit anderen Frauen. Aber ein Mann wird diese Klarheit in einer Männerkultur nur selten erlangen, denn die Männerkultur hat ein anderes Ziel, einen anderen Zweck. Ein Mann muß sich diese Klarheit auf der Straße holen.

Viele Frauen versuchen heute auch, sich diese Klarheit auf der Straße zu holen. Dadurch nähren sie jedoch nur ihre Männlichkeit und ihre Illusionen, nicht aber ihre Weiblichkeit. Einige Frauen benutzen die Straße wie eine Injektion mit Testosteron. Sie machen sich dadurch sprichwörtlich selbst zum Mann. Dies sollte bei den Männern größte Angst hervorrufen, denn es signalisiert, daß das *Weibliche* in solchen Frauen nicht zugänglich ist. Das bedeutet nicht, daß die Frauen beispielsweise niemals mit dem Fallschirm abspringen oder fechten sollten, aber sie sollten *Frau* sein, ehe sie mit dem Fallschirm abspringen, so daß, wenn eine gewisse Klarheit entsteht, sie dieser nicht erlauben, eine unnötige männliche Matrix zu erschaffen. Bei einer gesunden Frau gibt es ein notwendiges Element, das ihr männlicher Aspekt ihr liefert, aber es sind die Nachgiebigkeit, der Mißbrauch und die dramatischen Übertreibungen dieses Männlichen in jeder einzelnen Frau, die diese Dissonanz und Krankheit schaffen.

Wahrscheinlich die erfolgreichsten Frauen, die dem Männlichen nicht nachgegeben oder es übertrieben haben, obwohl sie mit der Straße in Verbindung geblieben sind, sind die Künstlerinnen in der darstellenden Kunst. Hier muß eine Frau eine Frau sein. Das ist klar. In den darstellenden Künsten sind Männer und Frauen sehr unterschiedlich. Beim Fallschirmspringen sind sie das nicht. Es ist nicht so, daß es ein polarisiertes Fallschirmspringen gibt. Aber in den darstellenden Künsten ist es ganz klar, besonders im Kino und im Theater. Theater wird gestaltet mit männlichen und weiblichen Rollen. Bei etwas, das nicht mit unterschiedlichen männlichen und weiblichen Rollen gestaltet wird, wie zum Beispiel Autorennen, Fallschirmspringen und Fechten, ist es für eine Frau, energetisch gesehen, wesentlich schwieriger, eine definierte Polarisierung als Frau aufrechtzuerhalten.

Wenn eine männliche Kultur klar definiert und beständig ist, dann sind wöchentliche Therapiegruppen nicht erforderlich. Wenn es keine klar definierte männliche Kultur gibt, dann sollte ein Unterstützungssystem für Männer darüber nachdenken, wie es ist, mit der Straße in Verbindung zu sein (und wirklich mit der Straße in Verbindung zu *sein*), so daß die Männer klar und deutlich beobachten können, welche Art von Nahrung sie dadurch bekommen und welche Art von Klarheit dadurch geschaffen wird. Jede Kampfsportart, bei der es um Wettbewerb geht, kann das bewirken, auch wenn darin nicht um Preise gekämpft wird. Judo ist hierfür ausgezeichnet, denn es ist nicht zu hart, aber der Wettbewerb ist trotzdem sehr ausgeprägt. Aikido ist ebenfalls gut.

Männer und Frauen können durch die Nahrung, die ihre jeweilige Kultur ihnen bietet, sehr große Reife und Zufriedenheit erlangen, aber ohne diese hohe Qualität der Klarheit bei Mann und Frau wird die Kultur früher oder später, auch wenn sie stärkend und unterstützend sein kann, ihre wahren transformativen Eigenschaften verlieren. Wenn dieses Element aber vorhanden ist, dann werden die Kulturen das Mittel zu immer größerer und größerer Transzendenz oder immer größerer und größerer Ekstase, denn dann sind alle erforderlichen „Nährstoffe" für echte Transformation vorhanden.

# *Geheimnis 39: Was Frauen von Männern wollen*

Wenn eine Frau einen Mann ansieht, dann gibt es zwei Dinge, die sie anziehen. Das eine ist die animalische Männlichkeit oder Potenz, und für eine Weile ist das ein großartiges Gefühl, aber es vergeht immer, wenn die tieferen Elemente der Beziehung nicht befriedigt werden. Der Wert oder die Hitze der Männlichkeit weichen immer Gefühlen von Frustration, emotionalem Konflikt und Zorn. Auf Dauer erfüllen sie die Bedürfnisse einer Frau niemals voll und ganz, es sei denn, die Menschen in der Beziehung blieben so unbewußt und unsensibel wie Steine. Für eine Frau, die auch nur ein wenig sensibel ist, kann die Männlichkeit attraktiv sein, aber als Basis, um die Tiefen ihres essentiellen *weiblichen Seins* zu finden, reicht sie nicht aus.

Was ist also ausreichend? Ein Mann, der sensibel ist? Ein Mann, der fähig ist, seine Gefühle zu zeigen? Ein Mann, der die Gefühle der Frau respektiert? Solche Männer sind normalerweise unsicher und schwächlich, und sie sind von ihrer eigenen Männlichkeit weiter entfernt, als gesund für sie ist. Nach einer Weile ist diese Sensibilität und emotionale Ausdrucksfähigkeit für eine Frau auch nicht mehr ausreichend. Bald wird sie sein essentielles Mann-Sein brauchen als Pol zu ihrem essentiellen Frau-Sein. Das zweite Ding, von dem eine Frau angezogen wird, ist daher wirkliche Verwundbarkeit – was in meiner Terminologie dem Ausdruck *organische Unschuld* entspricht. Was ist das in einem Mann, das in einer Frau wahrhaft tiefe Liebe hervorruft? Ergebenheit – die Ergebenheit, die aus einer wahren und festen Grundlage männlicher *Gegenwärtigkeit* entsteht und dem Verweilen in der *organischen Unschuld*.

Im menschlichen Königreich gibt es keine wahre Hingabe ohne Ergebenheit. Ein Mann kann sich nicht hingeben, wenn er nicht ein *Mann* ist. Wenn ein Mann unsicher und eitel ist, dann kann er sich unmöglich hingeben oder Ergebenheit in Unschuld zum Ausdruck bringen. Eine Frau weiß instinktiv, daß ein Mann, der sich hingeben kann, ein Mann ist, der ihr das geben kann, was sie als Frau braucht. (Das ist nicht das gleiche wie das, was sie auf neurotischer Ebene braucht. Ein Mann, der sich voll und ganz hingeben kann, ist nicht jemand, den eine Frau besitzen und kontrollieren kann.)

Ohne eine solide Männerkultur kann diese Lehre von der wahren *Hingabe* an den *Willen Gottes* keinen Unterschied in der Welt machen, im Gegenteil, sie kann noch nicht einmal richtig Fuß fassen.

Der Schlüssel zur Frauenkultur (und übrigens auch zur Kinderkultur) ist also die Kultur der Männer. Es ist von entscheidender Bedeutung, daß die Männerkultur strukturell so geordnet ist, daß die Frauenkultur die erforderliche und richtige Dynamik entwickeln kann, um sich darauf auszurichten. Dann kann die Kinderkultur die Auswirkungen der Reife einer Erwachsenenkultur spüren und widerspiegeln. Dadurch würde ein Kreislauf des reifen, heiligen Wachstums und Lernens in Gang gesetzt, frei von den verzweifelten Kämpfen kindlicher und jugendlicher Egos, die versuchen, sich über die Forderungen wahrer und natürlicher Realitäten des Erwachsenseins hinwegzusetzen. So muß sich eine erleuchtete Kultur manifestieren.

# *Geheimnis 40: Die Neunzig-Prozent-Lösung*

Männer sagen oder fühlen oft, daß sie „ohne eine Frau nicht leben können". Diese Spannung könnte sowohl eine neurotische Zwangsvorstellung als auch das Ergebnis der intuitiven Erkenntnis dessen sein, was weibliche Energie ist.

Niemand von uns wäre ohne weibliche Energie, ohne „das Weibliche", lebendig. Die Beziehung selbst wäre nicht dynamisch, hätte sie nicht die Qualitäten des *Weiblichen* als polare Kraft des Universums. Weil wir jedoch nicht in einer Kultur aufgewachsen sind, die diese Dinge versteht, neigen wir dazu, unser sprichwörtliches Bedürfnis nach dem „Weiblichen" auf den Glauben zu übertragen, daß wir einen sexuellen Partner benötigen. Wir kehren die Leere unserer Beziehung zu unserer *Anima* (innere Weiblichkeit bei Männern) nach außen und suchen entweder Sex oder Bemutterung. Dieser Antrieb ist tatsächlich oft so verzehrend, daß es uns nicht gelingt, aus unserer Obsession nach ko-abhängiger Paarung heraus tiefe und dauerhafte Freundschaften zu entwickeln. Das ist eine große Tragödie.

„Das Weibliche" ist nicht ausschließlich in nur einer einzelnen Person gegenwärtig. Wenn ein Mann glaubt, daß eine bestimmte Frau für ihn die einzige Quelle weiblicher Energie ist, und weil er intuitiv weiß, daß er ohne weibliche Energie stirbt – spirituell und seelisch –, wird immer eine Spannung entstehen, wenn er mit der Frau zusammen ist, die zu diesem Zeitpunkt diese bestimmte Anziehung auf ihn ausübt. Die Frau bedeutet Leben, so wie das Atmen Leben bedeutet, und Spannung entsteht immer dann, wenn man fühlt, daß man vielleicht nicht fähig ist, weiterzuatmen.

Der essentielle männliche Aspekt der Schöpfung ist die Vorstellung, reiner Intellekt; und der weibliche Aspekt der Schöpfung ist die Form. Die Struktur des Universums ist daher weiblich.

Männer können nur dann zu Männern werden, wenn sie als Mann das verkörpern, was weiblich ist – und das ist Manifestation, Energie, Schöpfung. Männer müssen zu neunzig Prozent Frau werden: Der Mann muß, als Mann, das verkörpern, was dieses Universum im wesentlichen ist, und das ist weiblich. (Addieren Sie die neunzig Prozent Frau zu dem, was der Mann bereits ist, und dann wird der Mann zum *Mann*. Männer müssen zum *Mann* werden, aber Frauen sind bereits *Frau*, denn wir leben im wesentlichen in einem weiblichen Universum.)

Der weibliche Aspekt hat bestimmte Charakteristiken, die zu tun haben mit Empfänglichkeit, Fürsorge und Gefühl. In der Domäne der Vorstellung gibt es kein Gefühl. Es existiert nicht. Weiblich werden bedeutet deshalb, die weiblichen Qualitäten zu verkörpern – und das ist nicht nur ein körperliches Gefühl wie physischer Schmerz, sondern eine bestimmte Art von Gefühl das Fürsorge und Rücksichtnahme entstehen läßt.

Die Entwicklung einer männlichen Kultur ist deshalb so schwierig, weil ein entstehendes Gefühl nährend und empfänglich sein möchte, aber bei den meisten Männern ist dies ein fast völlig fremder Wesenszug. Männer sind lieber konkurrenzorientiert, und Konkurrenzdenken beinhaltet keine nährenden Gefühle.

Während Gefühle nur ein Teil der weiblichen Qualität sind, ist das *Fühlen* tatsächlich dessen Matrix. Wenn Sie auf eine bestimmte Art und Weise *fühlen*, werden Sie automatisch dazu angeregt, die anderen Qualitäten zu manifestieren. Wenn Sie nur das Nähren mit Leben erfüllen, dann kann Ihre Manifestation völlig einseitig sein. Wenn Sie aber das *Fühlen* mit Leben erfüllen, dann können Sie nicht einseitg sein, denn das *Fühlen* schafft alle anderen Dinge aus sich selbst heraus. Wenn Sie nur das Nähren mit Leben erfüllen, schafft dieses nicht unbedingt all die anderen Qualitäten aus sich selbst heraus. Die anderen Qualitäten können sehr einseitig sein, aber das *Fühlen* spürt sie alle auf. Das *Fühlen* ist wahrhaftig der Schlüssel.

# *Geheimnis 41: Essentielle Weiblichkeit und essentielle Männlichkeit*

Im wesentlichen gibt es zwei Erscheinungsformen der Frau, des *essentiell Weiblichen*, und zwei Erscheinungsformen des *essentiell Männlichen* oder des Mannes.

In der ersten Form verspürt die Frau eine tiefe Verantwortlichkeit gegenüber ihrer essentiellen Weiblichkeit – oder der Göttin. Sie ist von großer Stärke, leidenschaftlich, vibrierend, heißblütig und lebendig. Jedem, der ihre inneren Qualitäten nicht spüren kann, mag sie durchaus arrogant erscheinen. Selbst wenn sie fünf oder sogar zehn Jahre lang keine sexuelle Beziehung hatte, sieht eine Frau diesen Typs immer noch jeden Tag fröhlich, lebendig und strahlend aus.

Jede Frau, die auch nur ein wenig in Kontakt zu ihrem wahren Selbst ist, weiß, was ich hier beschreibe. Sie kennt dieses Aussehen bei sich selbst, und das tun auch die Männer. Es ist von so tiefer Mächtigkeit und Leuchtkraft, daß es jedem Mann eine Höllenangst einjagt – außer einem Narren, einem Tier oder einem *wahren Mann* (und auch er würde zumindest abrupt zum Stehen gebracht).

Im Gegensatz zum Sanskrit oder zu anderen Sprachen fehlen in der englischen Sprache die Worte, notwendigen Betonungen und geeigneten Feinheiten, die beschreiben könnten, wer oder was die *Frau* ist. Wenn es um die wahren Elemente von Leben und Ekstase geht, ist unsere Kultur stumm und beengt.

Damit das wahrhaft *Weibliche* real sein kann, muß es auf der einer Person innewohnenden, spirituellen organischen Kraft als *Frau* begründet sein, und nicht auf künstlichen Erscheinungen. Wenn dies für eine Frau zutrifft, dann muß sie nicht unbedingt grimmig oder wütend aussehen, aber sie wird wild erscheinen, und diese Art von Wildheit ist in tiefgreifender Weise auf ihrer Essenz als *Frau*, als *Weiblichkeit* oder als Shakti selbst begründet. Dieses Aussehen kann nicht – noch nicht einmal in einer einzigen Zelle des Körpers der Frau – eine Reaktion, eine Reflexion oder eine Betrachtung über und gegen alles andere als die *Weiblichkeit* sein. Es kann weder falsch noch neurotisch sein. Wenn man sich auch nur entfernt mit dem „anderen" befaßt, mit anderen Frauen oder anderen Männern, mit der Illusion von Trennung und dem Trieb, ausschließlich als organischer Persönlichkeitskomplex zu überleben, dann kann dieses Aussehen unmöglich *wahrhaft* sein, das heißt, es kann nicht aus dem „Sein“ kommen.

Kleidung, Make-up und verführerisches Verhalten „… machen keine Frau“. Dieses Wissen, Fühlen und *Frau* sein kann keinen maskulinen Bezug haben, das heißt, es kann nicht den Wunsch haben, „Frau“ zu sein, entweder weil sie einen Mann anziehen will oder weil sie keinen Mann braucht. In der wohlhabenden militanten Feministinnenbewegung zum Beispiel ist die Zurschaustellung lebendiger Selbstsicherheit sehr verbreitet, aber das dazugehörige Sein fehlt. Das gleiche gilt für das Gegenteil – sich nachlässig zu kleiden mit dem Aussehen der bescheidenen jugendlichen „Nichts-könnte-mich-weniger-interessieren“ – Widerspenstigkeit. (Dann kann die Frau, wann immer sie will, sich komplett herausputzen – mit Make-up, neuen Kleidern, jeder Menge Schmuck…) Arme Feministinnen sehen so nicht aus, denn dieses Aussehen ist normalerweise davon abhängig, daß man eine Menge Geld hat.

In der heutigen Zeit erscheinen viele Frauen selbstsicher, aber das liegt daran, daß sie der Boß sind. Vielleicht arbeiten in ihrer Abteilung vierzehn Männer unter ihnen; sie haben das Sagen; sie stellen ein und entlassen wieder; und sie verdienen 60.000 $ bis 70.000 $ im Jahr, wo die Männer nur 30.000 $ verdienen. Das ist das „Börsenmaklerinnen-Aussehen“ einer Frau, die mehr Bankkonten hat als jeder der Männer im Büro oder die zu Hause den gleichen „Rang“ innehat. Dies ist das Aussehen von Stolz auf das Erreichte, Stolz darüber, das Patriarchat übertroffen zu haben, aber nicht das Aussehen des *wahrhaft Weiblichen.*

Die heutigen Frauen sind nicht dazu bereit, Frauen in Beziehung zu ihren Männern zu sein. Sie sind nicht bereit, zu nähren, zu empfangen, zu leben und Aufmerksamkeit, Vertrauen, Stärke und Kraft zu schaffen. In Wahrheit gibt es heute nicht viele Frauen. Es gibt viele weibliche Körper, die versuchen, den Männern in bezug auf maskuline Energie ebenbürtig zu sein, obwohl dieser Versuch die Maske des Wunsches nach legaler, moralischer und wirtschaftlicher Gleichberechtigung trägt.

In der archetypischen Form ist der Mann der Jäger, und die Frau ist die Hüterin des häuslichen Herdes, die Priesterin und noch viele andere Dinge. Aber im wesentlichen ist der Mann der Jäger, und die Frau allein sorgt für Kultur und Lebensumgebung. Shiva tut nichts; er sitzt auf seinem Meditationskissen oder seiner Lotosblüte und spricht über die Wahrheit. Shakti tut alles – sie versorgt das Heim, schafft Kultur, Lebensumgebung und Inspiration.

Shakti ist alles. Die Frauen jedoch entspannen sich nicht in das Allessein hinein, sie versuchen statt dessen, die Männer zu regieren. In der heutigen Zeit haben die Frauen eine extrem ausgeprägte bewußte Sexualität, wohingegen bei den Männern die Impotenz immer mehr zunimmt, viel mehr als jemals zuvor in der Geschichte, weil die Männer vor dieser Energie der Frauen schreckliche Angst haben. Die Frauen sagen: „Ich will oben sein." Das beziehen sie jedoch nicht nur auf die sexuelle Stellung; das beziehen sie auf alles!

Bewußtseinsbildende Gruppen verstehen nicht, daß der wahre Weg für eine Frau, diese mächtige Sexualität, dieses große Übermaß an Energie einzusetzen, darin besteht, „nachzugeben, um zu erobern". Wenn Sie einen Mann wirklich beherrschen wollen, dann geben Sie nach. Kommen Sie ihm nicht mit: „Wenn du es diesmal nicht schaffst, mich zum Höhepunkt zu bringen, dann ist es vorbei, Mann…".

Geben Sie nach, und der Kerl ist hilflos. Geben Sie sich ihm hin, und Sie können alles tun und alles erwarten – sogar Wunder.

„Nachgeben, um zu erobern" ist das Prinzip des Judo und auch das Prinzip des „Gewinnens". Wenn Sie wirklich gewinnen wollen, wenn Sie eine Situation wirklich meistern wollen, dann müssen Sie nachgeben und der Situation selbst erlauben, ihre eigenen Grenzen und Widerstände zu transzendieren. Wenn Sie dieses Prinzip richtig anwenden, wird sie es tun.

Alles zu überwältigen ist nicht der Weg. Der Weg, zu gewinnen oder eine Situation zu meistern, besteht in rücksichtsloser Weichheit und kompromißloser Sanftheit. Die Frauen, die das in den Annalen der Geschichte am besten beherrschten, sind die Frauen, die wahre Macht hatten. Frauen, die die größten Poeten, die größten Schriftsteller und die größten Krieger zur Demut bringen konnten, waren die Frauen, die wußten, wie man „nachgibt, um zu erobern".

Es ist absolut wahr, so chauvinistisch es auch klingen mag. Frauen müssen bereit sein, auf ganz unarrogante und empfängliche Weise zu erkennen, daß sie die Macht hinter dem Thron sind. Dieses Wissen muß aber stillschweigend und essentiell sein, nicht egoistisch. Immerhin ist es offensichtlich, organisch offensichtlich.

Statt sich jedoch damit zufrieden zu geben, die Macht hinter dem Thron zu sein, wollen die Frauen auf dem Thron sitzen, und da beginnt das Problem. Das ist das, was heute geschieht.

Insbesondere die Männer in der westlichen Welt sind im wesentlichen ein Monogramm ihrer Mutter. Es gibt heute nur ganz wenige Männer, die als Rollenmodelle angesehen werden können. Männer wissen nicht, was ihre Männlichkeit ist. Sie wollen die Macht hinter dem Thron sein! Statt sich darüber klar zu werden, daß sie es nicht sind, laufen sie herum und setzen ihre Gewalt gegen Frauen immer weiter fort.

Männer müssen bereit sein, die Tatsache anzuerkennen, daß *Frau* die Macht hinter dem Thron ist, und diese Tatsache durch Anbetung zu ehren. Das ist nicht das gleiche, wie zu sagen: „Ja, ich stimme für das Gesetz zur Gleichberechtigung." Dies ist eine private Angelegenheit, ein intimes Ereignis, nicht eine öffentliche, politische Ansicht.

Frauen müssen angebetet werden. Ohne weibliche Energie gäbe es keine Schöpfung.

Die „Jägerin" ist ebenfalls ein wahrhafter Archetypus des grundlegend Weiblichen; sie ist *nur* wild, aber sie hat es nicht darauf abgesehen, irgend jemand besonderen zu „fangen". Die Wildheit der archetypischen Jägerin ist universal: Sie richtet sich gegen Trägheit, gegen Illusion, gegen Zweifel, Verwirrung und Unwissenheit in bezug auf das *Weibliche*. Wildheit jedoch, die rachsüchtig, persönlich, rassistisch oder anmaßend ist, charakterisiert das „Jägerinnen-Aussehen", das unrein oder neurotisch ist.

Frauen, die in ihrem Wesen als *Frau* ruhen, können zwei verschiedene Erscheinungsformen haben. Der erste Typ schläft beispielsweise vielleicht im Bett ausgestreckt mit gespreizten Beinen und seitlich ausgebreiteten Armen. Frauen, die so aussehen, würden sich nicht noch im Schlaf Sorgen machen oder wegen Streß oder Spannung nicht einschlafen können. Sie würden nicht in Embryonalstellung zusammengerollt schlafen oder mit übereinander geschlagenen Beinen und über der Brust gekreuzten Armen, kühl und beherrscht.

Die zweite Erscheinungsform einer *Frau* ist völlig weich, rund, ruhig, ohne scharfe Kanten – in ihrer Stimme, ihrem Körper, ihren Augen und in ihren Bewegungen. Diese Weichheit entsteht durch die Absorption der Aufmerksamkeit im *persönlichen Gott*, im *Gebet von Unterwerfung und Liebe*. Die Energie einer solchen Frau ist mehr nach innen als nach außen gerichtet.

Die *Frau*, die *wahre Frau*, strahlt entweder nach außen, auf die Welt, auf das bekannte und das unbekannte Universum, oder sie strahlt innerlich. Ihr Strahlen bezieht sich nicht auf sie selbst, denn in der *wahren Frau* gibt es kein „sie selbst", außer zur Erleichterung von Sprache und Kommunikation. Sie wird auch nicht aufhören, zweckbetont zu agieren. Die Frau, die innerlich strahlt, wird vielmehr eher als Hüterin des Herdes und weniger als Kriegerin erscheinen.

Kein Typ ist besser als der andere. Sie sind in ihren Manifestationen einfach unterschiedlich. (Der kontextuelle oder wesentliche Brennpunkt der mehr nach außen orientierten *Frau* wird nicht definiert durch „nur Gott“, sondern durch „Nur-Gott“. Die Unterscheidung besteht darin, daß „nur Gott“ der innewohnende Aspekt des Absoluten[4] ist, und „Nur-Gott“ ist der transzendentale Aspekt des Absoluten[5].)

Nur der äußeren Form nach wie einer dieser beiden Typen auszusehen kann ein bewußter oder unterbewußter Akt sein, unaufrichtig oder naiv, damit eine Frau das bekommt, was sie will. Manche Frauen sehen weich, zurückhaltend und sehr süß aus, und doch haben sie Krallen, die schärfer sind als die eines Tigers. Alles, was zwischen diesen beiden Formen des „*Frau* sein“ liegt, ist eine neurotische Funktion. Ein solcher Mittelweg hat vielleicht ein gewisses Maß an transformatorischer Wirkung oder Chance, aber er ist immer noch unfertig, blockiert oder in seinem Ausdruck verzerrt. Es gibt keine Ausnahmen. Wenn eine Frau dem Mann „gleich“ sein und in der „Welt des Mannes“ leben will, dann kann keiner dieser beiden Wege, *Frau* zu sein, für sie real sein. Es gibt keine Gleichheit, außer im göttlichen Sinn. Mann ist nicht Frau, und Frau ist nicht Mann, und wird es auch nie sein.

Eine uneingeschränkte Hingabe an die *Yin*-Qualität der Empfänglichkeit wird sich entweder als voll und ganz empfängliche oder als voll und ganz wilde Shakti manifestieren. Natürlich schließen sie sich gegenseitig nicht aus, und beide Typen haben, falls erforderlich und in unterschiedlichen Umständen, eine breite Palette an Manifestationen.

• • •

Damit *Frau* leben und eine der beiden Seinsformen mit Leben erfüllen kann, ohne ständig belästigt zu werden (ich meine hier nicht eine physische, sondern eine psychische und emotionale Belästigung), muß auch der *Mann* einer von zwei möglichen Typen sein. Eine der essentiellen Erscheinungsformen des *Mannes* ist völlig klar.

---

4 Innewohnender Aspekt des Absoluten – der persönliche Gott; der in und durch die Schöpfung erkannte Gott.

5 Transzendentaler Aspekt des Absoluten – das unpersönliche, alles durchdringende universelle Prinzip der Schöpfung, das über das menschliche Verstehen und über eine Möglichkeit der Beschreibung hinausgeht.

Wenn man in die Augen eines Mannes schaut, kann man immer erkennen, ob es dort ein tiefes Sein gibt – jemanden, der frei ist, innerhalb seiner eigenen Männlichkeit zu leben. Augen sind entweder klar oder trüb. (Ich meine damit nicht die Farbe der Iris oder der Augäpfel. Jeder kennt den Unterschied; jeder hat in viele Augen geschaut.) Klare Augen funkeln; klare Augen sind leuchtend und bodenlos. Es liegt kein Film in oder über diesen Augen, und das manifestiert sich in einer aufrechten Haltung und der Weigerung, lüstern nach Frauen zu schielen (unter anderem).

Manche Männer sehen immer elegant aus, ganz egal, welche Kleidung sie tragen, weil ihr Kontext klar ist. Ein älterer männlicher Kinostar wurde kürzlich in einem Interview gefragt: „Sind Sie für Frauen wirklich attraktiv? In Ihrem letzten Film haben Sie so alt und abgerissen ausgesehen, müde und fertig …“ Er sagte: „Ja, natürlich bin ich für Frauen attraktiv. Frauen mögen keine Männer, die am Strand herumlaufen und nichts zwischen ihren Ohren haben. Sie mögen jemanden, der weiß, wer er ist. Und“, sagte er, „ich weiß, wer ich bin. Das ist attraktiv, egal, wie ich aussehe.“

Dieses Zitat ist ein Zeichen für das „Dasein“ des *Mannes*, nicht nur eine Form oberflächlichen Selbstvertrauens. Wenn ein Mann weiß, wer er im Kontext der Männlichkeit ist, trägt er sich mit einer gewissen Art von Eleganz. Das natürliche „Dasein“ eines *Mannes* besteht darin, aufzutreten mit der Eleganz eines Kriegerführers, der weiß, daß er ein Kriegerführer ist. Er ist, was er ist, ohne „Positur“ oder „Pose“.

Die andere Form, in der ein *Mann* sich zeigen könnte, ist unsichtbar. Unsichtbarkeit trägt mit sich eine unverwechselbare Eleganz, die die meisten Menschen niemals erkennen. (Sie sind zu beschäftigt, um nach „des Kaisers neuen Kleidern“ Ausschau zu halten.) Unsichtbarkeit ist die Fähigkeit, sich natürlich und spontan in jede Umgebung zu integrieren, als ob man dort hingehörte – ein menschliches Chamäleon zu sein. Diesen Typ Mann findet man nur sehr selten, denn die Psychologie des männlichen „Primaten“ – des sich auf die Brust klopfenden, zähnefletschenden Affen – ist davon überzeugt, daß eine solche Unsichtbarkeit schwach und „unmännlich“ ist. Aber diese Weichheit des *Mannes* ist das Gegenstück zur Weichheit der *Frau*. Ein solcher Mann verehrt die Göttin im Inneren, während der mehr nach außen orientierte Typ „Nur-Gott“ dramatisiert.

Die Göttin auf diese Weise zu verehren bedeutet, ihren Forderungen und ihrer Macht gegenüber sanft zu sein, und sich ihr zu ergeben. Das bedeutet nicht, daß der mehr „glitzernde“ Typ Mann nicht auf die Göttin reagiert, aber sein Brennpunkt ist mehr universal als persönlich.

Wenn man einmal ein Gespür für sein essentielles Wesen als *Mann* oder *Frau* bekommen hat, dann sollte man sich davon nicht verunsichern oder verwirren lassen.

Lassen Sie mich diese Sprache einmal klarstellen. Es geht nicht darum, daß die *Frau* auf diese oder jene Art und Weise *real* sein könnte und daß der *Mann* auf diese oder jene Art und Weise *real* sein könnte. Nein. Diese Beschreibungen definieren tatsächlich die wahre *Weiblichkeit* und die wahre *Männlichkeit*. Es sind keine Typen, die zu sein Sie „versuchen" können; sie sind, was Sie als Ihr wahres Selbst entdecken. Dann entspannen Sie sich in dem Maße in Ihren essentiellen Zustand hinein, in dem Sie Gewichte und Ablenkungen durch die Beobachtung abstreifen, daß diese für das *Wahre Sein* völlig irrelevant sind.

# *Geheimnis 42: Frau werden*

## *I. Für Männer:*

Der Mann entdeckt das Weibliche in sich selbst, indem er „*Frau* wird“. Das geschieht nicht, indem er „eine Frau“ wird, sich wie eine Frau kleidet und sich wie eine Frau benimmt, obwohl diese Form von ernsthaftem Sadhana in vielen Männern transformative Manifestationen bewirkt hat. *Frau werden* ist jedoch ein völlig anderer Prozeß.

Ein einfacher Weg, um herauszufinden, wie dies geschieht, ist, *Frau* zu beobachten. Wenn Sie jedoch Frauen beobachten und versuchen, *Frau* zu finden, dann müssen Sie normalerweise viel Drama und äußeres Erscheinungsbild ignorieren. Wenn ein Mann Frauen beobachtet, muß er sehr genau den Unterschied zwischen essentieller Weiblichkeit und „primatenhaftem“ weiblichen Verhalten kennen. Trotzdem ist hier das Rollenmodell zu finden.

Wenn Sie sich das nach außen gerichtete Verhalten einer Frau anschauen und wenn dieses Verhalten geprägt ist durch die zeitgenössische, frustrierte, unabhängige Ausdrucksform der Meinung, daß „wir den Männern gleich sind“, dann verpassen Sie vielleicht die ganze Sache. Um zu verstehen, was es bedeutet, „*Frau* zu werden“, müssen Sie beobachten, was wertvoll ist, wenn diese konditionierte Disposition nicht gültig ist. In anderen Worten, Sie müssen das wahrnehmen, was real ist, und nicht das, was nur eine psychologische Vortäuschung ist. Wenn Sie die Chance haben, eine Frau bei ihrer Toilette zu beobachten, dann ist das eine Situation, in der diese konditionierte Disposition ein wenig in den Hintergrund tritt. Eine Frau tendiert dazu, näher an dem zu sein, was sie wirklich ist, wenn sie in den Spiegel schaut.

Sie beginnen, indem Sie Frauen beobachten und zwischen den Zeilen lesen, so daß Sie anfangen, die Essenz der Weiblichkeit zu spüren und nicht so sehr Training, Gewohnheit oder kulturelle Erwartungen. Für einen Mann ist es viel einfacher, *Frau* zu werden, als für eine Frau. Eine Frau glaubt, daß sie schon *Frau* sei, auch wenn sie nur „eine Frau“ ist. Für eine Frau ist es viel schwieriger, denn sie muß sich dem hingeben, was sie bereits ist – wie der sprichwörtliche Fisch im Ozean, der durstig ist. Alles, was ein Mann tun muß, ist, die *Frau* in den Frauen zu sehen und dem zu erlauben, sich selbst, von innen heraus, in sein eigenes Sein zu integrieren. Es ist, als ob man durch Berührung einen „Treffer" erzielt.

Wenn Sie nicht wissen, wie es geht, dann wird das Weibliche Sie lehren zu tanzen. Es ist für einen Mann kein Verbrechen, die Frau führen zu lassen, bis er selbst gelernt hat, zu führen. Wie soll ein Mann lernen zu führen, wenn nicht durch eine Frau? Im Sinne unseres Themas ist es nicht „eine Frau" – es ist *Frau*, das Weibliche. Lassen Sie das Weibliche (was immer das ist) die Tanzstunden bereitstellen, das Rollenmodell bereitstellen, nicht, indem Sie irgendeine Frau als Beispiel nehmen, nicht, indem Sie „eine Frau" beobachten. Das *Weibliche* wird Sie lehren zu tanzen. Es ist eine Tänzerin.

Hinterfragen Sie, wie die weibliche Qualität auf irgendeine gegebene Situation anwendbar ist und welches die essentielle Stimmung des Weiblichen ist. Die Stimmung ist nicht die Form, als die sie sich gewöhnlich manifestiert, wie Trost, Bemutterung, Empfänglichkeit. Diese Form ist nicht unbedingt der Tanz. Es gibt jedoch eine Stimmung der Empfänglichkeit und der Bemutterung und eine Stimmung des Nährens, die der Tanz *ist*. Nicht die Handlung ist der Tanz, sondern die Stimmung.

### *II. Für Frauen:*

Es gibt viele Unterschiede und natürlich auch einige Ähnlichkeiten zwischen der Qualität des Nährens, die zwischen einer Mutter und einem Kind gefordert ist, und der Qualität der Empfänglichkeit und Resonanz, die zwischen einer Frau und ihrem Partner angezeigt ist. Eine der Möglichkeiten für eine Frau, über die Unterschiede nachzudenken, besteht darin, ihren Partner zu fragen, ob er glaubt, daß sie ihn „bemuttert". Seine Antwort wird eine ziemlich genaue Einschätzung dafür sein, ob es in dieser besonderen Art von Liebe ein Ungleichgewicht gibt.

Männer neigen jedoch dazu, bei diesen Themen äußerst empfindlich zu reagieren, denn nur wenige von ihnen wurden in der richtigen Art und Weise bemuttert. Um also ernstlich über dieses Thema nachzudenken, muß eine Frau sich darauf einstellen, nicht vor dem Zynismus der Männer zurückzuschrecken.

Frauen sollten nicht überlegen: „Was ist eine Mutter, …was ist eine Geliebte, …was ist eine Hüterin des Herdes, …oder eine Hausfrau?", sondern vielmehr: „Was ist *Frau*?" Die Frage sollte nicht sein: „Was ist eine Frau?" Eine Frau ist lediglich ein Bündel psychologischer Motivationen und Persönlichkeitszüge mit einer subtilen Kernessenz, die eine polare Beziehung zur subtilen Kernessenz des Männlichen hat. (In diesen Dingen ist eine Frau genau wie ein Mann, außer daß seine polare Energie in Beziehung zum Weiblichen steht.)

Wenn eine Frau herausfindet, wer sie ist, dann findet sie heraus, daß sie chinesisches Essen lieber mag als indisches Essen und daß sie in intimen Momenten lieber oben ist als unten… und so weiter. Wenn eine Frau herausfindet, wer sie als *Frau* ist, dann entdeckt sie ein Wesen ganz anderer Art.

Es gibt eine Qualität der weiblichen Energie, die, befreit von psychologischen Erwartungen, Projektionen und Irrtümern, spontan als *Frau* auf jeden gegebenen Umstand reagiert, als das *Weibliche*, und die nicht durch irgendeine festgelegte Rolle definiert ist, die die Frau vielleicht annimmt.

Das erste, worauf man achten sollte, wenn man über die Frage nachdenkt, was *Frau* ist, ist die Genauigkeit der Sprache. Wann immer Sie darüber nachdenken – mit allen Rückschlüssen, Implikationen und Ablenkungen, die damit verbunden sein können –, denken Sie immer: „Was ist *Frau*?" Werden Sie nicht nachlässig. Ihre Anforderungen sollten immer hoch sein. Eine kleine oder scheinbar unbedeutende Veränderung der Sprache kann im Ergebnis einen nachhaltigen Unterschied bewirken. Zum zweiten wäre es ein interessantes Experiment, vielen Frauen die gleiche Frage zu stellen: „Was ist *Frau*?" Wenn sie sagen: „Nun ja, wissen Sie, eine Mutter… und eine dies und eine das…," dann sagen Sie: „Nein, nein, nicht, was eine Frau ist. Was ist *Frau*?"

Wenn Sie gewillt sind, eine Stichprobenumfrage in großem Umfang zu machen, dann werden Sie feststellen, daß die meisten Antworten nutzlos sind. Aber hin und wieder wird jemand „sich vertun". Ihre Persönlichkeit wird sich einen Augenblick lang entspannen, und dann werden Sie eine Antwort erhalten, die absolut unbezahlbar ist – ein Juwel der Offenbarung, das Nahrung und Antrieb für viele Jahre oder viele Leben lang oder – nun gut, sagen wir es ruhig – sogar für ewig sein kann! Seien Sie jedoch bereit, eine solche Antwort zu dieser Frage zu empfangen, egal in welcher Form sie kommt. Es wäre sehr ungewöhnlich, wenn diese Antwort in verbaler Form erfolgen würde. Sie werden die Fähigkeit haben müssen, durch die gesprochenen Worte „hindurchzuspüren", in das Herz und die Seele desjenigen hinein, der die Antwort gibt.

Wenn eine Frau herausfindet, was *Frau* ist, dann werden alle ihre persönlichen Charakterzüge und alle selbstabsorptiven und selbstbezogenen Ausdrucksformen durch diese Offenbarung transzendiert.

### *III. Für Männer und Frauen:*

Was es bedeutet, *Frau* zu sein, hat keinen Namen. *Frau* zu sein hat kein „ICH“. *Frau* ist im wesentlichen Empfänglichkeit, und Empfänglichkeit hat kein „ICH“. Sie umarmt, sie konfrontiert nicht.

Alles, was ein „ICH“ hat, konfrontiert: „Ich bin dies, ich bin das. Ich bin Teil der Beziehung. Ich koche dein Essen. Ich habe etwas Besseres verdient.“ (Bei der populären Psychologie innerhalb der Frauenbewegung geht es darum, daß Frauen ihre Orgasmen verdient haben. Behauptungstraining und alles andere, das ein großes „ICH“ in sich birgt, ist nicht empfänglich. Vom Wesen her empfänglich zu sein bedeutet, ohne „ICH“ zu sein.)

Wann immer ich über dieses Thema spreche, sagen mir die Frauen, daß die Männer sie aber sofort unterbuttern, sobald sie versuchen, sich ihnen gegenüber so zu geben. Nun, was ist damit? Man kann sich nicht für immer und ewig damit abfinden, so behandelt zu werden. Das ist ein gültiges Argument. Was also ist zu tun?

Zunächst einmal, wenn Sie eine *wahrhafte Frau* sein wollen, dann brauchen Sie „etwas“, das dieser *wahrhaften Frau* begegnet. Sie brauchen etwas, das Sie umarmen können – wie einen *wahrhaften Mann* –, wenn Sie versuchen, sich der Empfänglichkeit voll und ganz hinzugeben.

Zum zweiten müssen diese Vorstellungen immer unmittelbar in dem Umstand betrachtet werden, in dem sie zutreffen. Im Moment betätigen wir uns nicht sexuell. Wir stellen die Frage: „Was ist eine *wahrhafte Frau*?“ Oder: „Wie werde ich zum *wahrhaften Mann*, um dieser *wahrhaften Frau* begegnen zu können?“ Diese Fragen werden am besten dann gestellt, wenn Sie sich im richtigen *Raum* befinden, zum Beispiel, wenn Sie das nächste Mal lieben, egal ob in der sexuellen oder der nicht sexuellen Domäne. (Ich spreche hier ganz spezifisch über lieben, nicht über „sich paaren“ im biologischen Sinn.) Sie können lieben, wenn Sie mit einem Kind zusammen sind, oder in Gemeinschaft mit Ihren Freunden, obwohl es hier natürlich Unterschiede gibt.

Suchen Sie nicht nach Techniken, um Ihre Energie zu lenken, sondern betrachten Sie diese Frage einfach in dem Augenblick, in dem sie zutreffend ist. Diese Frage sollte verinnerlicht werden, dann wird sie zum Vorschein kommen, wenn sie eine entsprechende Relevanz vorfindet. Wenn Sie diese Betrachtung auf die richtige Art und Weise vornehmen, dann tun Sie genau das, worum es bei dieser Betrachtung geht. Es ist ganz einfach – schwarz und weiß.

Das ist alles, was ich im Moment zu diesem Thema sagen möchte. Zu viele Gewürze verderben die Suppe. Alles, was wir für uns selbst wahrhaftig realisieren wollen, muß als Frage stehen bleiben... als ein *Koan*, wie man im Zen sagt. Wenn zu einer Frage von dieser Wichtigkeit eine vorverdaute Antwort gegeben wird, dann bleiben Sie mit etwas zurück, das sehr unnatürlich ist. Wir sind nicht dazu geschaffen, vorverdaute Nahrung zu essen. Wir sind dazu geschaffen, zu essen, Essen zu verdauen und es dann wieder auszuscheiden, was ein sehr wichtiger Teil des Prozesses ist. Wenn Sie das nicht tun, dann werden Sie große Probleme haben.

Wenn man „*Frau*" als *Koan* verwendet, dann werden, wenn der Prozeß der *Frau*werdung Wirkung zu zeigen beginnt, die Chakras sich auf natürliche Weise und spontan ausrichten, ohne ungewöhnliche störende Einflüsse, wie es in vielen Yoga-Abhandlungen beschrieben wird. Dieser gesamte Prozeß wird keiner außergewöhnlichen Aufmerksamkeit, Angleichung oder Verfeinerung bedürfen.

Sie können sich dem „*Frau*-Werden" annähern, indem Sie beginnen, mit der Ausrichtung des Chakrasystems zu arbeiten, aber wenn Sie sich dieser Erkenntnis mit willentlicher Absicht nähern, dann werden Sie, wenn Sie die Vollendung erreichen, den willentlichen, absichtlichen Prozeß aufgeben müssen, der Sie zu dieser Vollendung geführt hat. Dann geschieht der gesamte Prozeß für Sie noch einmal.

Wenn jemand *Frau* entdeckt, wird er automatisch auch *Mann* entdecken. Es ist in der Tat eine gleichzeitige Erkenntnis, denn diese Polaritäten existieren – trotz ihrer Unterschiede – nicht getrennt voneinander.

Die Aufgabe – *Frau* zu werden – ist für alle Männer und alle Frauen genau gleich, nur der Zweck ist unterschiedlich. Es gibt jedoch keine „Methode", um sich der *Frau* in sich selbst hinzugeben, weil es sich hier nicht um einen linearen oder progressiven Prozeß handelt. Es kann nur getan werden. Deshalb ist es ein *Koan*. Sie arbeiten damit und arbeiten damit... und eines Tages ist es da – zugänglich und wahr für Sie selbst.

Der Sinn, *Frau* in sich selbst zu suchen, ist für Mann und Frau unterschiedlich, weil Mann und Frau unterschiedliche Polaritäten repräsentieren. Sie könnten also fragen: „Warum sollte die *Frau* nicht nach dem *Mann* suchen?" Und ich würde antworten: „Die *Frau* ist alles. Wofür sollte sie den *Mann* suchen müssen?"

# *Geheimnis 43: Die psychologische Reaktion der Frauen auf männliche Schwäche*

Damit eine Beziehung funktionieren kann, muß es immer das Spiel der Gegensätze geben – Kräfte von männlich und weiblich, Yin und Yang, positiv und negativ, bejahend und verleugnend. Wenn zwei Menschen sich so ähnlich sind, daß dieses universelle Schöpfungsmuster von Ebbe und Flut nicht existiert, dann muß eine Kraft außerhalb des Paares selbst, wie eine soziale oder politische Aufgabe, eine Religion oder ein Lebensumstand, diese Funktion übernehmen.

Männer gehen eine Beziehung fast ausschließlich als die schwächere der beiden Kräfte ein. (Wenn Sie genau hinschauen, meine Herren, dann werden Sie sehen, daß wahrscheinlich jede Frau, die Sie jemals getroffen haben, tatsächlich die dominierende Kraft war. Und wenn Sie, meine Damen, genau hinschauen, dann werden Sie sehen, daß Sie in der Beziehung zu Männern schon immer so waren – die dominierende Kraft zu ihrer unterwürfigen oder schwachen Kraft.)

Ohne Bewußtsein und Selbstreflexion wird eine Frau auf diese Schwäche „ursächlich" reagieren – aus der psychologischen Beziehung der unerweckten Frau/Mann-Disposition heraus; aus neurotischen und nicht reinen Motiven heraus; aus einer unterbewußten Stimmung heraus, daß die Beziehung bereits gescheitert ist, statt zu sehen, daß sie ein offenes Feld ist, das unendlich viele Möglichkeiten bietet.

Was in einer Beziehung auf instinktueller Ebene benötigt wird, ist das natürliche Wechselspiel zwischen der essentiellen männlichen und der essentiellen weiblichen Energie. Wenn aber ein Mann seine wahre Männlichkeit nicht zum Ausdruck bringt, was eine Frau jedoch möchte, dann wird sie typischerweise auch nicht mit wahrer Weiblichkeit reagieren. Sie wird vielmehr mit einer neurotisch oder mechanisch psychologischen Reaktion auf die neurotische oder mechanische Psychologie des Mannes antworten. Ihre Reaktion wird „ursächlich" und unbewußt sein und immer als die zugrundeliegende Stimmung funktionieren, auch wenn diese nicht durch äußere Signale zu erkennen ist. Sie wird nur dann nicht so reagieren, wenn ein Mann wahre männliche Energie zum Ausdruck bringt. Diese andere Reaktion wird jedoch nur von einer Frau kommen, die ein wahres Gespür dafür hat, wer sie als *Frau* ist, als wahrhaftige weibliche Gegenwart.

Eines der hauptsächlichen Probleme in einer Beziehung besteht darin, daß die Frau, sobald sie einmal die Gewohnheit angenommen hat, auf neurotische Weise zu reagieren, auch dann noch versuchen wird, die gleichen psychologischen Spiele zu spielen, wenn sie einen Mann findet, der wahre männliche Energie zum Ausdruck bringt. Es entwickelt sich eine Eigendynamik, die sich fast aus eigener Kraft am Leben erhält. Die Frau wird in eine tiefe Krise gestürzt, denn die organische Unschuld ihrer Weiblichkeit erkennt die organische Unschuld der Männlichkeit, und trotzdem gibt es einen Konflikt zwischen ihrem Versuch, mit dieser Unschuld verbunden zu sein, und ihrer mechanischen Konditionierung, die ihr ursprüngliches psychologisches Muster „abspulen" will. Eine Frau lernt das nicht erst im Alter von zehn Jahren, sondern bereits in der Kindheit, von dem Augenblick an, in dem sie beginnt, ihre Mutter und ihren Vater zu beobachten.

Diese psychologische Reaktion auf Männer ist im allgemeinen so überwältigend, daß sie praktisch keinen Raum für die Hingabe an das läßt, was den natürlichen Ausdruck der wahren Weiblichkeit erlaubt.

Wie arbeitet ein Mann mit diesem Mechanismus? Es ist unmöglich, ihn auf andere Weise zu stoppen als durch die Transzendierung des Verhaltens, das diese Reaktion hervorruft – und selbst das ist nur der erste Schritt. Dies bedeutet, daß die Männer zuerst ihr *Sadhana* tun müssen, ehe sie sich jemals in einer Beziehung wiederfinden können, die letzten Endes auch auf spiritueller Ebene funktioniert. Die Männer müssen aufhören, die Schwächen mit Leben zu erfüllen, die die psychologische Reaktion der Frau auf diese Schwächen hervorrufen. Ein Machoheld zu sein setzt dieser Schwäche nicht unbedingt ein Ende. Wie Sie alle ziemlich gut wissen, sind einige der größten Machos gleichzeitig auch einige der schwächsten und unsichersten Männer. Oft ist dieses dramatische Bravado nur ein Deckmantel für den wahren Zustand der Dinge. Wahrhafte männliche Stärke ist nicht schneidend, harsch, eiskalt, grausam oder brutal. Es ist nur die männliche Neurose, die das so sieht.

Wenn ein Mann damit aufhört, die Schwächen seines Versagens, *Mann* zu sein, zu manifestieren, dann wird die Frau irgendwann damit aufhören, auf überwältigende Weise mit dem psychologischen Mechanismus des „spöttischen Grinsens" darauf zu reagieren. Wenn dieses Problem aus dem Weg geräumt ist, kommt die organische Unschuld der weiblichen Energie, die Essenz der Weiblichkeit, zum Ausdruck. Wenn dies geschieht, dann kann die Leuchtkraft der Frau einem neurotischen Mann jedoch so die Sprache verschlagen, daß er noch schwächer wird, und dann beginnt die ganze Sache noch einmal ganz von vorne. Dieses Risiko ist sehr groß, deshalb sollten Sie stets und ständig auf der Hut sein. Ein Mann muß wahre *Männlichkeit* anerkennen und dazu stehen können, er muß sie zumindest eingestehen, wenn sie da ist! Es ist ein wenig schwierig. Wir können jetzt darüber sprechen, aber in der Praxis geschieht das alles erst dann, wenn man beginnt, aus einer Disposition des „Verstandes, der keine Schlüsse zieht"[3], und einem erwachten KONTEXT heraus zu funktionieren. Wenn Männer und Frauen einmal fähig sein werden, ihre Männlichkeit und Weiblichkeit durch organische Unschuld zum Ausdruck zu bringen, dann brauchen wir uns über Sexualität keine Gedanken mehr zu machen. Das bedeutet nicht, daß es jede Nacht eine große, wilde Orgie geben wird, in der die Männer und Frauen mit allen anderen im Raum verschmelzen, obwohl das vielleicht Ihre philosophische Vorstellung ist, wenn Sie dieses Bild betrachten. Die Probleme von Sexualität, Verlangen, Begierde, Chemie, Phantasie und so weiter werden einfach ersetzt durch die instinktuelle Natur eines Lebens, das dem Willen Gottes hingegeben ist.

Wenn ein Mann in die Disposition des *essentiell Männlichen* eintritt, dann hat er die Chance, die Aktivierung und Manifestierung der gewöhnlichen Schwächen zu beenden, die er auf neurotischer Basis in eine Beziehung einbringt und die er ohnehin nur von seiner Mutter gelernt hat. Er hat sie von seiner Mutter gelernt und die Bestätigung dafür erhalten, indem er seinen Vater beobachtet hat.

Welche Art von Arbeit kann also die Frau tun, um diese unnatürliche Situation zu ändern? Nun, um es einfach zu formulieren – die Frauen sollten ihre Aufmerksamkeit auf die Hingabe konzentrieren, und die Männer sollten ihre Aufmerksamkeit auf ihr *Sadhana* konzentrieren. Später sind die Rollen umgekehrt. Die Männer konzentrieren ihre Aufmerksamkeit auf die Hingabe, und die Frauen konzentrieren ihre Aufmerksamkeit auf ihr *Sadhana*. In einem Sinne jedoch haben die Frauen es leichter, denn ihr *Sadhana* wird für sie getan, solange die Männer ihren Teil erfüllen. Solange die Männer nicht damit beginnen, ihre Schwächen zu manifestieren, solange beginnen die Frauen nicht damit, diese ursprüngliche psychologische Reaktion darauf zu manifestieren, zumindest nachdem ein gewisser Grad der Reife in Unterscheidung, Disziplin und Anstrengung erreicht ist.

---

3 Verstand, der keine Schlüsse zieht – ein Zustand der Klarheit, in dem mentale Annahmen zugunsten der *Unschuld* aufgegeben werden; das heißt, die einfache Realität des Augenblicks.

# *Geheimnis 44: Die nicht dominante Annäherung an das Weibliche*

Wenn man sich dem *Weiblichen* von einem männlichen Standpunkt oder einem Kontext der männlichen Geisteseinstellung heraus nähert, dann hat man bereits versagt, denn das *Weibliche* kann nicht zum Narren gehalten und nur in seinem eigenen „Raum“ verstanden werden. Manchmal wird sich das *Weibliche* aus unterschiedlichen Gründen mit einem Mißverständnis oder einer Fehlinterpretation desjenigen einverstanden erklären, der versucht, es zu verstehen, aber es wird sich niemals betrügen lassen. Wenn wir verstehen wollen, was das *Weibliche* ist, dann müssen wir uns ihm aus der Perspektive dessen nähern, was es von innen darstellt, nicht von außen oder aus der Beobachtung und Perspektive eines Mannes heraus – denn diese ist immer eine zwingende Perspektive... die Perspektive von Macht und Dominanz.

Aus der Tradition heraus verehrten die patriarchalischen Kulturen die Götter, wenn es um gesunde und reiche Ernten ging, um gutes Wetter und um die Macht, Kriege zu gewinnen und die Nachbarn zu beherrschen. Die Göttin wurde für all das verehrt, was mit dem Leben auf einer praktischen und essentiellen Ebene zu tun hatte. Patriarchalische Kulturen haben die Verehrung der Göttin zu einem gewissen Zeitpunkt der Geschichte als kraftvolle Annäherung an das *Weibliche* entwickelt. „Wenn sie schon nicht weggeht, dann können wir sie auch zu unserem Vorteil nutzen.“

Welches ist die kraftvollste Annäherung an das *Weibliche*? Sexualität. In früheren Zeiten gab es viele Priesterinnenkulte. Diese Priesterinnen dienten als Tempelhuren, normalerweise einmal im Jahr, manchmal jedoch auch ständig. Sie entsprachen genau der östlichen Definition des Guru – sie symbolisierten die Inkarnation der Göttin und wurden als solche behandelt. Die Priesterin fruchtbar zu machen diente also dazu, die Göttin zu besänftigen und zu erfreuen. Wenn die Göttin besänftigt war, dann lächelte sie auf die Kultur herab, die sie besänftigt hatte – es würde gute Ernten geben, Kriege würden gewonnen, und alle würden gesund sein.

Es ist interessant, daß die Göttinnenkulte des heutigen „neuen Zeitalters“ fordern, daß man sich ihnen mit genau dieser Art der Kraft nähert.

Trotz ihrer Rhetorik fordern sie, daß man sich ihnen aus einer männlichen Perspektive heraus nähert. Die Rhetorik ist uneingeschränkt weiblich, weiblich, weiblich – aber ihr Verhalten fordert eine männliche Annäherung. Die Frauen, die sich in solchen Prozessen befinden, sind von ihrer eigenen wahrhaften Weiblichkeit so weit entfernt, daß sie noch nicht einmal wissen, was sie heute tun. Sie sind durch die männliche Perspektive konditioniert und übertragen dies auf ihre instinktive Suche nach der wahren *Weiblichkeit.* Aber eine solche Annäherung kann lediglich Verwirrung schaffen, und sie hat es auch bereits getan.

Diese Annäherung vom männlichen Standpunkt her wird definiert durch voreingenommene Unterscheidungen zwischen dem Männlichen und dem Weiblichen, die eine bestimmte Art des Erkennens als „das Weibliche" fordern, und durch eine Rhetorik, die exklusiv und selbstgerecht oder grundlegend spezifisch ist.

Die Frauen wurden so lange von den Männern mißbraucht, daß sie das Gefühl dafür verloren haben, wer sie aus menschlicher Sicht sind und wer sie als Göttin sind. Sie müssen dieses Gefühl dafür, wer sie in ihrem essentiellen Wesen sind, für sich selbst wiedergewinnen – für ihr eigenes Selbstvertrauen und ihren Stolz. Dieses Bedürfnis war der Antrieb für den gesamten bekannten Kulturfeminismus. Ehrerbietung gegenüber dem wahrhaft *Weiblichen* entsteht jedoch durch Dankbarkeit und Erkenntnis von seiten des Männlichen (sowohl in Männern als auch in Frauen) und nicht durch harsche Forderungen.

Wenn ein Mann eine Frau trifft, dann besteht seine Beziehung zu ihr im wesentlichen aus Dringlichkeit und Spannung. Warum? Sex! Egal, wie feinfühlig oder niveauvoll der Mann ist, unter dem Strich zählt nur der Sex. Auch er ist absolut gefangen in einem überwältigenden sozialen Paradigma des Frauenhasses. Warum will ein Mann Sex von einer Frau? Was daran schafft Dringlichkeit und Spannung? Die Antwort ist: Der Mann fühlt das neurotische und schrecklich beängstigende Bedürfnis, das zu beherrschen, was in der Tat das Leben selbst – oder Shakti – ist.

Alle sexuellen Spiele, die den Orgasmus zum Ziel haben, können durch nichts anderes als durch Dringlichkeit und Spannung motiviert sein. Wenn der Orgasmus der Grund dafür ist, warum zwei (oder mehr) Menschen zusammenkommen – warum sie sich lieben – und wenn dies die einzige ultimative Erfüllung ist, die sie sich in dieser besonderen Vereinigung vorstellen können, dann werden die höheren Möglichkeiten von Liebe und Gemeinschaft verleugnet. Wenn ein Mann sich dem Sex mit der unbewußten Dynamik von Dringlichkeit und Spannung nähert, dann ist der motivierende Faktor dafür die Beherrschung des *Weiblichen* aufgrund von Angst – schrecklicher Angst davor, von dieser *Weiblichkeit* nicht beherrscht, sondern ihr so hingegeben zu sein, daß er in ihrem Glanz zu einem Nichts verblaßt.

Das gleiche gilt für Frauen. Die heutige Frau der Mittelklasse ist nicht an wahrem Vergnügen – an essentiellem Entzücken – interessiert. Es mag nicht so scheinen, denn die Beschützer sprechen nur darüber, wie viele Orgasmen eine Frau haben kann, wie sie sich selbst Freude bereiten und eine vollständige sinnliche Befriedigung erreichen kann. Das alles ist jedoch nur eine Maske für Verleugnung und Ablehnung.

Diese sinnliche Befriedigung ist in beliebten psychologischen Zeitschriften und in all den Frauenzeitschriften ein heißes Thema. „Wenn dein Mann Dich nicht befriedigen kann, dann suche nach anderen Möglichkeiten. Das ist sowieso besser, und du kannst es so machen, wie du willst… kein gefühlsmäßiger Wirbel… und keine gefühlsmäßige Bindung.“ Dabei geht es nicht um Vergnügen, sondern um Dominanz. Wenn Frauen sich dem Sex mit einer Dynamik von Spannung und Dringlichkeit nähern, dann ist Dominanz auch hier das zugrunde liegende Motiv – obwohl es sich in diesem Fall um die Beherrschung ihrer eigenen Angst vor ihrer wahren Macht und Realität handelt. Eine Frau kann genauso schreckliche Angst davor haben, das zu sein, was sie ist, wie ein Mann davor, dieses *(das Weibliche)* zu werden oder sich ihm hinzugeben.

# *Geheimnis 45: Das eine und einzig wahre Geheimnis tantrischer Sexualität – und Gott verzeihe mir, daß ich es so einfach preisgebe*

Für die sexuelle Vereinigung von Mann und Frau sollte es essentiell nur einen Grund geben. Der Mann sollte die Frau bitten, sich selbst als *Frau* zu zeigen, und die Frau sollte den Mann bitten, sich selbst als *Mann* zu zeigen.

Ich meine damit nicht, daß Sie diese Bitte verbal äußern sollten, denn dann verzetteln Sie sich nur in philosophischen Diskussionen und verlieren das Interesse am Körperlichen. Abgesehen von einem gelegentlichen Akt der Zeugung ist diese Betrachtungsweise alles, worum es beim Sex wirklich geht. Sex als Vergnügen oder sogar als Alchimie zu betrachten ist nur der geistreiche Versuch von Tieren, sich selbst in menschlicher Form zu rechtfertigen. Die umfassende tantrische Betrachtungsweise von Sex als Alchimie ist der Denkstoff, der erforderlich ist, um alle die, die ihn praktizieren, lange genug dafür zu interessieren, um den richtigen „Treffer" zu landen. Für einen Mann, der mit einer Frau zusammen ist, besteht die Frage… die Pforte… der Schlüssel zum Universum in: „Zeige mir *Frau*."

Der gesamte Prozeß tantrischer Sexualarbeit besteht darin, eine Frau von all den Dingen freizumachen, die sie als Frau zu sein glaubt – all den künstlichen Kniffen, mit denen sie ihr ursprüngliches, primatenhaftes weibliches Sein überdeckt hat. Das gleiche gilt für den Mann. Eine Frau sollte nur dann Sex mit einem Mann haben, wenn sie in der verletzlichen Stimmung ist, ursprüngliche, primatenhafte Männlichkeit gezeigt bekommen zu wollen.

Die Tantralehrerinnen der alten Tage wußten, wie sie einen Mann zu dieser Pforte bringen. Diese Tantrameisterinnen wußten, wie sie all diese Künstlichkeit bloßlegen konnten, so daß ein Mann nicht nur sah, was das wahrhaft *Weibliche* war, sondern auch, was in ihm selbst das wahrhaft *Männliche* war. Diese Einweihung erhielt man erst nach Jahren der Lehrzeit, denn wenn man einen Mann zu dieser Pforte bringt, ohne daß er dafür bereit ist, dann wird er mit großer Wahrscheinlichkeit zusammenbrechen. Er könnte sogar tatsächlich verrückt werden oder so schrecklich verängstigt sein, daß er sich für den Rest seines Lebens nie wieder an etwas ähnliches heranwagen würde. Er würde niemals nach dem *wahren* Leben suchen.

Eine solche Einweihung hatte nichts mit dem zu tun, was wir durch oberflächlichen Einblick oder intellektuelle Studien kennen. Tantrische Arbeit bestand darin, Männer und Frauen von all den gewohnheitsmäßigen psychologischen Zwängen im Hinblick auf essentielle Weiblichkeit und essentielle Männlichkeit zu befreien. Das ist alles, was Sex sein sollte. Wenn er etwas anderes ist, wenn Sex eine Angelegenheit gewöhnlicher Liebe ist, dann kann er nur zu Enttäuschung und Frustration oder zur Aufrechterhaltung des unbewußten Zustandes führen. Er muß mehr sein als das.

Wenn Menschen sich lieben, dann kann Sex die besondere Form von Liebe sein, die sie dahin führt, die wahre *Frau* und den wahren *Mann* in jedem von ihnen zu enthüllen. Wenn er nur den Zweck hat: „... beweise mir, daß du mich liebst ...", dann kann er nur in Frustration enden. Es gibt einfach keine andere Möglichkeit. (Das sollte ich eigentlich gar nicht laut sagen. Ich habe es nur deshalb getan, weil es sowieso niemand versteht... mit ein oder zwei seltenen Ausnahmen.)

Das Entscheidende bei allen sexuellen Beziehungen ist: „Zeige mir..." (Das ist etwas anderes als irgendein persönlichkeitsbezogener Unsinn von Anima und Animus.) Wenn ein Mann mit einer Frau zusammen ist, dann sollte es beim Sex niemals darum gehen, wie viele Orgasmen sie hat, um den Ausdruck auf ihrem Gesicht oder ob sie stöhnt oder schreit

Eine halbe Stunde, eine dreiviertel Stunde, eine Stunde – und für viele Männer reicht es dann schon. Sie haben die Beute gejagt, das Wild ist „zur Strecke gebracht"..., und dann wird es ihnen langweilig. Wenn Sie nicht bei der Absicht bleiben können: „Zeige mir *Frau*", dann kann Sex im Grunde genommen zwar für lange Zeit außerordentlich vergnüglich und sehr erfüllend sein, aber letztlich muß er aus dieser Perspektive heraus sterben.

Für einen Mann besteht das Ziel in: „Zeige mir *Frau*." Das heißt nicht: „Wer bist DU als eine Frau?" Jede Frau, jedes Lebewesen weiblichen Geschlechts kann das zeigen. Es gibt vielleicht einige seltene Ausnahmen, aber im wesentlichen spielt es keine Rolle, wer sie ist, was sie für eine Figur hat, welche Persönlichkeit sie hat – alle Frauen sind Frauen. Das ist der Punkt.

Eine wahrhafte *Frau* will wissen, wer der *Mann* ist, andere Frauen wollen dies nicht. Den *Mann* zu kennen würde die psychischen Absichten der durchschnittlichen Frau zunichte machen – jede einzelne von ihnen, einschließlich der Tendenz zu Familie, Liebe und so weiter.

Die *Frau* ist ein tiefgreifendes Mysterium. Die meisten Männer haben daran kein Interesse. Sie wollen Sex und wollen, daß es vorbei ist. Und jede Frau glaubt, daß sie dem Kerl zeigt, wer sie ist, wenn sie nur ein bißchen stöhnt. Nein. Die Überlegung einer Frau sollte sein: „Zeige mir *Mann*" und nicht: „Ich zeige dir *Frau*."

„Zeige mir *Frau*." Es kann Jahre dauern, um zu dieser Einstellung zu gelangen – Sie können sie aber auch bereits beim erstenmal erreichen oder zumindest berühren. Es kommt darauf an, wer Sie sind und was Sie tun.

Ein Mann, der weiß, worum es bei dieser *Arbeit* geht, wird niemals zufrieden sein, solange er nicht irgendwie herausfindet, was *Frau* ist. Sex ist, Gott sei Dank, nicht der einzige Weg. Es gibt andere Wege. Aber Sex ist der am wenigsten geheimnisvolle, offensichtlichste Weg. Dieser Weg ist ausgeschildert – zwei Meter hoch in roten Neonlettern. Die anderen Wege sind unendlich viel subtiler.

Im wesentlichen sollte der Mann stillschweigend den Kontext „Zeige mir *Frau*" entwickeln und dann wieder vergessen. Darüber zu sprechen, statt es aus einer Stimmung des „Zeige mir ..." heraus zu erforschen, würde die ganze Angelegenheit null und nichtig machen.

Lassen Sie es sich von mir gesagt sein. Machen Sie dies zu Ihrem *Koan* und zu Ihrem Ziel. Versuchen Sie, eine gewisse Intensität in den Wunsch zu legen, *Frau* kennen zu wollen, *Mann* kennen zu wollen.

# *Geheimnis 46: Die essentiellen männlichen und weiblichen Energien ins Gleichgewicht bringen*

In jedem menschlichen Wesen existieren die Polaritäten von männlich und weiblich, und dazwischen gibt es das gesamte Spektrum des Wechselspiels dieser Energien – von fast ausschließlich männlich bis zu fast ausschließlich weiblich, und alle Punkte dazwischen. Menschen werden mit organischen Dispositionen geboren, die irgendwo innerhalb dieses Spektrums liegen. Männer und Frauen haben klare Tendenzen zu stark ausgeprägter Männlichkeit oder stark ausgeprägter Weiblichkeit, unabhängig von ihrem tatsächlichen Geschlecht. Jemand mit einer sehr starken weiblichen Disposition, Mann oder Frau, kann zum Beispiel männliche Energie sehr effektiv nutzen, erfahren und zum Ausdruck bringen, aber seine oder ihre ursprüngliche Disposition wird dadurch nicht geändert.

Bei der Erkenntnis der Natur von und der Beziehung zwischen männlicher und weiblicher Energie gilt, daß diese Energien in jedem Aspekt der Schöpfung, ob belebt oder unbelebt, vorhanden sind. So sind beispielsweise einige der dramatischsten klassischen Musikstücke wegen ihres Spiels zwischen männlichen und weiblichen Kräften in der Musik selbst so effektiv in ihrer Kommunikation. Manche Musik ist klar männlich, und manche Musik ist klar weiblich. Innerhalb dieses Kontextes wird also die sexuelle Aktivität zu einem Weg von vielen, um die Dynamik zwischen den männlichen und weiblichen Polen zu nutzen, ob in Homosexualität oder in Heterosexualität (natürlich gibt es hier Unterschiede, aber in bezug auf die Energie gilt das gleiche). Das sexuelle Spiel wird zu einer Form von vielen zur Integration und zum Ausgleich des Wechselspiels zwischen den männlichen und den weiblichen Kräften, und nicht notwendigerweise zur bedeutsamsten oder zur primären Form.

Homosexualität ist in Wahrheit eine Beziehung zwischen einem Mann und einer Frau – unabhängig vom biologischen Geschlecht der Menschen innerhalb der homosexuellen Beziehung. Die meisten männlichen Homosexuellen wären, so denke ich, ernstlich gekränkt durch die Annahme, daß ihre Homosexualität in Wahrheit weniger eine Beziehung zwischen ihnen und dem Mann ist, den sie sich als Beziehungspartner ausgesucht haben, als vielmehr eine Beziehung zwischen ihnen selbst und ihrer biologischen Mutter. Ohne daß ich jemanden kränken möchte, so ist es einfach.

Dies gilt nicht für alle homosexuellen Menschen, und Homosexualität ist nicht immer neurotisch, aber in der überwältigenden Mehrheit aller Fälle ist die Wahl, homosexuell zu sein, eine Reaktion auf Traumata, Mißbrauch oder Scham, die aus der Kindheit herrühren, und nicht bewußt eine Wahl für das gleiche Geschlecht. Wenn Sie darüber nachdenken, wie viele elementare Gewohnheiten des Ekels und der Ablehnung Sie bereits in Ihrer frühen Entwicklung angenommen haben, dann sollte es psychologisch klar sein, daß dies tatsächlich der Wahrheit entspricht.

In einer homosexuellen Beziehung, die „funktioniert" (wobei der Ausdruck „funktioniert" für eine Beziehung gilt, die auf Liebe und natürlicher Anziehungskraft basiert, und nicht auf einer neurotischen und psychologischen Dynamik oder Vermeidung), ist es offensichtlich, daß es in der Beziehung ein Wechselspiel von sowohl männlichen als auch weiblichen Energien gibt. In einer männlichen homosexuellen Beziehung findet sich nicht ausschließlich männliche Energie, genau so wenig, wie sich in einer weiblichen homosexuellen Beziehung nur weibliche Energie findet.

Wenn man nicht intuitiv weiß oder erkennt, daß sowohl männliche als auch weibliche Energien für die Natur des Wechselspiels zwischen allen Kräften des Universums von wesentlicher Bedeutung sind (nicht nur zwischen Männern und Frauen), dann wird die Sexualität zu der Beziehung, die dieses Wechselspiel der Energien am stärksten dramatisiert. Dabei spielt es keine Rolle, ob es sich um eine homosexuelle oder eine heterosexuelle Beziehung handelt. Dies wird in einem großen Teil aller homosexuellen Gemeinschaften deutlich, in denen einige Männer sehr stark ausgeprägte weibliche Manifestationen haben und einige Frauen sehr stark ausgeprägte männliche Manifestationen. Dies ist kein Versuch von Männern, Frau zu sein, oder von Frauen, Mann zu sein, sondern eine Dramatisierung des Wechselspiels zwischen den männlichen und den weiblichen Kräften.

Einer meiner Freunde, ein *Meister*, machte einmal ein Experiment. Er lud eine Personenimitatorin ein, die alle Männer in seiner Gemeinschaft so herrichten sollte, daß sie wie Frauen aussahen. Dann bat er die Männer, sich einen ganzen Nachmittag lang wie Frauen zu benehmen. Die Frauen in der Gemeinschaft sollten die Männer beobachten, sich ihnen aber nicht aufdrängen und sich auch nicht darum bemühen, mit ihnen zu kommunizieren.

Zunächst fühlten die Männer sich sehr unbehaglich. Ihre Art, mit diesem Unbehagen umzugehen, bestand darin, die ihrer Meinung nach typischen Verhaltensweisen von Frauen übertrieben darzustellen. Sie redeten mit lauter Stimme und bewegten sich, wie Frauen sich ihrer Meinung nach bewegten – wie Frauen auf sie wirkten. Nach einer Weile fühlte sich das jedoch dissonant an, und irgendwann hörten sie mit der Mimikry auf und begannen, sich „normal" zu verhalten – so, wie sie es immer taten, außer daß sie wie Frauen zurechtgemacht und angezogen waren. Nachdem sie sich einmal entspannt hatten und der Übung ihren Lauf ließen, begannen sie tatsächlich, sich sehr bald wie eine Gruppe von Frauen zu fühlen.

An diesem Punkt bat der *Meister* sie, sich abzuschminken, ihre normalen Kleider wieder anzuziehen und die Übung zu beenden. (Zu diesem Zeitpunkt wollten sie das jedoch gar nicht mehr!)

Die Frauen sagten später, daß die Männer ihnen zuerst wie bizarre Karikaturen vorgekommen seien. Sobald die Männer aber aufgehört hatten, zu schauspielern, hatten die Frauen das Gefühl, als ob diese „Männer" einfach nur eine andere Gruppe von Frauen seien, und daß sie (die Frauen) sich unter ihnen (den Männern) so bewegen konnten, als ob sie einfach „alle wir Frauen" seien. Einige der Männer hatten sogar Bärte und Schnurrbärte, aber es war, als seien sie unsichtbar. Es machte keinen Unterschied.

Als die Männer ihre Erfahrung beschrieben, geschah dies mit einer Art von Verwunderung, weil sie etwas sehr Ursprüngliches und Wesentliches herausgefunden hatten – sogar etwas Transformatives.

Einer der Aspekte der Spiritualität ist das Wissen um Ihre angeborene, natürliche Disposition und die Erkenntnis, daß diese nicht dramatisiert, übertrieben, verhätschelt oder unterdrückt werden muß.

• • •

Wenn jemand einen schwächer ausgeprägten weiblichen Teil und einen stärker ausgeprägten essentiellen männlichen Teil hat – oder umgekehrt –, wird er oder sie typischerweise versuchen, diese Anteile ins Gleichgewicht zu bringen, indem er nicht den schwächeren Teil stärkt, sondern den stärkeren Teil zurücknimmt, und zwar indem er Gewohnheiten entwickelt, die den Anschein von Stärke in dem schwachen Bereich vermitteln. Dies mag eine Illusion des Gleichgewichts schaffen – das Gehirn sagt: „Okay, jetzt bin ich im Gleichgewicht, ich habe diese schwierige Arbeit geschafft." Aber in Wahrheit sind die Dinge immer noch so, wie sie immer waren.

Die Antwort auf dieses Dilemma ist ganz einfach. Eine schwache Männlichkeit wird ausgeglichen, indem diese Männlichkeit gestärkt wird. Manchmal jedoch hat die Persönlichkeit sich auf eine übermäßig männliche Weise entwickelt – als Ausgleich des Körpers für eine schwache essentielle Männlichkeit. Dann muß man sehr hart arbeiten, um mit der Hartnäckigkeit dieser Gewohnheiten umgehen zu können. Der „Akt" der männlichen Manifestation hindert eine Person an der Erkenntnis, daß eine solche Männlichkeit hohl und inhaltslos ist. Wenn man jedoch die essentielle Männlichkeit stärkt, dann wird sich die Persönlichkeit in dem Maße anpassen, in dem der Körper den Ausgleich erreicht. Und da der Körper instinktiv weiß, was ein gesundes Gleichgewicht ist, muß der einzelne sich darum überhaupt nicht kümmern.

(Wenn Sie jemals versucht haben, Ihre Persönlichkeit auch nur ein ganz klein wenig zu ändern, dann wissen Sie, wie extrem schwierig dies ist. Sie brauchen enorme Willenskraft, um auch nur so auszusehen, als seien Sie anders, vom Erreichen einer bleibenden und anhaltenden Veränderung gar nicht zu sprechen. Aber Sie sind nicht wirklich anders, wenn Sie nur so tun, als ob.)

Gleichermaßen sollten Sie, wenn Sie eine überentwickelte essentielle Männlichkeit und eine schwache Weiblichkeit haben, nicht versuchen, einen Teil der Männlichkeit abzuhobeln. Sie sollten vielmehr die essentielle Weiblichkeit stärken.

Manche Menschen verstehen die Weiblichkeit als „empfänglich" und die Männlichkeit als „aktiv". Diese Sichtweise ist sowohl zu einfach als auch nicht ganz zutreffend. Sie deckt eine Facette des gesamten Bildes ab, aber nicht die essentielle Männlichkeit und die essentielle Weiblichkeit. Wenn man ein Gleichgewicht zwischen männlicher und weiblicher Energie im Körper erzielen möchte, muß man die essentielle Männlichkeit oder Weiblichkeit, die völlig anders sind als ihre oberflächlichen Ausdrucksweisen, direkt ansteuern.

In der essentiellen männlich/weiblichen Zweiteilung ist Shiva reines Wissen, das heißt KONTEXT. Shakti ist Inhalt – Manifestation, Form und Energie. Shiva ist unmanifestiertes Allsein, und Shakti ist alles andere – alles Sinnliche, Lebendige, Bewegende, Geschaffene. Eine schwache Weiblichkeit kann daher also in Verbindung gebracht werden mit einem Element (im gesamten Körper mit seinen psychologischen, emotionalen und physischen Inhaltsstoffen), das Probleme damit hat, zu handeln, zu tun oder zu manifestieren. Shiva ist der starke stille Typ, nicht der Krieger. Diana, Athene oder Shakti sind die Kriegerin. Sie stärken also die Weiblichkeit, indem Sie handeln... natürlich auf angemessene Weise und nicht, indem Sie große Wellen schlagen oder sich aufführen wie der Elefant im Porzellanladen.

Männliche Energie spricht nicht. Sie *ist*. Weibliche Energie handelt: Sie spricht, sie ist lebendig, aggressiv und kraftvoll. Männliche Energie strahlt aufgrund von Weisheit, nicht aufgrund von Leistung oder Schönheit. Eine schwache Männlichkeit stärken Sie, indem Sie sie in reinem Wissen ruhen lassen – indem Sie Weisheit entdecken und kennenlernen. Wenn Sie unsicher sind, wenn Sie glauben, gar nichts zu wissen, dann besteht Ihr Weg, Ihre schwache Männlichkeit zu stärken, darin, den Ort in Ihnen selbst zu finden, der weiß, und ihn anzuerkennen und zu umarmen. Jedesmal, wenn Sie das Gefühl haben, nicht zu verstehen, hinterfragen Sie sofort, insbesondere in Beziehung zu dieser Unsicherheit.

Ihre Weiblichkeit stärken Sie, indem Sie Ihre Energie auf optimale, produktive Weise nutzen, statt sie zu verschwenden und damit die Schwächen zu verstärken. Das bedeutet nicht, daß Sie nicht spazierengehen oder im Park sitzen und Leute beobachten sollen, aber dies sollte immer dazu dienen, Ihre spirituelle Arbeit, Ihren essentiellen Hunger zu nähren, und nicht dazu, Ihr tiefes Sein zu verleugnen. Ein ganz praktischer Weg zur Stärkung der Weiblichkeit durch optimale Aktivität besteht darin, ein begonnenes Projekt niemals unvollendet zu lassen. Ein anderer Weg besteht in der Bewahrung von Energie durch die Verwendung der Sprache.

Um es zusammenzufassen: Wenn das Männliche zu schwach ist, dann kümmern Sie sich nicht darum, ob das Weibliche zu stark ist oder nicht. Stärken Sie das Männliche. Wenn das Männliche zu stark ist, schenken Sie ihm keine Aufmerksamkeit. Stärken Sie das Weibliche.

# *Geheimnis 47: Über männlich und weiblich hinaus*

Wir müssen die Fähigkeit haben, ein wenig flexibel zu sein. Im Idealfall können wir männlich oder weiblich sein, immer so, wie die jeweilige Situation es erfordert. Nur wenige Menschen sind aber flexibel genug, um abhängig von den Bedürfnissen der jeweiligen Umstände entweder männlich oder weiblich zu sein. Einige Menschen haben sogar schreckliche Angst davor. Die meisten Männer sind ziemlich festgefahren in dem Versuch, männlich zu sein, und sie können gar nicht weiblich sein, auch wenn die Situation es erfordert. Die meisten Frauen versuchen, weiblich zu sein, und sie können nicht männlich sein, wenn die Situation es erfordert.

Beim sexuellen Akt kann der Mann sowohl männlich als auch weiblich sein, und die Frau kann weiblich oder männlich sein. Wenn Sie sich dem Sex mit der Vorstellung nähern, daß Sie *Mann* oder *Frau* sein können, dann können Sie vergessen, was Sie in Wirklichkeit sind. Sie können einfach nur das Geschehnis sein, das stattfindet, das Wechselspiel instinktiver Energien. An diesem Punkt wird der Orgasmus zu einem verlorenen Geschäft, zu einem Energiefresser. Sie können den Orgasmus vergessen, denn das, was Sie tun, ist besser. Wenn Sie sich tief in diesem Wechselspiel von Energie befinden, dann vergessen Sie, ob Sie Mann oder Frau sind und was Sie mit wem tun. Sie befinden sich einfach darin. *Darin* zu sein übersteigt das momentane Vergnügen des Orgasmus bei weitem, und von dort aus gehen Sie weiter. Dann wird die Stimmung des „Das ist besser" durch Entzücken transzendiert. Die Dualität der Paarung ordnet sich der Ekstase unter.

# *5. Teil*

## *Tantra – Weitergehende Betrachtungen*

*Der Autor beginnt mit einer ausführlichen Behandlung der Zentren und des Chakrasystems als Grundlage für das Verständnis sexueller Energie im Prozeß menschlicher Entwicklung. Er fährt damit fort, den sorglosen Leser nicht jugendfreier Literatur vor den Gefahren des tantrischen Pfades zu warnen, und spricht schließlich über das Konzept des Frau-Werdens, indem er das erhabene Prinzip der Anbetung der Frau vorstellt.*

# *Geheimnis 48: Die Chakras und die Zentren*[1]

In der Yoga-Philosophie wird das erste Chakra dem Perineum zugeordnet, das zweite Chakra den Genitalien (Sexualzentrum), das dritte Chakra dem Solarplexus, das vierte Chakra dem Herzen, das fünfte Chakra dem Kehlkopf (Schilddrüse), das sechste Chakra ist das dritte Auge (Stirnzentrum), und das siebte Chakra ist die Krone des Scheitels.

In der Yoga-Philosophie besteht außerdem eine Verbindung zwischen Kehlkopf-Chakra und Intellekt, zwischen Herz-Chakra und Gefühlen sowie zwischen Solarplexus-Chakra und Kraft. Dies sind auch die drei Chakras, die lose mit den drei Zentren verbunden sind, von denen im Vierten Weg oder der Gurdjieff'schen Arbeit gesprochen wird – das Denkzentrum, das Gefühlszentrum und das Bewegungszentrum. In Gurdjieffs Arbeit werden tatsächlich sechs Zentren erwähnt, denn jedes der drei oben erwähnten Zentren hat sowohl einen niedrigeren als auch einen höheren Aspekt.

Orage, ein sehr guter Schüler von Gurdjieff, hat diese sechs Zentren in einem Diagramm dargestellt und sie wie folgt mit den Chakras assoziiert: 1. unteres Bewegungszentrum (erstes Chakra); 2. unteres Gefühlszentrum (drittes Chakra); 3. unteres Denkzentrum (fünftes Chakra); 4. höheres Denkzentrum (sechstes Chakra); 5. höheres Gefühlszentrum (viertes Chakra), und das sechste und letzte Zentrum, das höhere Bewegungszentrum (zweites Chakra).

Orage sagt, daß der Entwicklungsweg des Menschen direkt und linear von Zentrum zu Zentrum erfolgt (nicht von Chakra zu Chakra). Wenn jemand seine *Arbeit* mit Leben erfüllen möchte, aber das erste Zentrum nicht erwacht ist, dann spielt es keine Rolle, welche anderen Zentren erwacht sind – ihm fehlt die erforderliche Basis. Wenn Ihnen die erforderliche Grundlage fehlt, dann spielt es keine Rolle, welche Phänomene Sie willkürlich oder zufällig hervorrufen können, denn im wesentlichen haben sie für Ihre *Arbeit* keinen Wert.

---

1 Dieser Kommentar basiert auf *The Gospel According to Orage*, aus einem Kapitel mit dem Titel „Aktivierung der Zentren“ (nicht mehr lieferbar).

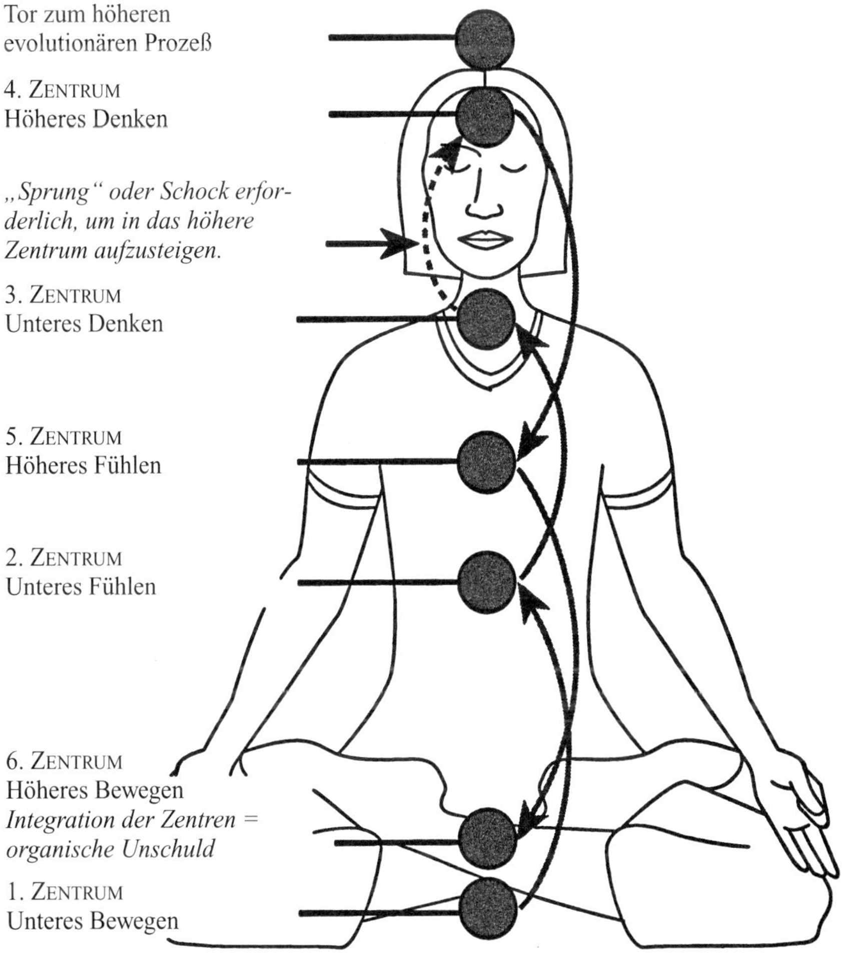


Der Prozeß der spirituellen Evolution

ZENTREN
IM GURDJIEFF'SCHEN SYSTEM

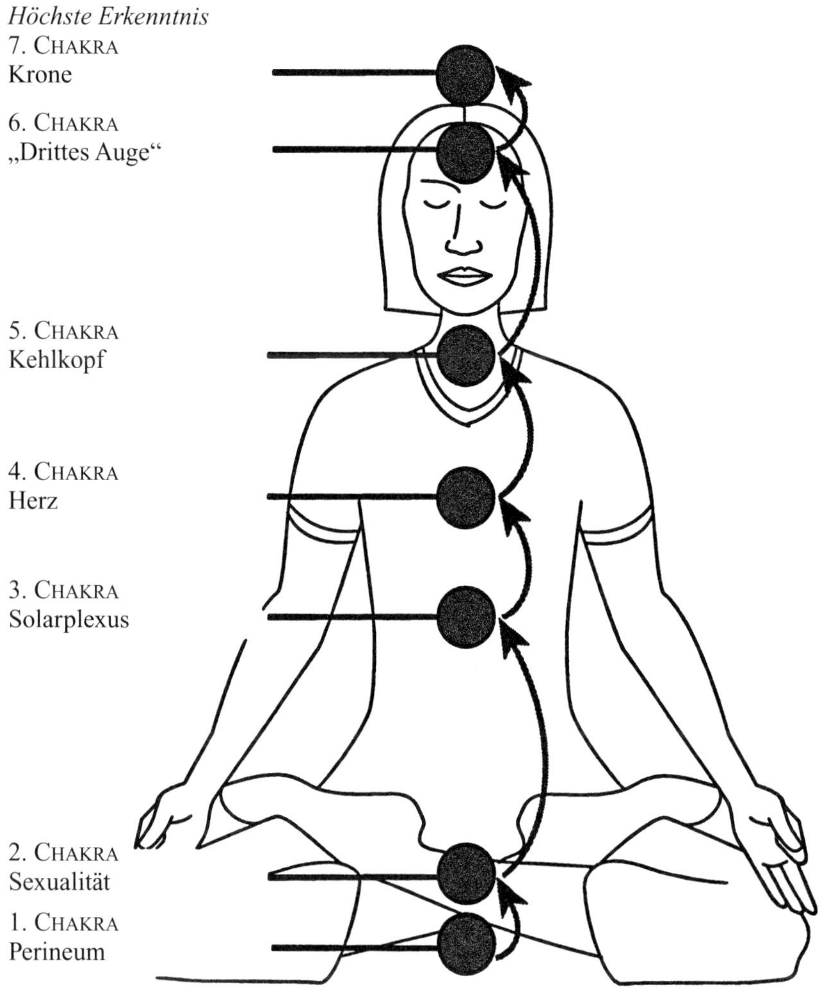


Der Prozeß der spirituellen Evolution

**Zentren im Yoga System**

Es sind einfach nur Phänomene. (In „New-Age"-Kreisen finden Sie eine ganze Reihe von Leuten, die extrem psychisch und klarsichtig sind – und völlig verdreht. Einige von ihnen sind noch nicht einmal in der Lage, eine zusammenhängende Unterhaltung zu führen. Viele Yogis in Indien haben ebenfalls wilde Phänomene, aber keinen zusammenhängenden Prozeß in ihrem Leben.)

Eine der Vorstellungen der Gurdjieff'schen Arbeit besteht darin, Ihr *Sein* vollständig zu integrieren – alle Zentren zu integrieren. Im Sinne der höheren *Arbeit* werden Sie dadurch befähigt, beständig zu sein und Integrität in die Versprechen zu bringen, die Sie machen (unter anderem). Es ist sprichwörtlich unmöglich, im Sinne der *Arbeit* verantwortungsvoll zu sein, solange Ihr *Sein* nicht integriert ist. Sie machen Versprechungen und gehen Verpflichtungen ein auf der Ebene eines „ICH", das es ehrlich meint, und dann taucht plötzlich ein anderes „ICH" auf, und Sie funktionieren nur noch mechanisch. Sie brechen Ihr Versprechen und haben noch nicht einmal die Möglichkeit einer Wahl. Sie werden gesteuert durch Ihren Mangel an Integration. Ohne Integration bleiben die Vorstellungen der *Arbeit* im Hinblick auf Verantwortlichkeit und Verpflichtung einfach nur akademische Prinzipien.

In der Yoga-Philosophie geht es darum, vom vierten Chakra aufwärts zu funktionieren und die drei unteren Chakras zu negieren, insbesondere das zweite Chakra oder Sexualzentrum – das bei den meisten Yogalehren als das Chakra angesehen wird, das Sie in Schwierigkeiten bringt. Es ist das Chakra, das mit Lust und all den „niedrigen" Aspekten in Verbindung gebracht wird. Aber in dem vorliegenden Schema, wie es von Orage präsentiert wird, ist es unmöglich, das volle Potential der *Arbeit* umzusetzen, solange nicht auch das zweite Chakra in reifer Weise integriert wurde. Das zweite Chakra ist hier tatsächlich letztlich der Schlüssel.

Lassen Sie mich, von diesem Punkt ausgehend, über die Zentren sprechen. Das erste Zentrum ist das grundlegende Bewegungszentrum. Es ist mit dem Perineum, dem Sitz der *Kundalini*[2], im Körper verbunden. Es ist verbunden mit der Darmentleerung, mit Angst und mit dem rein instinktiven Überlebenstrieb. So ist also jemand, der in der „bewegenden" Kunst

---

2 Kundalini – kraftvolle Energie, die ihren Sitz an der Basis der Wirbelsäule hat. Die Kundalini kann sich spontan oder, was wahrscheinlicher ist, beim Durchführen bestimmter Übungen (insbesondere bei der Verwendung von Atemtechniken) die Wirbelsäule entlang nach oben in die anderen Chakras oder Zentren bewegen.

tätig ist – wie Tanz oder Kriegskunst – besser in seinem Metier, wenn er Instinkt in seine Tätigkeit einbringt.

Das Gefühlszentrum ist nicht mit dem Herzen, sondern mit dem Solarplexus verbunden. Wir neigen dazu, Emotionen mit dem Herzen zu assoziieren. „Mein Herz ist gebrochen… Mein Herz tut weh… Mein Herz schwillt vor Freude…“ Aufgrund der Sprache unserer Kultur verbinden wir das Herz normalerweise mit Gefühl. Aber in Wahrheit sind es all die falschen oder niedrigen Emotionen, die mit dem Herzen in Verbindung gebracht werden, die das „Herz brechen“, weil sie es machtlos machen. Sie umgehen das Herz, isolieren es, vermeiden es. Das untere Fühlen findet im Solarplexus statt.

Das Denkzentrum wird typischerweise mit dem Kopf verbunden, denn dort sitzt unser Gehirn, und wir glauben im allgemeinen, daß das Denken im Gehirn stattfindet. Tatsächlich ist aber die Schilddrüse oder das fünfte Chakra der Sitz des unteren Denkzentrums. Dort residiert das Ego auf der ursprünglichen Ebene.

Um die höheren Zentren zu aktivieren, bedarf es eines Schocks. Sich vom ersten zum zweiten und zum dritten Zentrum zu bewegen, kann energetisch durch sehr einfache Übungen und durch den gewöhnlichen Reifungsprozeß geschehen, aber Sie können nicht durch normale Reife vom dritten zum vierten Zentrum gelangen. Die Aktivierung der Funktion der höheren Zentren ist nur durch einen Schock möglich.

Nun kann der Schock bewußt durch den *Meister* selbst herbeigeführt werden, wie Gurdjieff es getan hat, oder durch die *Segnung*[3] eines wahren *Meisters*, oder der Schock geschieht zufällig. Eine körperliche Krankheit, der Verlust eines geliebten Menschen, die Geburt eines Kindes oder ein emotionales Trauma – viele Dinge können die Art von explosiver Energie produzieren, die dafür erforderlich ist. Ehe jedoch diese explosive Energie Wirkung zeigen kann, muß der Körper in einem Zustand sein, in dem er für diesen Energieaustausch empfänglich ist. Wenn der Körper sich zum Zeitpunkt dieser Explosion in einem Zustand zu großer Spannung befindet, dann wird er einfach zerbrechen. Statt sich zu transformieren oder zu wandeln, bricht er einfach. Deshalb ist es so wichtig, daß Sie wissen, was Sie tun, wenn Sie den Schock absichtlich herbeiführen, wie Gurdjieff es getan hat. Wenn der Schock zur falschen Zeit ausgelöst wird, dann zerbrechen Sie das, was dem Schock ausgesetzt

---

3 Segnung – die persönliche *Hilfe*, die der spirituelle Führer oder Meister durch göttlichen Einfluß verfügbar macht.

wird. Sie beschädigen es, statt ihm den notwendigen Auftrieb zu geben. Das ist das gleiche, als wenn man Raketentreibstoff in den Tank eines normalen Autos füllen würde. Das Auto würde nicht schneller fahren, sondern explodieren, denn für das Verbrennen von Raketentreibstoff ist eine ganz bestimmte Art von Motor erforderlich.

• • •

Um die *Arbeit* in Ihr Leben zu integrieren, ist das erste zu entwickelnde Zentrum, das als grundlegende Plattform für die natürliche und ungestörte Entwicklung der anderen, höheren Zentren dient, das höhere Denkzentrum. Wir neigen dazu, das höhere Denkzentrum als etwas zu betrachten, das „zusätzlich" ist. Es wäre schön, wenn wir es hätten, aber in Wahrheit wollen wir ja die Ebene des höheren Fühlens erreichen. Das höhere Gefühlszentrum scheint die Rosine zu sein – etwas, das zu tun hat mit Poesie, wahrem Gefühl, Mitgefühl und so weiter. Das höhere Gefühlszentrum wird mit dem Herzen assoziiert. In Wahrheit jedoch ist das höhere Gefühlszentrum nur der mittlere Prozeß in dieser evolutionären, transformatorischen, alchimistischen Entwicklung der höheren Zentren.

Das höchste Zentrum ist das höhere Bewegungszentrum, das mit der organischen Unschuld assoziiert ist. Innerhalb dieses Zentrums bewegen Sie sich einfach in Beziehung zu Stimuli, die ihre Kraft aus dem Willen Gottes empfangen. Alles ist offensichtlich. Wenn die Zentren in der richtigen Reihenfolge entwickelt und integriert werden (Chakras 1, 3, 5, 6, 4, 2), dann ist die schließliche Offenbarung die Reife des höheren Bewegungszentrums – nicht des höheren Gefühlszentrums. Das höhere Gefühlszentrum entwickelt sich auf dem Weg, aus dem transformatorischen Prozeß heraus, der der Plan des menschlichen Wesens ist.

In der Terminologie des vierten Weges würde man sagen, daß das siebte Zentrum, das wir hier bisher noch nicht erwähnt haben, dort ist, wo Sie beginnen, mit einer Seele zu leben. Das siebte Zentrum ist die Pforte zur Seele, aber ohne den vorherigen evolutionären Prozeß gelangen Sie nicht dorthin.

Im Yoga geht man normalerweise davon aus, daß man die *Kundalini* linear durch die sieben Chakras aufsteigen läßt, bis sie die Krone – das *Sahasrar*-Chakra – öffnet und Sie zu Licht werden und Licht ausstrahlen. Wenn Sie jedoch durch die Zentren gehen, ohne die richtige Reihenfolge einzuhalten – und das geschieht, wenn Sie Chakras überspringen –, dann sind Sie vielleicht nicht mehr in der Lage, zu ihnen zurückzukehren.

Wenn sich die Lebenskraft oder Kundalini durch die Chakras bewegt, dann entstehen beim Durchstoßen von Blockaden *Kriyas* (unwillkürliche körperliche Bewegungen). Wenn Sie die Blockaden falsch durchstoßen, brechen die Chakras, so daß Sie nicht wieder dorthin zurückkehren können, wenn Sie es müssen.

Die Intensität der Phänomene, die an den Zentren vier, fünf und sechs entstehen, und die Tristheit der Phänomene an den unteren Zentren eins, zwei und drei waren die treibende Kraft hinter sehr vielen der verbreiteten Systeme, die das Yogamodell als Grundlage haben. Dieses Modell ist typisch für die Suche nach Erfahrung, denn Erfahrungen auf den höheren Ebenen sind so extrem außergewöhnlich, und Erfahrungen auf den unteren Ebenen sind einfach nur „normal".

In meiner Erfahrung (und ich habe niemals absichtlich die Energie bis zu dem Punkt geführt, zu dem ich sie hätte führen können) habe ich die Notwendigkeit erkannt, der *Shakti* oder *Kundalini* ihr eigenes Spiel zu erlauben, so daß der KONTEXT des göttlichen Einflusses, der nicht der Kontext des traditionellen Yoga ist, alles bestimmt, was in unserem Leben geschieht.

Wenn der göttliche Einfluß kontextuell bestimmt, wie *Shakti* sich bewegt, dann wird sie sich bewegen, indem sie Chakras überspringt (wie im Diagramm von Orage), und nicht linear (wie im Diagramm des traditionellen Yoga). Wenn die *Kundalini* spontan geweckt und nicht kontrolliert würde, dann würde sie sich aus sich selbst heraus durch diese Zentren bewegen, aber nicht, um sie alle zu beschädigen. Sie würde sich mit Leichtigkeit hindurchbewegen, sehr anmutig, ohne Schäden hervorzurufen. Der Schlüssel besteht darin, sie nicht zu manipulieren. Wenn Hingabe beispielsweise spontan geschieht, dann ist sie ein erstaunliches Phänomen, wenn sie aber erzwungen wird, dann kann sie Phänomene hervorrufen, die für den Organismus tatsächlich schädlich sind. Menschen können sich selbst in eine Hektik der Hingabe versetzen und dadurch der Möglichkeit wahrer Reife im Gefühlszentrum Schaden zufügen.

Im Yogamodell will die Kundalini sich von Chakra zu Chakra nach oben bewegen. Wenn Sie beginnen, ernstlich zu beten, oder wenn Sie glauben, daß Sie meditieren und spirituell arbeiten, dann werden Sie oft eine sehr starke sexuelle Energie spüren – manchmal überwältigende sexuelle Begierde. Die biologische Energie möchte, daß die *Kundalini* sich in gerader Linie nach oben bewegt, daß sie das zweite Chakra oder Sexualzentrum zerschmettert. Wenn jedoch das zweite Chakra zerstört wird, dann bleiben die Menschen geschlechtslos zurück. Sie bewegen sich vielleicht in höhere Zentren hinauf, erscheinen sehr leicht, sanft und weich, aber sie haben auch keine Leidenschaft mehr. Sie sind „tot"!

Vom unteren Denkzentrum (fünftes Chakra) zum oberen Denkzentrum (sechstes Chakra) zu gelangen ist eine ganz andere Sache. Auch hier brauchen Sie einen Schock, um dorthin zu gelangen (zum sechsten Chakra). Wenn Sie einmal dort angekommen sind, steigen Sie wieder hinab – Sie gehen wieder nach unten, um zum höheren Gefühlszentrum (dem vierten Chakra) und zum höheren Bewegungszentrum (dem zweiten Chakra) zu gelangen.

• • •

Idealerweise sollte die Entwicklung vom ersten zum zweiten und zum dritten Zentrum der Prozeß eines jungen Menschen sein, aber wir entwickeln die Zentren nicht in der richtigen Reihenfolge. Unsere „primatenhafte" Biologie entwickelt die Zentren vielmehr in der Reihenfolge des Yogasystems und berührt sie daher in der falschen Reihenfolge.

Der erste Lebensabschnitt (von der Geburt bis zum Alter von sieben Jahren) ist das Bewegungsstadium. Im zweiten Lebensabschnitt (von sieben bis vierzehn Jahren) entwickeln wir uns emotional. Innerhalb unserer Kultur werden wir aber während dieses Stadiums darin geschult, uns auf Urteilsfähigkeit und Intellekt zu konzentrieren. Was wir jedoch statt dessen im Alter von sieben bis vierzehn Jahren lernen sollten, sind all unsere Beziehungsqualitäten: Gastfreundschaft, Dienen, Mitgefühl und so weiter. Dann, im Alter zwischen vierzehn und einundzwanzig Jahren, sollte sich die Schulung im wesentlichen auf Urteilsvermögen und eine bestimmte Art des analytischen Denkens konzentrieren – im wesentlichen auf das, was in Philosophievorlesungen an der Universität gelehrt wird.

Weil Erwachsene typischerweise irgendwo im zweiten Chakra oder Sexualzentrum feststecken, sehen und fühlen die Kinder diese sexuelle Besessenheit der Erwachsenen in ihrem Umfeld. Sie beginnen sehr früh im Leben, ihre Aufmerksamkeit gegenüber diesem Zentrum zu entwickeln oder zu intensivieren.

Normalerweise spielen Kinder auf sehr unschuldige Weise mit ihren Sexualorganen. Kinder tun dies im Zuge der natürlichen Erforschung ihres Körpers. Wenn Erwachsene dieses Verhalten beobachten und etwas daraus schließen, dann spürt das Kind das und bleibt dort stecken, denn es versteht nicht die Energie, Faszination und Verwirrung der Erwachsenen in bezug auf Sexualität.

• • •

Normalerweise kämpfen die ersten drei Zentren untereinander um die Kontrolle. Das Gefühlszentrum kämpft mit dem Denkzentrum oder dem Bewegungszentrum. Der erste Schritt, um diesen Krieg zu beenden, besteht darin, das höhere Denken zu aktivieren, denn dadurch wird das Denkzentrum harmonisiert. Wenn Sie das höhere Denkzentrum aktivieren, dann verbindet es sich mit dem unteren Denkzentrum; dann verbindet sich das höhere Fühlen mit dem unteren Fühlen; und schließlich verbindet sich das höhere Bewegungszentrum mit dem unteren Bewegungszentrum. Sie haben immer noch drei Zentren, die aber ohne Konflikt und Krieg harmonisch zusammenarbeiten.

Wenn Sie das höhere Denken aktivieren, dann ist das, als ob Sie „den Beobachter" mit Leben erfüllen. Wenn Sie sich beispielsweise hilflos und machtlos fühlen, dann können Sie trotzdem immer noch ein Gespür für sich selbst haben, dafür, daß Sie hilflos und machtlos sind.

Damit der menschliche Organismus sein evolutionäres Potential im „Fleisch" erfüllen kann, bedarf es der Aktivierung und Reife des oberen Denk-, des oberen Gefühls- und des oberen Bewegungszentrums. Die Atemtechniken der Baul und ihre Anwendung sexueller Energie sind zu all diesen Dingen der Schlüssel. Ohne eine höhere – oder tantrische – Betrachtungsweise der sexuellen Energie, und was sie ist, kann es keine Integration des höheren Bewegungszentrums geben. Ohne die Integration des Bewegungszentrums kann es keine Vollendung des Organismus als alchimistisches Ganzes geben. Die einzige Möglichkeit, das obere Bewegungszentrum zur Reife zu bringen, besteht in der Anwendung sexueller Energie, denn es ist mit dem Sexualchakra verbunden. Es gibt keine Möglichkeit, sexuelle Energie zu vermeiden (was nicht Sex bedeutet, sondern sexuelle Energie). Es gibt keinen Weg, sexuelle Energie zu vermeiden, wenn man die Möglichkeit der Erfüllung der *Arbeit* innerhalb einer Lebensspanne in Betracht ziehen will. Es ist unmöglich.

Nun gibt es Menschen, die sexuelle Energie eingesetzt haben, ohne Sex zu haben. Ich denke, wir können den Geschichten über Nityanandas[4]

---

4 Nityananda – ein bekannter hinduistischer Heiliger und spiritueller Lehrer des zwanzigsten Jahrhunderts.

Arbeit mit seinen weiblichen Anhängern Glauben schenken. Er benutzte sexuelle Energie, die nichts mit Sex zu tun hatte. Das ist natürlich der schwierige Weg. Vielleicht aber auch nicht. Vielleicht ist es der einfache Weg. Man hat wirklich erst dann eine Vorstellung davon, was dieser letzte Schritt bedeutet, wenn man an der Integration des höheren und unteren Denkzentrums und des höheren und unteren Bewegungszentrums angekommen ist.

Das höhere Bewegungszentrum und die richtige Anwendung sexueller Energie gehören zu den letzten Dingen, an denen wir arbeiten müssen – eine sehr große Sache, die wir als aufstrebende Tantriker alle im Gedächtnis behalten sollten. Ohne höheres Denken und höheres Fühlen gibt es so etwas wie Tantra nicht. Tantrische Sexualität kommt nach dem Mitgefühl, nicht davor. Sie können diese Dinge natürlich erzwingen, was bei vielen tantrischen Praktiken der Fall ist. Aber in den buddhistischen Praktiken Tibets bekommen Sie keine der tantrischen Sexualpraktiken gezeigt, ohne daß Sie den gesamten Katalog der anderen Praktiken durchlaufen haben, die all die anderen Zentren ansprechen. Der Kontext wird nie außer acht gelassen. Im Westen werden sie aus dem Kontext herausgenommen, genau wie das Aufsteigen der Kundalini aus dem Kontext herausgenommen werden kann. Sie machen vor der Integration gewisse tantrische Übungen, und in Wirklichkeit zerstören Sie die Möglichkeiten des Sexualzentrums. Sie „nehmen den Gang heraus".

Das höhere Gefühlszentrum ist charakterisiert durch reines Gefühl, und reines Gefühl ist nicht selbstbezogen. Natürlich hat jeder Gefühle von Sympathie. Es gibt jedoch einen Unterschied zwischen sympathischen Emotionen und reinem Gefühl. Reines Gefühl ist, wenn Sie die Schmerzen eines anderen Menschen fühlen. Sympathische Emotion ist, wenn Sie für jemand anderen fühlen. Jemand hat zum Beispiel einen Schicksalsschlag erlitten, und Sie fühlen, als ob es Ihnen selbst widerfahren wäre, was selbstbezogen ist. „Gott, das muß schrecklich sein", denn wenn es Ihnen widerfahren würde, dann würde es sich schrecklich anfühlen. Im reinen Gefühl *widerfährt* es Ihnen.

Wenn jemand im höheren Gefühlszentrum Reife erlangt hätte, aber kein Urteilsvermögen besitzen würde, dann könnte er nicht zur Tür hinausgehen oder eine Zeitung kaufen, ohne durch Emotionalität vernichtet zu werden. Das ist also ein weiterer Grund, warum Ihr oberes Denkzentrum funktionieren muß, denn es beinhaltet das Urteilsvermögen. Es gibt Ihnen die Fähigkeit zu fühlen, ohne durch dieses Gefühl völlig überwältigt und entkräftet zu werden.

Das Sexualzentrum wird manchmal auch als Kraftzentrum bezeichnet. Wenn Sie das Kraftzentrum ohne das höhere Denken und höhere Fühlen entwickeln, dann sind Sie im Grunde genommen ein Besessener. Schauen Sie sich die gewalttätigsten mächtigen Menschen an. Sie alle sind sexuell frustriert.

Stellen Sie sich vor, was geschieht, wenn Menschen essentiell alle ihre Emotionen irrtümlich als höhere Gefühle interpretieren. In vielen spirituellen Gruppen finden Sie zum Beispiel Männer, die der Meinung sind, daß sie – weil sie von Natur aus eine bestimmte emotionale Disposition haben und ihre Gefühle immer zum Ausdruck bringen – ihr höheres Gefühlszentrum entwickelt haben, auch wenn das überhaupt nicht der Fall ist. Da die nächsthöhere Form der Entwicklung nach dem höheren Gefühlszentrum das mit der Sexualität verbundene höhere Bewegungszentrum ist, spielen diese Männer „tantrischer Meister" bei einer ganzen Reihe von Frauen.

Alle fehlgeleiteten Emotionen sind auf falsches Denken zurückzuführen. Das höhere Denkzentrum ist also der Schlüssel – nicht nur, weil es das Fundament für die höheren Zentren ist, sondern auch, weil es die Illusionen des Kampfes zwischen den einzelnen „Ichs" objektiviert.

Höheres Denken bedeutet, Urteilsvermögen zu haben, und Urteilsvermögen ermöglicht Ihnen einen Überblick über und eine Perspektive auf Ihre *Arbeit*. Wenn das höhere Denken einmal aktiviert ist, werden Sie nie wieder vergessen, zu *hinterfragen*. Es wird spontan zu den Zeiten auftauchen, in denen es besonders nützlich ist. Das *Hinterfragen* ist der offensichtliche Weg, um eine Perspektive in die drei unteren Zentren zu bringen.

Unsere hauptsächliche Arbeit besteht darin, einen „Mehrheitsbeschluß" in den Bewegungs-, Denk- und Gefühlszentren zu erzielen, das höhere Denkzentrum zu aktivieren und dann von dieser Grundlage aus weiterzugehen, während sich die drei unteren Zentren in ihrer tatsächlichen Beziehung zueinander ausrichten. Wenn diese drei Zentren in der Lage sind, ihre essentielle Funktion ohne die störenden Einflüsse der anderen auszuüben, dann ist das ein Mehrheitsbeschluß. Wenn Sie bei der Abstimmung 51% erzielen, dann reichen diese 51% aus, um die störenden Einflüsse der anderen Zentren effektiv zu verhindern, selbst wenn diese störenden Einflüsse noch 49 % betragen.

Je länger man in einer *Schule*[5] arbeitet, um so mehr Phänomene wird man erleben, die mit den höheren Zentren verbunden sind. (Obwohl alle diese Phänomene auch bei einzelnen Personen auftreten können, die noch niemals etwas von spiritueller Arbeit gehört haben, hat man einen Prozeß der wahren *Arbeit* erst dann begonnen, wenn man sich einer *Schule* und einem wahren *Lehrer* anschließt.) Man beginnt, die Zentren auf bestimmte Art und Weise zu berühren. Ab und zu wird ein Schüler die Aktivierung seines höheren Gefühlszentrums spüren, was jedoch nicht bedeutet, daß seine Integration bereits stattgefunden hat. Die wichtigste Erkenntnis ist, daß die Integration in der Reife des alchimistischen Prozesses besteht – nicht nur im Öffnen eines der Zentren oder in einer Erfahrung in einem der Zentren.

Es ist das höhere Bewegungszentrum, das ein organisch unschuldiges Wesen mit Leben erfüllt. Wenn dieses Zentrum mit Leben erfüllt ist, dann bedeutet das nicht, daß Sie absolut gesund sind, sondern es bedeutet, daß Sie, wenn die *Arbeit* etwas fordert, da sind, um es zu tun – Ihre Reaktion ist rein instinktiv. Wenn die *Arbeit* uns braucht, sind wir normalerweise nicht da, um sie zu tun, weil wir in den Ansichten unserer unteren Zentren feststecken. „Was ist hiermit?" „Was ist damit?" „Was ist mit der Familie?" „Was ist mit der Gesundheit?" Wir haben eine Million Fragen. „Was ist mit der Diät?" „Brauche ich Vitamine?" Deshalb brauchen wir den *Anfängergeist*. Wenn wir aus der Disposition des Anfängergeistes heraus leben, dann bedeutet das nicht, daß wir in unserem Leben keinen schweren Kummer haben werden, aber wir handeln zuerst und fragen später. Manchmal werden die Fragen uns sehr wütend machen. Sie werden unser Leben miserabel machen. Der Punkt aber ist, daß ein miserables Leben, das auf die *Arbeit* ausgerichtet ist, *wahr* ist, und ein Leben, das nicht auf die *Arbeit* ausgerichtet ist, weil Sie ständig über die Kosten jeder Aktion nachdenken, ist es nicht.

Entweder sind Sie tot, oder Sie sind *lebendig*. Wenn Sie *lebendig* sind, dann bestimmt die *Arbeit* Ihr Leben, egal wieviel Schmerz es Ihnen verursacht. Wenn Sie tot sind, dann stellen Sie den Schmerz auf die Waage.

• • •

Meditation arbeitet mit Gefühl, Lernen arbeitet mit Denken, und körperliche Übung arbeitet mit Bewegung. Das ist eine sehr freie Definition der Beziehung zwischen den spirituellen Praktiken dieser *Schule* und den

---

5 *Schule* – bezieht sich in diesem Buch, sofern kursiv geschrieben, auf eine Gruppe oder Gemeinschaft unter der Führung eines spirituellen Lehrers oder *Meisters*.

Zentren. Bei der Atempraxis geht es zunächst einmal darum, einfach nur tief zu atmen, wie ein Baby, frei von Einengungen. Der Atem ist mit dem Gefühlszentrum verbunden. Wenn Sie emotional angespannt sind, dann sagt man: „Atme tief durch." Was geschieht unmittelbar, wenn Sie tief durchatmen? „Gefühle", die keine sind, verschwinden. Wenn Sie tief atmen, dann können Sie nur das fühlen, was real ist. Sie können nicht fühlen, was nicht reales Gefühl ist. Wenn das obere Denkzentrum einmal aktiviert ist, dann wird der Atem zu einem Weg, um das Herz zu öffnen, und die körperliche Übung wird zu einem Weg, um den Energiefluß an einen Punkt zu bringen, an dem die Anwendung sexueller Energie transformativ sein kann – das letztliche alchimistische Mordant[6], das für die Integration der Zentren erforderlich ist.

So bestehen alle spirituellen Praktiken, die den Schülern in dieser *Schule* empfohlen werden, zunächst aus grundlegenden Bausteinen und dann aus höheren Bausteinen. Wenn Sie beispielsweise bewußt Tai Chi oder eine andere Form der Kriegskunst praktizieren, dann kommen Sie an einen Punkt, an dem Sie spüren, daß „die Energie Sie bewegt", gegenüber und entgegen der Tatsache, daß „Sie die Energie bewegen". Gleichermaßen besteht der Schlüssel zur wirkungsvollen Transformation sexueller Energie darin, daß nicht Sie die Energie bewegen, sondern daß Sie sich von der Energie bewegen lassen.

Auch wenn alle Ihre Zentren integriert sind, müssen Sie die Energie bis zu einem gewissen Punkt aufbauen, damit Sie die richtige Anwendung der Sexualität spezifisch aktivieren können. Wenn Sie einmal aus einer Disposition der organischen Unschuld heraus funktionieren, dann funktionieren Sie einfach aus dem Kontext heraus auf diese Weise. Trotzdem bedeutet das nicht, daß Sie nun jedesmal kosmischen Sex haben werden. Sie müssen immer noch bestimmte Techniken anwenden, um zu dem Punkt zu gelangen, an dem der Sex selbst „etwas tut". Die unteren Zentren müssen „angewärmt" werden. Sie springen nicht einfach und unmittelbar in das höhere Gefühlszentrum hinein. Sie betreten nicht den Raum, sehen Ihren Partner und sind ganz plötzlich von einem höheren Gefühl überwältigt. Sie müssen sich aufwärmen, und das geschieht durch ganz normales, grundlegendes Verhalten auf der Ebene des Lebens.

---

6 Mordant – eine Substanz, die beim Färben verwendet wird, um den Farbstoff zu fixieren. Im Sinne von Alchimie hier angewandt, ist das Mordant die Substanz oder die Kraft oder der Einfluß, die es einem transformatorischen Prozeß erlauben, Fuß zu fassen.

Sie setzen sich hin und sagen: „Hallo Liebling, wie geht es dir? Hattest du einen schönen Tag? Was gibt es zum Abendessen? Oh, super. Das liebe ich.“ Sie müssen eine bestimmte Eigendynamik aufbauen. Diese Eigendynamik zerstören Sie am schnellsten, wenn Sie hereinkommen, Ihren Partner anschauen, diesen kritischen Gesichtsausdruck aufsetzen und sagen: „Warst du heute beim Friseur?“ Sofort sind Sie in einen wilden Krieg der „ICHS“ verwickelt. Die Frau möchte sagen: „Ja, Liebling“, und nicht darauf reagieren, aber ein anderes „ICH“ sagt: „Der blöde Kerl. Er macht mir nie Komplimente. Jesus! Er hat mir seit Jahren kein Kompliment mehr gemacht. Was für ein… .“ Gleichzeitig sagt das Bewegungszentrum: „Du hast ihn den ganzen Tag nicht gesehen. Geh‘ und umarme ihn. Sag’ hallo und lade ihn zum Sitzen ein.“ Schon befinden Sie sich in einem riesengroßen Konflikt, und das Denkzentrum zieht sofort das gesamte Register der Psychologie aus der Tasche: „So ist er nun mal eben. Er ist jetzt ein kleiner Junge …“ Sie haben einen Krieg der Zentren.

Sie wärmen die Zündspulen vor, indem Sie nicht einen Krieg der Zentren hervorrufen. Sie wärmen sie vor, indem Sie dafür sorgen, daß die unteren Zentren integriert bleiben – indem Sie einfach ein gewöhnliches, in Beziehung stehendes, menschliches Wesen sind.

# *Geheimnis 49: Tantra – ein gefährlicher Pfad*

In der traditionellen Praxis des Tantra geht es im wesentlichen darum, daß man zusammenkommt, durch die Elemente der Unterwelt[7] geht und diese als Weg zur Erkenntnis umwandelt, statt zu versuchen, vor ihnen zu fliehen oder sie zu ignorieren. Wir brauchen Angst, Begierden, Krankheiten, Habsucht, Besitzansprüche und all die lebensnegativen Qualitäten, die jeder von uns in gewissem Maße besitzt, und durch die Arbeit mit ihnen transformieren wir sie. Auch wenn wir sie nicht brauchen würden, sind sie ein integraler Bestandteil unserer selbst und müssen anerkannt werden. Aber wird *brauchen* sie tatsächlich. Sie helfen dabei, zu schaffen, wer wir in der Oberwelt sind. Ohne sie wären wir nicht menschlich und hätten daher auch nicht die göttliche Möglichkeit und die göttliche Chance, die die menschliche Existenz darstellen. Durch die Arbeit *mit* diesen Kräften, und nicht gegen sie, werden sie transformiert. Das ist das, was Tantra im Grunde genommen ist.

Verschiedene tantrische Schulen verwenden in ihren Praktiken unterschiedliche Elemente – Sex, Alkohol, Tabak oder andere Dinge. Trotzdem sind sie in ihrer Konzentration auf die Transformation von Substanzen – das heißt Alchimie im wahren Sinne des Wortes – alle gleich.

Der Aufstieg allein – das Verschmelzen mit dem Licht als Versuch, das Durchqueren der Unterwelt zu vermeiden – ist nicht der tantrische Weg. Bei der tantrischen Arbeit kann man nicht entspannen. Der Tantriker muß seine Augen offenhalten und aufmerksam sein. Er muß ständig auf der Hut sein, denn es gibt viele Gefahren.

Im Tantra arbeiten Sie im wesentlichen mit der nuklearen Kraft der Sexualität. Damit spielt man nicht herum. Sie wissen schon... Sie sehen eine „heiße" Frau und denken: „Ah, die wäre gut." Also fragen Sie: „Willst du meine Partnerin sein?" Mit diesen Dingen spielen Sie nicht, denn sie sind nicht nur einzigartig transformativ, sie sind auch äußerst gefährlich. Sie können Sie unsterblich machen, sie können Sie aber auch

---

7 Unterwelt – in der schamanistischen Weltsicht ist die Unterwelt die Domäne der Dämonen, der Wohnort von lebensnegativen Kräften, Schmerz, Leiden und Dunkelheit. Die Unterwelt muß jedoch durchschritten werden, um Eintritt in die Oberwelt, die Domäne der Götter und Geister, zu erlangen.

zerstören. Wenn Sie jedoch Ihrem Lehrer oder Ihrer Quelle der Hilfe vertrauen können, dann brauchen Sie sich keine Sorgen darüber zu machen, daß dic Höllc ausbrechen könnte. Trotzdem bin ich persönlich in dieser Domäne äußerst sorgfältig und extrem konservativ.

Viele Lehrer und Schüler tantrischer Praktiken sagen, daß man niemals ohne einen *Lehrer* mit tantrischer Arbeit beginnen sollte, denn ein *Lehrer* wird die Praxis beobachten, die Zeichen von Reife und von Illusion erkennen und als Feedback-Mechanismus agieren. Dabei geht man natürlich davon aus, daß der Lehrer durch seine oder ihre eigene Erfahrung und *Offenbarung* zu dieser Weisheit fähig ist. Außerdem gibt es das unausgesprochene Element, daß der *Lehrer* das erforderliche Mordant für die transformative Praxis des Schülers liefern kann, wenn zwischen beiden eine ehrliche, hingebungsvolle Beziehung besteht. Ohne diesen Katalysator findet keine wahrhafte Transformation statt. Die Substanzen bleiben eher konstant (unverändert) und bewegen sich nur im Kreis. Über diese Rolle des Lehrers wird jedoch nicht gesprochen, denn der Weg ist extrem gefährlich, und man darf nicht glauben, daß man sich einfach ausruhen und unter dem Einfluß des *Lehrers* schweben oder auf seinem Rücken getragen werden kann. Man muß die Augen offenhalten und aufmerksam sein.

Man sagt, daß das Einschlagen des tantrischen Weges gefährlicher ist, als einen Tiger zu zähmen und auf ihm zu reiten – gefährlicher als viele Dinge, die man mit etwas gesundem Menschenverstand niemals tun würde. Es ist wichtig, sich daran zu erinnern, worum es bei dieser Arbeit geht, so daß wir nicht nachlässig werden oder sie als selbstverständlich ansehen. Man muß aufmerksam bleiben, sogar mitten in intensiver Erregung, Euphorie, Ablenkung und Faszination, und man darf sich nicht zu Schlaf oder Bewußtlosigkeit verführen lassen. Die Hilfe und der *Einfluß* eines untadeligen *Lehrers* oder Führers sind von äußerster Wichtigkeit.

Sie müssen verstehen, daß das Sexualzentrum der Brennpunkt für die Transformation im Körper ist. Wenn Sie also alchimistisch transformiert werden, dann müssen Sie die Neigung zu einem sehr aktiven Sexualzentrum haben, aber Sie müssen den Unterschied kennen zwischen einem aktiven Sexualzentrum und Begierde. Sie sind nicht dasselbe.

Wenn sexuelle Energie in Gemeinschaft übertragen wird, dann wird der Körper hell, leuchtend und attraktiv. Die Aura wird lebendig und verführerisch. Die Stimme wird ruhig und charismatisch.

## *Geheimnis 50: Sexualität und ihre Möglichkeiten zur Transzendenz*

Im konventionellen Tantra gibt es viele Techniken. In einem Buch, das ich gelesen habe, empfiehlt der Autor, daß die Partner sich einen Monat lang nicht berühren sollen. Sie beginnen also in der ersten Woche, indem sie sich im Zimmer gegenüber sitzen – angezogen – und sich nur anschauen (Sie wissen schon, mit diesem vernebelten, romantischen Blick). In der zweiten Woche sitzen sie sich unmittelbar gegenüber – immer noch angezogen – und sie schauen ihrem Partner eine Stunde lang in die Augen (und verstecken natürlich wahrscheinlich ihre Gier hinter „dem Blick"). In der dritten Woche ziehen sie ihre Kleider aus, sitzen da und schauen sich an. In der vierten Woche schließlich sitzen sie unbekleidet da, ihre Knie berühren sich, und sie schauen sich eine Stunde lang in die Augen (und achten sehr darauf, nicht irgendwo anders hinzuschauen). Dann soll man angeblich für das richtige Tantra bereit sein. Können Sie sich vorstellen, daß diese Bücher Ihnen wirklich sagen, daß Sie das tun sollen?

Nun, nachdem die vier Wochen um sind, werden die Leute sich wahrscheinlich aufeinanderstürzen, als seien sie verrückt geworden, und was dann stattfindet, ist zu achtzig Prozent Phantasie und zu zwanzig Prozent körperlich. Natürlich haben sie eine großartige Zeit! Wer hätte das nicht, nachdem er einem Monat lang vor unterdrückter Leidenschaft gekocht hat. Natürlich wird die Erfahrung überwältigend kraftvoll sein. Aber es ist Phantasie. Es ist kein Tantra.

Die Annäherung einiger anderer Autoren an „Tantra" besteht darin, daß sie Ihnen all diese erstaunlichen sexuellen Stellungen zeigen. Aber auch hier hat wahres Tantra nichts damit zu tun, welche Stellung Sie einnehmen. Es macht überhaupt keinen Unterschied.

• • •

Wenn Männer lieben, dann ist ihr Körper normalerweise ein einziges spannungsgeladenes Bündel. Ihr Bauch ist angespannt, ihre Schultern sind nach oben gezogen, ihr Kiefer ist zusammengepreßt, und sie klammern sich an irgend etwas – die Frau, das Bett, die Luft. Sie stehen unter

Strom. Es gibt keine sanfte Entspannung, keine Freude an der Schönheit sexueller Gemeinschaft.

Vor vielen Jahren wurden in einem Buch mit dem Titel *ESO, Extended Sexual Orgasm* [dt.: Verlängerter sexueller Orgasmus] …oder so ähnlich… viele Techniken vorgestellt. Es gibt technische Möglichkeiten, einen Zustand zu erreichen, in dem man ein gewisses vergnügliches Gefühl erfährt, das so intensiv ist, daß der Orgasmus selbst nur gerade eben noch erkennbar ist. Trotzdem besteht ein bedeutender Unterschied zwischen diesem körperlichen Zustand, wenn er durch mechanische Methoden erreicht wird, und der Entspannung hinein in die Möglichkeiten wahrer Intimität und Gemeinschaft.

Als dieses erste Buch erschien, sagten die Leute: „Oh, seit ich dieses Buch gelesen habe, hat mein Leben sich völlig verändert!" Menschen mit einer gewissen Sensibilität erkannten jedoch ziemlich schnell, daß sie immer noch genau so sehr litten wie vorher. Das Leben hatte durch einen zwanzigminütigen Orgasmus weder an Klarheit noch an Integrität gewonnen. Manchmal, wenn sie Sex hatten, vergaßen sie ihr Leiden, aber zu allen anderen Zeiten waren sie genau dieselben Menschen wie vorher. Keine Veränderung. Transformation war weder vorhanden noch wahr. Sie waren einfach nur in der Lage, ihren Körper technisch so zu manipulieren, daß sie diesen physiologischen Zustand erreichen konnten.

Wenn man andererseits in einer spontanen Form der Kommunikation in diesen Zustand eintritt, dann ist eine völlig andere Möglichkeit gegenwärtig. Es ist tatsächlich sehr unwahrscheinlich, daß jemand in dieser Situation anschließend noch dieselbe Person ist. Das Leiden mag sich nicht so vollständig auflösen, daß man am nächsten Morgen plötzlich von all seinen Sorgen befreit wäre. Wenn man jedoch in diesen Raum einer erhöhten nervlichen Sensibilität als spontanes Ergebnis der Intensität des *Sadhana* innerhalb einer Beziehung eingetreten ist, dann bewirkt das einen entscheidenden Unterschied.

Was wir hier beschreiben, ist eine spontane Erfahrung der Essenz[8] im Gegensatz zur Schulung der Maschine[9], um eine bestimmte Wirkung zu erzielen.

• • •

---

8 Essenz – innewohnende Natur; bezieht sich typischerweise auf die grundlegenden Qualitäten einer Person, im Gegensatz zu dem, was durch das Ego konditioniert und erlernt wurde.

9 Maschine – die „menschliche biologische Maschine"; der programmgetriebene, unerwachte Aspekt des Bewußtseins.

Bei einem normalen genitalen, Streß freisetzenden Orgasmus wird das gesamte Nervensystem ausgelaugt. Alles verpufft mit dem Orgasmus, nicht nur das Sperma. (Die mit der Ejakulation verbundene psychologische Assoziation ist enorm.) Leben, Energie, *Shakti*, Aufmerksamkeit – alles verpufft. Die Ejakulation ist im Grunde genommen weder hier noch dort – sie ist nicht das, worauf es ankommt, sondern die Aufmerksamkeit ist das, was wichtig ist. Aber der Mann explodiert, und alles ist verloren. Wenn es einfach eine Ejakulation wäre, die Stimmung im Körper des Mannes dabei aber eine andere wäre, dann wäre viel mehr möglich. Viel höhere Gefühle wären vorhanden.

Die körperliche Praxis des Tantra bei Männern beinhaltet die Nutzung – aber nicht unbedingt die strikte Bewahrung – des Samens in Verbindung mit der richtigen Disposition von sexueller Energie und *Absicht*. Die feinstoffliche Praxis des Tantra beinhaltet die richtige Anwendung von *Aufmerksamkeit*. Das gleiche Prinzip gilt natürlich auch für Frauen. Frauen haben eine sexuelle Flüssigkeit, die nicht nur als Gleitmittel während der sexuellen Vereinigung dient. Es gibt tatsächlich eine Samenflüssigkeit, die zwar kein Sperma enthält, dafür aber eine andere, der des Mannes ähnliche chemische Zusammensetzung aufweist. Diese Betrachtungsweise gilt also für jeden – Mann, Frau… oder heilige Kuh.

Bei mehr oder weniger regelmäßiger sexueller Aktivität produzieren sowohl der Mann als auch die Frau große Mengen an Samen- bzw. sexueller Flüssigkeit. Wenn man dieser Flüssigkeit erlaubt, vom Körper wieder aufgenommen zu werden, statt sie auszustoßen, dann wirkt die chemische Zusammensetzung dieser Flüssigkeit positiv auf bestimmte hormonelle Sekrete in Bereichen des Gehirns – wie der Zirbeldrüse, die traditionell mit dem „Dritten Auge" assoziiert wird. Wir wissen nicht, was diese Drüsen alles bewirken können, aber wir haben hinreichende, auf Erfahrungen beruhende Beweise, daß die Stimulierung dieser Drüsen mystische Visionen, Offenbarungen, höhere Kreativität und ähnliches bewirken kann. Die Sexualität ist eine Möglichkeit, die höheren Drüsen zu aktivieren.

Seit Urzeiten ist bekannt, daß die sexuelle Vereinigung im wahrsten Sinne des Wortes ein Generator oder Katalysator ist. Viele spirituelle *Meister* und Adepten haben den Sex als Methode benutzt, um die Gemeinschaft mit höheren Ebenen des Bewußtseins zu fördern. Das bedeutet nicht, daß sie Frauen als Objekte benutzt haben oder daß *Meisterinnen* Männer als Objekte benutzt haben. Die *Meister* haben vielmehr die sexuelle Kommunikation mit Frauen als Mittel der Anbetung verwendet. Beim Sex ging es für sie nicht einfach darum, die Frau glücklich zu machen. Es ging vielmehr darum, die unglaubliche Macht, die innerhalb der Sexualität zur Verfügung steht, zu nutzen, um eine höhere bewußte Erfahrung zu schaffen. In gewissem Sinne förderten sie die Entwicklung der menschlichen Rasse durch die Verwendung der Sexualität. Bilder aus dem alten China und aus den hinduistischen und buddhistischen Traditionen, die die Götter mit ihren Partnerinnen zeigen, sind sehr verbreitet. Im Orient wurden schöne Kunstwerke geschaffen, um die sexuelle Vereinigung in ihrer transzendenten Fähigkeit zu verehren. Die Menschen gerieten darüber nicht in Verlegenheit, sondern es war im Gegenteil völlig normal, denn die Arbeit auf höheren Ebenen wurde akzeptiert und anerkannt.

Beim wahren Tantra geht es nicht darum, dem anderen in die Augen zu schauen und Begehren anzustauen, bis man fast verrückt wird. Wenn Sie das wahre Tantra verstehen, dann können Sie völlig spontan und ausgelassen Sex haben, und es wird nicht den geringsten Unterschied machen. Bei der Kommunikation im wahren Tantra geht es um das Verständnis für die Energie der Frau und die Energie des Mannes. Es hat nichts zu tun mit der Vorstellung von verliebten Turteltäubchen, von Fühlen und Berühren, von „laß uns zusammenkommen und wie eine Person denken". Damit hat es gar nichts zu tun. Aus dieser Art tantrischer Praxis entstehen Phantasien der Einheit, aber das ist kein wahres Tantra. Wahres Tantra basiert auf dem bereits vorhandenen Verständnis, daß Sie von Anfang an nicht getrennt sind. Es geht nicht darum, daß Sie versuchen, ein telepathisches Gefühl des Einsseins zu schaffen. Das geschieht, natürlich, und was ist damit? Was bedeutet es? Für den Rest des Tages, während dessen Sie kein Tantra üben, geht es Ihnen keinen Deut besser. Wahres Tantra hat etwas zu tun mit dem kristallklaren Verständnis von Mann, Frau und Alchimie.

Man könnte Frauen als grundsätzlich empfänglich und Männer als grundsätzlich aggressiv beschreiben. Hören Sie genau zu… das ist ein geheimes esoterisches Mysterium. Da die Frau Shakti, die Göttin, Form, Aktivität, Bewegung und Energie symbolisiert, und da der Mann Shiva symbolisiert, der das formlose Absolute ist, der einfach nur Bewußtsein ist – beinhaltet die Vereinigung von Shiva und Shakti den Aufstieg der Frau und den Abstieg des Mannes. Wenn Shiva und Shakti zum jeweils anderen *werden* – das bezeichnet man als eine perfekte Vereinigung. Dann verschwinden die Geschlechter, und es bleibt nur das übrig, was im Feld der *Realität* entsteht. Dieser Prozeß ist verkörpert in der symbolischen und archetypischen Beziehung des physischen Mannes zur physischen Frau. Die Frau steigt auf, Shakti zu Shiva, und der Mann steigt ab, Shiva zu Shakti. Der Mann wird zur Form, die Frau wird formlos. Der Zyklus der Aktivität, den das sexuelle Tantra umfaßt, ist der Abstieg des Mannes und der Aufstieg der Frau. Ein Orgasmus kann geschehen, aber durch den nicht lokalen Orgasmus ohne Ejakulation bleibt die Energie des Mannes mit der Frau verbunden und reißt ihn nicht von ihr fort.

Bei richtiger Anwendung kann Tantra zum Katalysator großer Kreativität in gewöhnlichen weltlichen Köpfen werden. Es ist nicht so, daß alle von uns, die wir nicht zum Genie geworden sind, nicht trotzdem von Geburt an ein Genie sind. Es ist einfach nur so, daß unsere Körperchemie uns auf einer gewissen Ebene nicht erlaubt hat, bestimmte Kanäle der Ausdrucksweise und Kreativität zu öffnen. Tantra kann dies bewirken durch die Belebung bestimmter höherer Drüsen, die auf andere Weise nicht belebt werden können.

Ich las kürzlich ein Buch mit Liebesbriefen des Komponisten Chopin, der im Reich der Kunst ein kreatives Genie war und wahrscheinlich, hätte er es gewollt, zum Heiligen hätte werden können. In diesen Briefen sprach er über seine Leidenschaft für seine Geliebte, und daß er einfach nur mit ihr zusammen sein und Sex mit ihr haben wollte. Aber er schrieb: „Wenn ich bei Dir bin und wir ständig Sex haben, kann ich nicht schreiben… nicht eine einzige Zeile Musik. Und jetzt, wo ich hier und nicht bei Dir bin…“ (er war in Urlaub) „… habe ich wie ein Meister geschrieben.“ (Ich habe seine Sprache etwas modernisiert.) Er beendet seinen Brief mit: „Oh, zur Hölle mit der Musik. Ich komme zurück. Was macht es schon, ob ich schreiben kann. Was ist eine Etüde verglichen mit …“. Er nannte ihre Vagina $D^{es}$ Dur, weil die Note $D^{es}$ auf dem Klavier eine schwarze Taste ist, die auf beiden Seiten von einer weißen Taste eingerahmt ist. Sie hatten einen Code vereinbart, und wenn sie seinen Vater besuchten, dann fragte er sie manchmal: „Wie geht es Deiner $D^{es}$ Dur?“ Sie sang dann eine kleine Note, und sie blinzelten sich zu, während alle anderen sich fragten, worum es wohl gehen mochte.

• • •

Transzendentaler Sex hat nicht für alle Männer oder Frauen die gleiche Form. Für einige Frauen ist Sex ohne Orgasmus nur in Gegenwart von *Liebe* und unter den richtigen Umständen absolut transzendental. Für andere Frauen ist transzendentaler Sex etwas, das am Ende einer ganzen

Reihe von Orgasmen und immer höheren Gipfeln kommt. Die Bewahrung des Orgasmus ist der Kontext, aber der Inhalt (die vielen Formen) kann eine unendliche Bandbreite und Vielfalt haben.

Sex kann die Menschen an die Grenze von Manifestation und Schöpfung bringen. Ein Mann kommt dem normalerweise nur dann einmal auch nur entfernt nahe, wenn während des sexuellen Akts eine Zeugung stattfindet und er das weiß. Dann kann der Mann Sex als transzendentale Erfahrung erkennen. Normalerweise geschieht das nicht, es ist aber möglich, sofern es schnell genug geschieht. Es kann geschehen, wenn der Mann die mit der Zeugung einhergehende Erkenntnis nicht stoppt, ehe sie zu ihrer logischen Schlußfolgerung gelangt ist, die nicht nur darin besteht, daß „ich und meine kleine Frau gerade neues Leben geschaffen haben". Sie kann zu einer unpersönlichen, transzendentalen Erkenntnis über die Schöpfung selbst führen, nicht nur über die Schöpfung eines Kindes. Aber an diesem Punkt hört es normalerweise auf. Bei den Männern brennt durch die Gemeinschaft, die bei dieser Erkenntnis geschieht, „die Sicherung durch", aber sie lassen nicht zu, daß es weitergeht. Das geschieht natürlich nicht absichtlich. Für das Ego ist die Erkenntnis, daß es sich dupliziert hat, ziemlich dramatisch. Aber bei der Schöpfung geht es nicht um das Ego, sondern darum, das Göttliche zu nähren. Wenn ein Mann dies erkennt, dann ist er fündig geworden, und er wird dieses Prinzip immer leben.

• • •

Eine wahre Beziehung ist ein alchimistisches Experiment. Eine intime Beziehung wird früher oder später zu einem sehr intensiven Experiment, denn wenn Sie auf tief verbundene Weise wirklich zusammen sind, dann „alchimisieren" Sie sich gegenseitig. Dies bedeutet, daß das Sein biologisch und organisch transformiert wird (sowohl in der grobstofflichen als auch in der feinstofflichen Domäne). Das ist aber nur das erste Stadium. Bei den reiferen Stadien geht es um die Umwandlung von Substanzen. In einer Beziehung wandeln die Menschen sich gegenseitig um. Sie verändern sprichwörtlich die Struktur des Seins eines anderen Menschen.

Natürlich bewegen sich die beiden Menschen innerhalb einer Paarbeziehung nicht gemeinsam „über die Grenzlinie" der Transformation. Das ist ganz klar. Die Menschen verändern sich alle mit unterschiedlicher Geschwindigkeit und in unterschiedlicher Form. Wer immer „die Grenzlinie" der Transformation zuerst überschreitet, wird nie sagen: „Ich liebe dich“ und damit das gleiche meinen wie vorher… niemals. Es ist unmöglich. Wer die Linie überschreitet, hat eine neue Vision der Realität – eine breitere Perspektive, wenn Sie so wollen. Sie müssen also darauf vorbereitet sein, „ich liebe dich“ zu hören und zu wissen, daß es etwas bedeutet, das über das hinausgeht, was Sie zu dieser Zeit begreifen können, aber seine Wahrheit und Schönheit spüren und darin ruhen. Romantik ist in ihrer eigenen Domäne außergewöhnlich, wertvoll und wunderbar, aber die Domäne des „ich liebe dich“ in der ultimativen Bedeutung dessen, was Liebe ist, ist nicht die Domäne der Romantik.

• • •

Gurdjieff hat davon gesprochen, eine Seele zu schaffen. Er sagte, daß die *Arbeit* für Sie solange keinen Nutzen bringt, bis Sie für sich selbst eine Seele geschaffen haben, oder zumindest nicht mehr Nutzen als ein vorübergehendes Pflaster – etwas, das ausgelöscht wird, wenn der Körper vergeht.

In einer sexuellen Beziehung zu sein ist für jeden einzelnen eine direkte und lebensfähige Möglichkeit, eine Seele zu schaffen. Deshalb sollten Sie nicht mit irgend jemandem schlafen, den Sie auf der Straße getroffen haben. Wenn Sie mit jemandem schlafen, dann bitten Sie Gott darum, eine Seele zu schaffen, mit dieser anderen Person als notwendigem chemischem Bestandteil, der erforderlich ist, um diesen Schaffensprozeß fortzuführen.

Stellen Sie sich das Chaos vor, das Sie hervorrufen, wenn Sie jede Menge schnellebige Liebesaffären haben und dadurch lose „Seelen“-Enden überall verteilen – karmische Verbindungen, die ein Tollhaus an Entwirrungsarbeit schaffen (oder – sogar noch beeindruckender – an „Verwirrungs“-Arbeit). [*Anm. d. Übers.: Der englische Ausdruck „unravel“ bedeutet entwirren, das Gegenteil „ravel“ ist also verknüpfen oder „verwirren“.*]

Auf jeden Fall, wenn jemand mit Ihren Gefühlen spielt, dann sind Sie auch nicht wirklich darauf versessen, ihm oder ihr die Süßigkeiten immer und immer wieder anzubieten. Gott geht es nicht anders. Bei einer wahren Vereinigung ist es, als ob Sie etwas erschaffen. Das bedeutet, es „bis in alle Ewigkeit“ zu erschaffen. Jedesmal, wenn Sie eine sexuelle Vereinigung zulassen, dann geben Sie dem Göttlichen ein Zeichen. Ich spreche über Sie, nicht über irgendeinen Menschen. Manche Menschen sind einfach nur wie Tiere, und für Tiere gilt dieses Prinzip nicht. Die meisten von Ihnen sind hinreichend bewußt, um zu wissen, daß Sie bei der sexuellen Vereinigung etwas Wesentliches beginnen. Sie senden ein Signal ins Universum hinaus. Wenn Sie in dieser Hinsicht nicht integer sind, wird „Gott darüber ziemlich verärgert sein", und nach einer Weile wird es Ihnen gehen wie dem Jungen, der blinden Alarm schlug. Gott hört das Signal, schaut hin und sagt: „Oh, er (oder sie) schon wieder." Dann, auch wenn Sie es ernst meinen, wird Er Sie nicht mehr ernst nehmen – was der Grund dafür ist, warum es für manche Menschen, die irgendwann das spirituelle Leben kennenlernen, sehr schwierig ist, eine ernsthafte Beziehung aufzubauen. Gott hört ihnen nicht mehr zu. Sie versuchen es immer und immer wieder, und nichts geschieht. Sie sagen: „Jesus, ich bin bei dem spirituellen *Meister*. Warum blüht meine Beziehung nicht?" Der Grund ist Ihre Vergangenheit. Keine Seele, kein Frieden, keine Befriedigung.

• • •

Alle Praktiken höherer esoterischer Techniken sollten nur dann aktiv angewendet werden, wenn die grundlegende Arbeit getan ist. Wenn man eine überwältigend negative, depressive oder pessimistische Persönlichkeit hat, sollte man sich nicht mit sexuellem Tantra befassen. Sexuelles Tantra ist keine heilende Kraft. Es ist nicht dazu gedacht, die Senkgrube zu reinigen. Wenn Ihre grundlegenden Beziehungen optimistisch und erhebend sind, wenn Sie Gott in der Gemeinschaft mit anderen Anbetern verehren, dann können Sie damit beginnen, die Praxis des Tantra zu studieren und zu erforschen. Wenn es in Ihren Beziehungen immer um den Schutz Ihres Territoriums oder um Neid, Angst oder Aggressivität geht, dann ist sogar der Gedanke daran, sexuelles Tantra zu praktizieren, absurd, denn es würde nur dazu führen, die Tendenzen, die man hat, zu irritieren. Es würde sie hundertfach verstärken – und Sie würden sehr schöpferisch in negativen, zerstörerischen und masochistischen Formen. Aber gleichermaßen, wenn Ihre Beziehungen erfüllt und hingebungsvoll sind und wenn Sie „Gott lieben", dann wird die Praxis des sexuellen Tantra dies verstärken, in gewissem Sinne ebenfalls „irritieren". Es wird Energien, Klarheit, Einsicht und Offenbarung freisetzen, die auf andere Weise nicht freizusetzen sind.

Irritation ist Irritation – sie kann positiv oder negativ sein. Eine Irritation kann eine Perle in einer Muschel erschaffen, und sie kann zerstören. Beides kann und wird geschehen.

# *Geheimnis 51: Alles ist gleich*

Es gibt eine geheime Lehre (sowohl über Sexualität als auch über Spiritualität), in der es um die Essenz dieser *Arbeit* geht – und es gibt die öffentlichen Lehren. Ich verrate Ihnen die geheime Lehre: Es ist völlig egal, ob Ihr „Stecker" klein oder groß ist, und es ist völlig egal, wie er aussieht. Wenn Sie ihn in die „Steckdose" stecken und „den Motor auf Touren bringen", dann ist das Resultat das gleiche.

Es ist wichtig zu erkennen, daß der Körper das Entscheidende ist und daß das Anhängsel nur der Stecker für den Stromkreislauf ist. Das Nervensystem ist der ultimative Penis, und das Nervensystem ist bei allen Menschen gleich – Mann oder Frau. Das äußere Erscheinungsbild spielt keine Rolle. Ich erlebte einen großen Schock, als ich Wasserträger für die Football-Mannschaft unserer High School war. (Sie nannten uns „Manager", aber in Wahrheit rannten wir lediglich während der Auszeiten auf das Spielfeld, um den Spielern einen feuchten Schwamm zu geben, an dem sie saugen konnten, und um die Stollen an ihren Schuhen zu reinigen, damit sie besser laufen konnten.) Es war ein großer Schock für mich, als ich bei der Beobachtung des anschließenden Duschrituals feststellte, daß die Penisse dieser zwei Meter langen und hundertzwanzig Kilogramm schweren Linienrichter auch nicht größer waren als mein eigener. Es war eine profunde Erkenntnis. Ich will sagen, beinahe wäre ich damals aufgewacht.

Es gibt das englische Sprichwort, daß man ein Buch nicht nach seinem Einband beurteilen soll. Es spielt keine Rolle, wie der Penis aussieht, denn wenn er an den richtigen Stromkreis angeschlossen wird, dann erzielt er genau die gleichen Resultate. Kein Mann, der sich an den richtigen Stromkreis anschließt, wird sich auch nur im geringsten anders fühlen als ein anderer Mann, der an den gleichen Stromkreis angeschlossen ist. Keine Frau, die an den richtigen Stromkreis angeschlossen ist, wird sich anders fühlen als irgend eine andere Frau.

Natürlich gibt es in einzelnen Beziehungen mit unterschiedlichen Menschen eine Reihe von Überempfindlichkeiten. Wenn Sie jedoch das erfahren, worüber ich hier spreche, dann wird ein Punkt kommen, an dem, wenn Sie an den richtigen Stromkreis angeschlossen sind, alles gleich wird – an dem alle Überempfindlichkeiten verschwinden und die

Frau zur *Frau* wird oder der Mann zum *Mann*. An der Oberfläche sieht nicht jede Frau gleich aus, auf der Ebene des *essentiell Weiblichen* ist sie es aber. Das ist das größte Geheimnis des spirituellen Lebens. Haben Sie gut aufgepaßt? Das ist alles, was Sie wissen müssen. Alles ist gleich, und ich hoffe, daß es mittlerweile offensichtlich geworden ist, daß ich hier nicht über den Stromkreis der Energien von männlichen und weiblichen Geschlechtsorganen spreche.

Die öffentliche Lehre über die spirituelle Arbeit behauptet, daß es viele Ebenen von Übung und Reife gibt und daß man ein bestimmtes Maß an Disziplin haben und eine bestimmte Anzahl formaler Übungen durchführen und sich immer nach dem Protokoll richten muß, und daß man sich hocharbeiten muß… daß niemand in den „inneren Kreis" gelangt, der nicht mindestens neun oder zehn Jahre Arbeit nachweisen kann, und so weiter. In Wahrheit braucht man jedoch nur ein Schaltdiagramm, und alles ist eingerichtet. Es ist nichts dabei. Für Männer und Frauen gilt das gleiche, denn auf der Ebene von Kontext und *Erkenntnis* gibt es nur Gott. Nur Gott.

Wie wird die Verschiebung des KONTEXTES, in dem man erkennt, daß es nur Gott gibt, permanent, anstatt uns nur einen Augenblick der Freiheit zu gewähren und dann wieder in den Hintergrund zu treten?

Man muß aufhören, sexistisch und frauenfeindlich, eine Männerhasserin, eine befreite Frau, ein „wahrer Mann" und all diese Dinge zu sein. All diese Definitionen sind effektive Hindernisse für eine permanente Verschiebung des Kontextes. Ehe Sie zu Mann oder Frau werden, müssen Sie ein menschliches Wesen sein. Ehe Sie zum Sexobjekt werden, müssen Sie ein *Liebender* sein. Vor der Leidenschaft (oder Begierde) müssen Sie die Freude kennen, vor der Habgier die Großzügigkeit, Sanftheit und Mitgefühl vor Aberglauben und Vorurteil. Man muß seine subjektive Ansicht der Realität aufgeben und in einer Disposition des *Anfängergeistes* zur Ruhe kommen. Erlauben Sie der offenbarenden Wahrheit die Chance, Wurzeln zu schlagen, zu keimen und zu sprießen. Dann müssen Sie die Vision durch Taten stärken.

Es reicht nicht aus, in der Öffentlichkeit geistreiche Reden zu führen, aber zu Hause Frau und Kinder zu schlagen. Sie müssen – essentiell – das *Wort* praktizieren und es nicht nur im Mund führen.

Ganz einfach, oder?

# *Geheimnis 52: Das Problem tantrischer Gelübde*

Die Vorstellungen der meisten Menschen in bezug auf tantrische Gelübde – in ihrer einfachsten Interpretation – sind: „Essen, wenn Du Hunger hast, Sex, wenn du „heiß“ bist, und schlafen, wenn du müde bist.“ Dies scheint eine großartige Lebensweise zu sein – sehr spontan, sehr selbsterfüllend. Alles scheint so aufregend und frisch zu sein, so natürlich.

In Wahrheit jedoch gehören die tantrischen zu den am schwierigsten zu erfüllenden Gelübden, denn sie sind die Gelübde mit der größten Qualifikation – nicht objektive, sondern innere Qualifikation. „Essen, wenn du Hunger hast, Sex, wenn du „heiß“ bist, und schlafen, wenn du müde bist“ ist der am schwierigsten zu erfüllende Leitsatz, denn diese Gelübde bedeuten, daß man diese Dinge frei von jeder Anhaftung an oder Komplikation durch das Ego tut. Die Gelübde eines Mönchs oder einer Nonne sind am leichtesten einzuhalten, denn sie sind auf den Buchstaben genau vorgeschrieben, und das Ego hat mit ihnen nichts zu tun. Bei klösterlichen Gelübden ist das Ego an deren Beurteilung nicht beteiligt. Natürlich hat das Ego seine Widerstände, seine Kämpfe und seine Abneigungen, aber die Definitionen und Grenzen sind genau vorgegeben und klar. Man braucht nur Disziplin und Willen.

Um aber die tantrischen Gelübde einzuhalten, braucht man unendlich viel mehr als Disziplin. Ein praktizierender Tantriker könnte alle Disziplin der Welt haben, aber ohne Urteilsfähigkeit (unter anderem) würde ihm das alles überhaupt nichts nützen, und die Urteilsfähigkeit, die hier gefordert ist, muß absolut klar und tief sein, nicht nur leicht und oberflächlich. Man muß fähig sein, auch die delikatesten Feinheiten wahrzunehmen und alle Auswirkungen jeder Bewegung zu spüren. In der tantrischen Praxis verwandelt man nicht, wie in der traditionellen Alchimie, Blei in Gold. Statt dessen findet man die sprichwörtliche Stecknadel im Heuhaufen. Natürlich ist dieser Prozeß im höchsten Sinne alchimistisch, aber definitiv nicht im Sinne der chemischen Versuche einer Klasse an der High School.

Bei dem hier geforderten Urteilsvermögen geht es um die Unterscheidung zwischen instinktiver Bewegung – essentieller Bewegung – und Bewegung des Ego. Es geht um Spontaneität, die basiert auf dem *göttlichen Einfluß* oder dem *Willen Gottes*, und die entsteht als Reaktion auf die unmittelbaren und objektiven Bedürfnisse des Augenblicks oder auf die *absolute* Realität der Umstände. Diese Art von Spontaneität basiert nicht auf den gewohnlichen Manifestationen eines Mannes oder einer Frau (besonders ausgeprägt bei Essen, Sex und Schlafen), die in Wahrheit überhaupt nicht spontan sind. Diese gewöhnlichen Manifestationen sind einfach automatische und chronisch gewohnheitsbedingte Erfüllungen der Strategie, die das Ego schon früh in der Kindheit festgelegt hat, um das fortbestehende Überleben des *Seins*, wie das Ego es identifiziert, zu gewährleisten, oder um die Vernichtung, wie das Ego sie sieht, zu vermeiden.

Die wichtigste Eigenschaft sexueller Praxis ist jedoch, nicht darüber zu verkrampfen, sie nicht übermäßig zu betonen. Gehen Sie mit Leichtigkeit vor, und lassen Sie Ihre Beziehung durch Aufmerksamkeit und Fürsorge gedeihen. Geben sie sich gegenseitig „Nahrung", und denken Sie über diese Betrachtungsweise nach.

# *Geheimnis 53:*
# *Wenn es trifft*

Wenn die *Offenbarung* des Wahren Tantra Sie trifft, dann trifft sie. Ehe sie Sie trifft, kennen Sie sie nicht. Ich studiere gerne, und deshalb habe ich ein ziemlich umfangreiches Wissen angesammelt, aber wenn ich eine Erfahrung, die ich vorher nicht kannte, tatsächlich selbst gemacht habe, dann war die Erkenntnis einfach die, daß nun auch der Körper weiß, was der Kopf bereits wußte, selbst wenn das, was ich vorher studiert hatte, absolut klar und offensichtlich war. Ohne *Offenbarung* haben alle sogenannten tantrischen Rituale der Welt keinerlei Bedeutung. Wenn sie Sie trifft, dann trifft sie; und bis sie Sie trifft, kennen Sie sie nicht. Das ist wie das große Los in der Lotterie. Das Leben ist ein großes Würfelspiel, und jeder hat früher oder später seine Glückssträhne.

Bei dieser Sache können Sie nichts tun, um Ihre Chancen zu erhöhen. Sie können Ihre Chancen nicht erhöhen, aber Sie können üben. Wie oft Sie Sex haben oder mit wem oder wie, wird Ihre Chancen nicht erhöhen. Wenn das Tantra Sie trifft, dann trifft es. So ist das Leben. Bei unserem Üben geht es nur darum, unsere Fähigkeit dafür zu optimieren, die *Offenbarung* zu nutzen, wenn sie uns trifft, nicht darum, sie zu beschleunigen – weil wir das einfach nicht können.

# *Geheimnis 54: Sexuelles Tantra – Einige verbreitete Mißverständnisse*

Das größte Handikap für die tantrische Sexualität ist die Angst vor dem Versagen. „Was ist, wenn ich durch das falsche Nasenloch atme? Was ist, wenn ich das falsche Mudra mache, das falsche Yantra visualisiere, das falsche Mantra sage?" Das größte Hindernis für die tantrische Sexualität ist das Gefühl, es richtig machen zu müssen oder es jedesmal auf eine bestimmte Art und Weise tun zu müssen. Entspannen Sie sich! Fünfundzwanzig Jahre lang haben Sie es auf jede erdenkliche Weise getan, und nichts ist schiefgegangen, oder? Jetzt lernen Sie ein wenig Atemtechnik, und plötzlich sind Sie besorgt. Nichts wird schiefgehen, wenn Sie einen Orgasmus haben, obwohl Sie eigentlich keinen haben sollten, oder wenn Sie keinen Orgasmus haben, obwohl Sie einen haben sollten, oder wenn Sie durch das falsche Nasenloch atmen.

Wenn wir über die vielen tausend Jahre kultureller Zivilisierung verfügen würden, die unser genetisches Erbe sein sollten, und wenn unsere Systeme problemlos in Einklang mit unserer genetischen Disposition gebracht werden könnten, dann müßten wir ein wenig vorsichtiger sein. Aber wir sind rohe, unbeholfene Wesen. Einige Yogabücher sagen, daß Sie Ihrem Nervensystem einen Schlag versetzen, wenn Sie zur falschen Zeit durch den falschen Kanal atmen. Die meisten von uns sind jedoch sehr grobe Wesen, und deshalb müssen wir uns darüber keine Sorgen machen.

Gleichzeitig jedoch kann die schiere Eleganz und Feierlichkeit einer japanischen Teezeremonie die meisten von uns sprachlos machen. Glücklicherweise haben wir eine gewisse Neigung zur Eleganz, auch wenn wir ziemlich ungehobelte Wesen sind. Nach einigen Jahren werden Sie vielleicht ein wenig sensibler, denn das Sadhana in einer *wahren Schule* definiert Ihr Nervensystem natürlich auf eine reinere und klarere Weise, und Sie beginnen, auch für subtilere Dinge empfänglich zu werden.

Machen Sie sich keine Gedanken darüber, sexuelles Tantra entwickeln zu wollen. Sie können so in der Beleuchtung, den Düften und der Musik aufgehen, daß Sie unter größerer Anspannung stehen als ein Jugendlicher in der siebten Klasse, der ein Mädchen zum Tanzen auffordert. Betrachten Sie die Vorstellungen und arbeiten Sie damit, aber setzen Sie sich ihretwegen nicht unter Spannung.

• • •

Ein anderes großes Handikap für die tantrische Sexualität ist die Eitelkeit.

Wenn Sie bereit sind, eine wahre sexuelle Gemeinschaft einzugehen (wahres Tantra), dann werden ein paar Sicherungen durchbrennen, und danach werden Sie ein anderer Mensch sein müssen, aber stellen Sie sich vor – Sie sind fast da, an der Grenze, und was kommt Ihnen in den Sinn? Eitelkeit! „Ich schwitze zu sehr. Was wäre, wenn mich jemand beobachten würde? Wie liegen meine Haare? Mache ich es richtig?" Eitelkeit! Wenn eine sexuelle Begegnung beginnt, an einen Punkt zu gelangen, an dem die Persönlichkeit den Halt verliert und die Essenz die Kontrolle übernimmt, dann meldet sich der Verstand und versucht, Ihre Absicht zu unterlaufen. Warum? Weil der Verstand nicht will, daß das Wesen geändert wird.

• • •

Viele Frauen haben einen sexuellen Antrieb, der dem Verlangen nach Fortpflanzung entspringt. Dieser instinktive Antrieb wurde jedoch durch verwirrte, unsichere und unbewußte Frauen in eine Epidemie verwandelt. Die Madison Avenue hat uns alle – Männer und Frauen – davon überzeugt, daß uns daran gelegen sein sollte, ständig „Liebe zu machen", daß es ein natürliches Verlangen ist, sich endlos und ohne Unterbrechung zu paaren. Für die falschen Emotionen fühlt sich dies wie echtes Verlangen an. In Wahrheit ist es jedoch ein konditioniertes Verlangen nach Sex, das mit Instinkt nichts mehr zu tun hat.

Die sexuelle Gemeinschaft irritiert den Drang nach Fortpflanzung. Um es genauer zu sagen, sie zieht ihn einfach nicht in Betracht, denn sexuelle Gemeinschaft ist absolut frei von dem Drang zum Orgasmus – obwohl ein Orgasmus spontan eintreten kann. Andererseits steht die sexuelle Gemeinschaft der Fortpflanzung auch nicht negativ gegenüber. Sie ist nur nicht verwirrt durch moralische oder selbstbezogene Themen. Wo es sexuelle Gemeinschaft gibt, gibt es keinen Drang zum Orgasmus, aber im reinen Sinn entsteht der Drang, keinen Orgasmus zu haben, auch nicht.

• • •

*Die Angst vor dem Fliegen* von Erica Jong ist ein Roman über eine Frau, die mit einem orientalischen Psychiater verheiratet war. Wo könnte man besseren Sex bekommen? Der orientalische Teil von ihm war absolut diszipliniert und konnte sie beim Sex jedesmal bis an die Grenzen bringen, und der psychiatrische Teil wußte, wie man der perfekte Partner ist. Und trotzdem wurde es ihr nach einer Weile langweilig, und sie wollte nur noch, daß er eine vorzeitige Ejakulation haben sollte – irgend etwas – Hauptsache anders. Ständiger perfekter Sex ist kein perfekter Sex. Er ist langweilig. Alles, sogar sexuelle Gemeinschaft, sogar Ekstase, wird langweilig, wenn man es immer hat.

• • •

Beim Tantra geht es nicht darum, daß Sie lernen, wie man richtig atmet, so daß Sie nach Hause gehen, daran arbeiten und eine Woche später Rajneesh oder Sondra Ray ein oder zwei Dinge erzählen können. Beim Tantra geht es um tiefes, tiefgreifendes Verständnis, um die Manifestation eines Prinzips. Wenn Sie, was ich Ihnen empfehle, gewissenhaft und sensibel üben, dann werden die Früchte dieses Übens sich vielleicht in einigen Monaten oder Jahren oder vielleicht auch erst in zehn Jahren zeigen. Aber nebenbei werden Sie die Möglichkeit haben, zu erkennen, was sexuelle Gemeinschaft ist.

Die sexuelle Gemeinschaft selbst ist nicht die Frucht des Übens. Ich will damit sagen, wenn Sie die Möglichkeiten der sexuellen Gemeinschaft erkennen – was sie wirklich bedeutet –, dann werden all Ihre bisherigen Vorstellungen von Sex nicht mehr bestehen können. Nachdem Sie diese Chancen einmal erkannt haben, kann es durchaus noch Jahre dauern, ehe Sie beginnen können, Ihren Körper dauerhaft auf die Praxis auszurichten, die Ihnen diese Gemeinschaft für immer gewähren wird, jedesmal, wenn Sie zusammen sind, ob körperlich oder anderweitig.

„Höherer Sex" hat nichts mit Gemeinschaft zu tun. Gemeinschaft ist etwas anderes. Es gibt „kosmischen Sex", der so hoch ist, daß Sie einfach nur daliegen und noch nicht einmal die Kraft haben, die Augen zu öffnen, und Ihr Zimmer wird Ihnen vorkommen wie eine Opiumhöhle. Das ist etwas anderes als Gemeinschaft.

Nachdem Sie also einmal einen Blick auf die Chancen sexueller Gemeinschaft erhascht haben, kann es noch Jahre dauern, bis Sie es schaffen, Ihren Körper auf eine Praxis auszurichten, die Ihnen die Möglichkeit verschafft, zu jeder Zeit in dieser Gemeinschaft zu sein, denn dadurch werden all Ihre sexuellen Überzeugungen und Erwartungen, all Ihre chronischen Muster und Gewohnheiten in bezug auf Sex absolut erschüttert.

# *Geheimnis 55: Tantra und objektives Wissen*

Der Verstand, noch mehr als das Herz, ist der dynamischste und umfassendste Mechanismus der Manipulation und Kontrolle im gesamten Körper. Der Verstand kann das Herz ganz leicht zum Stillstand bringen, wenn er ausreichende Gründe dafür hat. Objektives Wissen – Wissen, das für jeden genau gleich ist, ob Mann oder Frau, unabhängig von Kultur, Alter, Rasse oder Religion – kann nur erkannt werden von einem Teil unserer selbst, der nicht durch den Verstand beeinflußt oder kontrolliert werden kann und auf den der Verstand keinen Einfluß hat. Daraus läßt sich also schlußfolgern, wenn das Ziel eines jeden menschlichen Wesens in der Erkenntnis dieses objektiven Wissens besteht, gleichzusetzen mit dem ultimativen Grad der Selbstentwicklung, oder wir könnten auch sagen *Erkenntnis*, dann müßte man früher oder später nach einem Weg der Übung suchen, die entweder den Verstand transzendiert oder durch ihn arbeitet, einen Weg, der mit ihm genau so umgeht, wie er *ist*, ohne von ihm kontrolliert oder manipuliert zu werden oder seinen Auswirkungen unterworfen zu sein. Wir müßten einen fühlenden, Daten sammelnden und informierenden Mechanismus entwickeln, der nicht vom Verstand gespeist wird oder von ihm motiviert ist.

Die Form oder Matrix, die wir als lebende Wesen – als menschliche Wesen – mit Leben erfüllen, ist nicht begrenzt durch das, was unsere Augen als die Definition unseres Körpers sehen. Unser organischer Körper bewohnt in Wahrheit viele unterschiedliche Dimensionen. Objektives Wissen wird daher durch organische Ebenen der Kommunikation übertragen, aber nicht durch Kommunikationsebenen, an deren greifbare Wahrnehmung wir gewöhnt sind oder auf die uns zu verlassen wir aus der Konvention heraus gelernt haben. Objektives Wissen wird durch einen organischen Kanal übertragen, der ein vollkommener, integraler Bestandteil zwischen den Menschen ist, aber eher auf einer feinstofflichen als auf einer grobstofflichen Ebene. Wir könnten sagen, daß ein solches Wissen – das, was *objektiv* ist – eher durch ein „Feld“ als durch einen engen Kanal oder durch eine „Linie“ übertragen wird. Wenn beispielsweise ein ganzer Raum voller Menschen eine bestimmte Art der Kommunikation erfährt, bei der keine Worte erforderlich sind und bei der jeder genau versteht, was geschieht, dann ist dieses gemeinsame Wissen, das jeder in dieser Verbindung wahrnimmt, eine Form einer solchen Kommunikation. Es gibt eine automatische Übereinkunft, die „Gemeinschaft" genannt wird. Diese Art stillschweigenden gegenseitigen Verständnisses für den Wesenszustand des jeweils anderen ist kein Prozeß des Verstandes. Für den Verstand ist es sprichwörtlich unmöglich, in Gemeinschaft zu sein, außer auf eine äußerst oberflächliche Weise, wie in einem Zustand psychischer Sympathie oder Empathie. Damit Gemeinschaft stattfinden kann, muß es eine vollständige Integration der Elemente der feinstofflichen organischen Domänen all derer geben, die sich in der Bindung oder Matrix der Gemeinschaft befinden. Bei zwei Menschen muß es diese vollständige organische Integration geben, und auch bei einem Dutzend Menschen muß es diese vollständige organische Integration geben. Hierbei handelt es sich nicht einfach um eine Vermischung der Auren. Es besteht ein großer Unterschied – ein umfassender und verschmelzender Prozeß. Es ist, als ob jede Einzelperson ihre Unterscheidung als ein „anderer" verliert und doch (offensichtlich) die grobe physische Trennung aufrechterhält.

Ich glaube, ich sollte hier zuerst einmal eine Warnung anbringen. Einige Produkte enthalten einen Warnhinweis wie die Zigarettenpackungen in Amerika: „Rauchen ist gesundheitsschädlich." Im tantrischen Yoga wäre diese Art von Information das gleiche wie eine Einweihung nach Jahren intensiven Sadhanas, und deshalb lehne ich hiermit formell die Verantwortung für alle Probleme ab, die irgend jemand von Ihnen dadurch bekommen könnte, daß er versucht, diese Informationen ohne die Hilfe eines *Lehrers*, der weiß, was er tut, in sein Leben zu integrieren – und dieser Lehrer muß nicht unbedingt ich sein. (Ich hoffe sogar, daß ich es nicht bin.) Diese Information ist sehr gefährlich. Um ganz offen und ehrlich zu sein, ich gebe sie Ihnen nur deshalb, weil es einige Schüler gibt, für die diese Informationen wertvoll sind.

Jedes einzelne sexuelle Erlebnis und jede einzelne sexuelle Erfahrung sind normalerweise nur für einen kurzen Zeitraum zufriedenstellend, und nicht für mehrere Wochen oder sogar Monate. In Anbetracht der hier gesagten Dinge sollten wir jedoch verstehen, daß eine einzelne sexuelle Begegnung uns für Wochen – endlos – zufriedenstellen könnte. Ein einzelnes Ereignis könnte den nährenden Körper für einen langen Zeitraum sättigen. Ich meine damit nicht, daß Ihre Genitalien wochenlang verbunden bleiben. Eine sehr „kurze" Vereinigung kann tatsächlich für einen ziemlich langen Zeitraum befriedigend sein, aber der Grund dafür, warum sie es normalerweise nicht ist, liegt darin, daß keine organische Kommunikation, keine Verschmelzung, kein feinstofflicher Körperaustausch stattfindet. Auch wenn zwei „Stücke Fleisch“ ziemlich intim miteinander verbunden sind, bedeutet das nicht, daß eine organische Kommunikation stattfindet. Bei einer sexuellen Gemeinschaft können Intensität, Fülle und Vergnügen eines einzigen Liebesaktes Wochen und sogar Monate andauern.

Eine offensichtliche Frage ist: „Kann eine organische Integration stattfinden, wenn nur eine Person in Gemeinschaft mit dem *essentiellen* Wesen des anderen ist, auch wenn der andere völlig ‚außen vor‘ ist?“ Ja, sie kann. „Wenn ein sexuelles Ereignis völlig befriedigend wäre, würde oder könnte man immer noch Verlangen spüren und noch einmal in eine sexuelle Gemeinschaft eintreten?“ Ja, natürlich. Warum nicht? Man kann in Gemeinschaft sein mit einem Musikstück von Bach, mit einem Gemälde oder mit einer Statue von Rodin. Diese Betrachtungsweise beschränkt sich nicht nur auf menschliche Wesen.

Damit objektive Alchimie stattfinden kann, muß es eine organische Integration zwischen allen Ebenen geben, die mit den zwei oder mehr Elementen des Gemeinschaftsraums zu tun haben. Es muß eine „Verschmelzung der Materie“ stattfinden. Es muß eine wahre Verschmelzung sein, nicht nur eine Vermischung von sexuellen Flüssigkeiten, Blut, Schweiß und Tränen.

Sie können die Fähigkeit erlangen, so zu entspannen, daß Ihr organisches Wesen sich mit dem organischen Wesen eines anderen verbinden kann. Bei diesem Prozeß geht es nicht darum, etwas aggressiv, mit Muskelkraft oder aufdringlich zu tun. Es geht nicht darum, etwas zu werden, was Sie nicht schon sind. Es geht vielmehr darum, die Hürden zu entspannen, die normalerweise verhindern, daß dieser Prozeß geschieht, und der Verstand ist der primäre Schöpfer dieser Hürden, die das Geschehen von Gemeinschaft wirkungsvoll verhindern.

Lassen Sie uns das, was nicht vom Verstand kontrolliert und manipuliert wird, „objektives Bewußtsein“, und das, was der Verstand ist, „subjektives Bewußtsein“ nennen. Der Unterschied zwischen objektiv und subjektiv besteht darin, daß es in jedem gegebenen Augenblick für das objektive Bewußtsein nur eine richtige Antwort auf jeden beliebigen Reiz gibt. Das objektive Bewußtsein hat keine Wahlmöglichkeiten für seine Ausdrucksweise in jedem gegebenen Augenblick, keine Zweifel, keine Verwirrung. Es hat keine Alternativen. Das subjektive Bewußtsein hingegen beinhaltet die Möglichkeit vieler Alternativen in jedem Augenblick.

Für das subjektive Bewußtsein gibt es immer eine Wahl... viele Entscheidungen, die getroffen werden müssen, basierend auf einer kritischen oder analytischen Betrachtung beobachtbarer und beliebiger Daten, wie beispielsweise emotionale Verwirrung und/oder was man gerade zu Mittag gegessen hat.

Eine kleinere Einschränkung besteht darin, daß die grundlegende Natur der Menschen unterschiedlich ist. Bei der Frage des Verstandes geht es um die Orientierung dahingehend, wer man psychologisch ist, und nicht, wer man in Wahrheit ist. Manche Menschen sind sehr gesellig, sehr aus sich herausgehend. Einige Menschen sind sehr ruhig und reserviert. Manche Menschen sind sehr emotional veranlagt, und andere sind kühl und rational. Diese Dinge haben nicht notwendigerweise etwas mit dem Verstand zu tun. Sie können, müssen es aber nicht. Selbst wenn jeder, der diese Zeilen liest, das erkennen könnte, was zuerst mit dem Verstand zu tun hat, oder wenn er objektives Bewußtsein erkennen könnte, so wären wir trotzdem in unseren Aktionen, Stimmungen und Vorlieben sehr unterschiedlich. Manche von uns wären sehr ausdrucksvoll, andere wiederum nicht. Der Verstand schafft zwar bestimmte Haltungen und Gesten, zwischen den einzelnen Menschen gibt es jedoch auch sehr grundlegende Unterschiede. Es gibt essentielle Typen menschlicher Wesen, und diese existieren und bleiben, unabhängig davon, ob der Verstand dominiert oder ob er vom objektiven Bewußtsein als Werkzeug benutzt wird. Wenn Sie die Leben von Jesus, Buddha, Krishna und Mohammed studieren, wird ziemlich offensichtlich, daß sie trotz einiger vorherrschender Gemeinsamkeiten vom Wesen her sehr unterschiedlich waren, jeder auf seine Weise archetypisch.

Das, was organisch ist, ist sterblich, und das, was nicht organisch ist, überlebt fortwährend durch eine Reihe von Sterblichkeiten – Geburten, Tode und Veränderungen der Form. Das, was nicht organisch ist, ist auch nicht sterblich. Der Kanal, durch den das objektive Wissen in der menschlichen Domäne übertragen wird, stirbt, wenn der Körper stirbt, obwohl das Feld der Kommunikation nicht stirbt. Dies bedeutet, daß objektives Wissen nicht in dem Kanal gelagert oder verwendet wird, durch den es übertragen wird, sondern an einem anderen Ort. Dies ist ein sehr wichtiger Punkt. Objektives Wissen muß übertragen, empfangen, aus dem Kanal, in dem es empfangen wurde, herausgenommen und an einem anderen Ort benutzt oder angewendet werden. Wenn das objektive Wissen im Kommunikationskanal von Beobachtung oder Wahrnehmung bleibt, hat es keinen weitergehenden Wert. Es hat natürlich einige sehr vorübergehende Möglichkeiten. Es hat aber deshalb keinen bleibenden Wert, weil es stirbt, wenn der Körper stirbt.

Wenn aber objektives Wissen übertragen, empfangen und richtig angewendet wird, dann behält es seine Gültigkeit und bleibt nützlich, auch wenn der Körper stirbt. Es tritt in den „Strom des Kontinuums" ein, in das kontextuelle Feld der Schöpfung. Es ist produktiv, schöpferisch und sogar ewig.

Das Ziel der organischen Gemeinschaft, sowohl sexuell als auch anderweitig, besteht darin, objektives Wissen an einem anderen Ort als dem organischen Wesen zu schaffen und das organische Wesen als Transportmittel zu *verwenden*, um über das organische Wesen *hinauszukommen*. Organische Gemeinschaft dient nicht nur dazu, kosmische Erfahrungen zu machen oder transzendentales Vergnügen zu erleben. Sie dient auch dazu, Wissen an einen anderen Ort als das sterbliche Reich zu transportieren.

# *Geheimnis 56: Die Zyklen sexueller Gemeinschaft*

In der menschlichen Gemeinschaft ist Sex die machtvollste treibende Energie, und die sexuelle Gemeinschaft ist der zerbrechlichste Zustand.

Die sexuelle Gemeinschaft begründet sich auf heilige *Magie*, und die *Magie* können Sie ganz leicht zerstören. Wenn Sie zum Beispiel selbstgerecht meinen, Sex auf bestimmte Weise tun zu müssen, dann zerstören Sie den Spielraum, der es der sexuellen Gemeinschaft erlaubt, Gemeinschaft zu sein. Sie können Energie manipulieren, um guten Sex zu haben... sogar kosmischen Sex..., aber sexuelle Gemeinschaft läßt sich nicht manipulieren, denn sie beruht auf *Magie*, nicht auf „Knopfdruck"-Körpern. So funktioniert es nicht, wenn man einmal begonnen hat, mit den höheren Zentren zu arbeiten.

Ohne *Magie* in der Beziehung kann es keine sexuelle Gemeinschaft geben. Die Menschen ändern sich jeden Tag – und innerhalb einer Beziehung ändern sie sich nicht unbedingt mit der gleichen Geschwindigkeit und in der gleichen Weise. Es ist sehr schwierig, die *Magie* in einer Beziehung zu bewahren – ein äußerst delikater und harter Prozeß. Aber es ist möglich... besonders dann, wenn man gewillt ist, sich die Zeit dafür zu nehmen.

Wenn Menschen mir Fragen zu Tantra und sexueller Gemeinschaft stellen, dann sage ich: „Haben Sie schon seit einigen Jahren eine feste Beziehung? Zeigen Sie mir zuerst einmal ein wenig Disziplin." Sexuelle Gemeinschaft bewegt sich durch Zyklen. Die gleichen drei Zyklen, mit denen ich an anderer Stelle die Stadien spiritueller Arbeit beschrieben habe, gelten auch für jeden Aspekt einer Beziehung. (Weitergehende Informationen zu diesen Stadien können Sie Lee Lozowicks Buch *Living God Blues* [Hohm Press, Prescott, Arizona, 1984] entnehmen.)

Wenn Menschen einen „Durchbruch" erzielen, dann bewegen sie sich von dem Ort, an dem sie sind, zu einem höheren Ort, aber sie schalten dadurch die zyklischen Gesetze nicht aus (können es auch gar nicht). Die fortschreitende Transformation oder Evolution ist wie eine sich ständig ausdehnende Spirale. Jeder Zyklus ist energetisch oder kontextuell auf den vorhergehenden Zyklus ausgerichtet, aber das eigene Reifwerden oder Fortbewegen in dem voranschreitenden transformatorischen Prozeß verändert nicht die spezifische Form der Zyklen.

Einer der grundlegenden Zyklen ist *Vernarrtheit – Gleichgültigkeit – Zweifel.* Ein Paar in der ersten Blüte des Kennenlernens und Zusammenseins ist sich zum Beispiel der Tendenzen in dem jeweils anderen, die eine Reibung der Persönlichkeiten, zukünftige Unstimmigkeiten oder Krisen ankündigen, völlig unbewußt (oder verleugnet sie aus Gewohnheit). (Bei den meisten Menschen sind die Hormone einfach zu dominant, als daß sie einen klaren Überblick behalten könnten.) Nach einer Weile jedoch wird das prickelnde Erlebnis des Entdeckens überschattet von der Realität der harten Arbeit bei jeder sich vertiefenden Beziehung (obwohl diese Arbeit für das reife Individuum voller Freude ist). An diesem Punkt produziert die chronische Ablehnung des Lebens in dieser Person die *Gleichgültigkeit.* Dann führt der Mangel an Nahrung und gemeinsamer Freude in einem solch gleichgültigen Zustand zum *Zweifel.*

Wenn man mit dem *Zweifel* als Chance für Selbst-Bewußtsein und *Sadhana* arbeitet, dann entsteht aus dieser Arbeit die *Einsicht*, der erste Aspekt des zweiten Zyklus (*Einsicht – Frustration – Reue*) in der sich entwickelnden Spirale. Die *Einsicht* wird zur *Frustration* als Ergebnis der Ungeduld und dem Drang danach, „weiterzukommen" – neben anderen Aspekten der *Frustration* auch im Konflikt mit dem Zeitplan des Universums. Sie wissen, daß Sie im zweiten Zyklus bei der *Frustration* angekommen sind, wenn es keine Alternativen mehr gibt – wenn Sie keine andere Beziehung haben wollen. (Sie wissen, daß Sie sich in der *Gleichgültigkeit* des ersten Zyklus befinden, wenn Sie sich umschauen und jede Menge Alternativen zu der Beziehung sehen, in der Sie sich gerade befinden.) Bei der *Frustration* geht es nicht um das Gefühl, daß Sie jemand anderen finden werden, wenn es nicht funktioniert. In diesem Stadium erkennen Sie, daß es niemand anderen *gibt.* Was tun Sie, wenn Sie der einzige Mann und die einzige Frau im Angesicht der Erde sind und keine Wahl haben? Sie sind frustriert!

Sie sind frustriert! Der Sex funktioniert nicht... die Persönlichkeiten prallen aufeinander... sie will eine Sache, Sie wollen eine andere... Sie fühlen sich, als ob Sie sich nie einigen werden... es gibt keine Alternativen... Sie schauen sich nicht um. Dann wissen Sie, daß Sie beim zweiten Zyklus angekommen sind. Sie müssen mit der *Frustration* fertig werden, aber nicht, indem Sie woanders hingehen. Das ist eine Ebene wahrer Reife in einer Beziehung! Der nächste Schritt ist die *Reue* über die unvermeidlichen Spannungen, die durch die *Frustration* entstehen. Und so dreht sich die Spirale weiter.

Man beginnt also mit *Vernarrtheit – Gleichgültigkeit – Zweifel*, was zu *Einsicht – Frustration – Reue* führt, was seinerseits zu *Freier Moment – Disposition der Nicht-Erleuchtung – Mitgefühl* führt. Und dieser Fortschritt braucht Zeit! Sie können bis zur Bewußtlosigkeit Sex haben, und trotzdem werden Sie diesen dritten Zyklus nicht innerhalb eines Jahres erreichen. (Sie müssen nicht wissen, wie Sie erkennen, wann Sie sich in der *Disposition der Nicht-Erleuchtung* des dritten Zyklus befinden, denn wenn Sie im dritten Zyklus angekommen sind, haben Sie bereits selbst Wissen!) Wenn Sie sich einer Beziehung widmen, dann braucht es normalerweise mehrere Jahre, bis Sie einige „Schrullen" aufgearbeitet haben. Jedes Muster kann sich einige Male wiederholen, abhängig von der Reife in und der Hingabe an die tantrische Praxis des einzelnen. (Man durchläuft den ersten Zyklus *Vernarrtheit – Gleichgültigkeit – Zweifel* nicht notwendigerweise nur einmal und gelangt dann gleich zur *Einsicht*.)

Die *Einsicht* des zweiten Zyklus jedoch wird in Ihrer Beziehung eine ganz andere Art von *Magie* schaffen. Das gilt auch für das *Mitgefühl*.

## *Geheimnis 57: Jesus war ein tantrischer Meister*

> Jesus sprach zu ihnen: „Wenn ihr aus zweien eins macht, wenn ihr das Innere wie das Äußere und das Äußere wie das Innere macht und das Oben wie das Unten, und wenn ihr das Männliche und das Weibliche zu einem Einzigen macht, so daß das Männliche nicht männlich und das Weibliche nicht weiblich ist, wenn ihr Augen anstelle eines Auges schafft und eine Hand anstelle einer Hand und einen Fuß anstelle eines Fußes und ein Bild anstelle eines Bildes, dann werdet ihr das Königreich betreten."
>
> – Das Evangelium nach Thomas (22:4–7)

Nun, das trifft den Punkt genau! Es ist unglaublich, daß Jesus diese Worte nach dem apokryphen Thomas-Evangelium gesprochen hat und daß sie im Neuen Testament überhaupt nicht erwähnt werden. Indem er sagt: „Wenn ihr aus zweien eins macht…", dann meint er: „Wenn ihr durch die Dualität hindurchschaut, wenn ihr nicht-dualistisch seht…". Jesus war ein reiner Vedantiker. Wenn ihr aufhört, in begrifflichen Vergleichen zu denken, wenn ihr aufhört, einzelne Dinge vor und entgegen anderen Dingen zu sehen, dann werdet ihr das Königreich betreten.

Jesus war auch ein Meister des Tantra. „Wenn ihr das Männliche und das Weibliche zu einem Einzigen macht, so daß das Männliche nicht männlich und das Weibliche nicht weiblich ist…" Aus dieser Aussage könnten wir schließen, daß Jesus nach Indien und Tibet ging und dort das Tantra studierte. Aber auch wenn er das nicht getan hat, so hat er doch zu irgendeinem Zeitpunkt seiner Arbeit die *Essenz des Tantra* entdeckt. Tantra ist viel mehr als nur sexuelles Tändeln in ritueller Form. Ramakrishna wurde zum Tantriker, aber nicht zu einem jener Tantriker, die herumgehen und all ihre weiblichen Schüler das Tantra lehren. Jesus sagt, daß wir den Mann wie die Frau und die Frau wie den Mann machen sollen. Das ist genau das, was im funktionierenden sexuellen Tantra geschieht. Unsere Aufmerksamkeit ist nicht mehr länger auf die separate Identität gerichtet, die basiert auf der Illusion des Überlebens in jeder gegebenen (und sterblichen) Form.

Frauen neigen dazu, sich viel schneller zu verlieren als Männer. Der Mann hält fast immer ein wenig von sich selbst zurück, damit er beobachten kann, was vor sich geht. In der reifen Tantrapraxis aber weiß man nicht mehr, ob man Mann oder Frau ist. Dies geschieht, weil die gesamte Dualität dieses Getrenntseins in einer wirbelnden Vereinigung der Kräfte aufgelöst wird. Manchmal weiß man noch nicht einmal, daß überhaupt Sex stattfindet. Man kann sogar vergessen, ob man Mann oder Frau ist.

Unsere geschlechtlichen Rollen werden von dem Augenblick an für uns vorgezeichnet, in dem man uns unsere kleinen blauen oder rosafarbenen gestrickten Strampelhöschen anzieht, wenn wir Säuglinge sind. Unsere Rollen sind kulturell oder gesellschaftlich definiert. Und dann kommen wir zu diesem Moment, in dem wir sprichwörtlich nicht wissen, ob wir ein Mann oder eine Frau sind! Das ist ein wenig schockierend… wissen Sie das nicht?

Was Jesus uns sagt, ist: „Es gibt viele Wege, die man gehen kann, meine Damen und Herren." Er sagt, daß man den vedischen Weg gehen kann, den Weg des Nicht-Dualismus. Man kann auch die Straße des „neti, neti" einschlagen – „das ist es nicht, das ist es nicht". Wenn er sagt: „Wenn das Äußere zum Inneren wird…", dann meint er, daß kein einzelnes Objekt, das vor oder entgegen einem anderen Objekt gesehen wird, Gott ist. Dann sagt er: „Wenn ihr das Männliche und das Weibliche zu einem Einzigen macht, so daß das Männliche nicht männlich und das Weibliche nicht weiblich ist, dann werdet ihr das Königreich betreten." Das ist der tantrische Weg. Dann sagt er: „In Ordnung, wenn diese drei Wege nicht die richtigen für euch sind, was ist hiermit? Wenn ihr Augen anstelle eines Auges schafft und eine Hand anstelle einer Hand und einen Fuß anstelle eines Fußes und ein Bild anstelle eines Bildes…". Damit will er sagen: „Wie wäre es, wenn ihr einfach das nehmt, was ihr habt? Ihr wißt nicht, daß ihr ein Auge habt. Wenn ihr ein wahres Auge schafft anstelle dessen, von dem ihr glaubt, daß es euer Auge ist, dann ist das schon sehr gut. Ihr glaubt vielleicht, ihr habt Hände, aber ihr wißt nicht, daß ihr Hände habt. Das ist alles nur Ego. Wenn ihr genau wißt, daß dies eine Hand ist… wenn ihr eine Hand anstelle einer Hand schafft… dann kommt ihr dorthin. Das bringt euch zum Königreich." Zen in Reinform! Er hat seinen Schülern vier Wahlmöglichkeiten in Form von Pfaden gegeben – vier Wege, die sie gehen können. Sie alle bringen Sie zum Ziel, aber Sie müssen Ihr *Sadhana* ernsthaft tun. Suchen Sie sich aus, welchen Weg Sie gehen wollen.

# *Geheimnis 58: Im erwachten Bewußtsein ist alles Eins*

Wenn zwei Menschen sich anschauen und einfach nur glücklich sind, daß sie zusammen sind, dann ist das keine sexuelle Gemeinschaft. Sexuelle Gemeinschaft ist, wenn der Raum[10], der geschaffen wird, ein Raum vollständig erwachten Bewußtseins ist – das heißt, wenn die beiden daran beteiligten Menschen bedeutungslos sind. Es ist sogar bedeutungslos, „wer sie sind", denn das Bewußtsein ist vollständig erwacht. Das ist das Ziel, zu dem das Liebesspiel uns führen sollte.

Wenn zwei Menschen sich mit dieser Vorstellung lieben, dann besteht die Möglichkeit, dieses Ziel zu erreichen.

Nun kann eine Person das auch ohne die andere tun. Darum geht es bei der tantrischen Einweihung. Es ist nicht alles, worum es geht, aber bei der tantrischen Einweihung kann der Meister diese Wirkung bei seinem Schüler hervorrufen. Das Sinnbild der Priesterin in der tantrischen Arbeit ist, daß sie dieses Bewußtsein bereits *ist*. Sie ist wie der spirituelle *Meister*. Sie kann im Schüler diese Stimmung des erwachten, freien Bewußtseins hervorrufen.

Wenn Sie mit einem erwachten Bewußtsein funktionieren, dann ist das einzige Objekt Ihrer Aufmerksamkeit das, was in diesem Augenblick den *Einfluß des Göttlichen* benötigt. Ihre Aufmerksamkeit wandert nicht. Sie ist ausschließlich und unbewegt, denn sie wird von dem angezogen und ist auf das fixiert, was in diesem Augenblick auf der Basis Ihres erwachten Bewußtseins benötigt wird.

Gemeinschaft ist das, worum es geht. Bestimmte Räume sind nur dann zugänglich, wenn es nur „eins" gibt – einen Raum der Einheit.

Manchmal bewegen Sie sich zufällig oder unwillkürlich in diese „Ein-Heit", diesen Raum der Einheit hinein. (Sie wissen nicht, wie Sie dorthin gekommen sind, aber wenn Sie da sind, ist es großartig.) Um sich diesem Punkt nähern zu können, muß manchmal das, was „zwei" ist, erschöpft sein.

---

10 Raum – aus der Terminologie des Vierten Weges. Nicht unbedingt ein tatsächliches Zimmer oder ein physischer Raum, sondern ein energetisches Band, das zwischen oder unter Menschen geschaffen wird zum Zweck der Konzentrierung der Aufmerksamkeit bei der Bewältigung einer spirituellen oder anderweitigen Arbeit.

Und manchmal ist der Weg, um das zu erschöpfen, was „zwei" ist, verlängerter Sex. Aber dieses Liebesspiel kann an einem gewissen Punkt sehr langweilig werden. Was tun Sie also? Sie haben Sex inmitten der Langeweile – der Punkt ist die Gemeinschaft. Wenn Alchimie immer noch geschieht, dann werden Sie feststellen, daß die Maschine unbedeutend wird, und dann befindet sich im Raum nur noch „eins".

Wenn sich nur noch „eins" im Raum befindet, dann ist Gemeinschaft das Endergebnis. Warum? Das geht uns nichts an. Es mag seltsam scheinen, aber es geht uns nichts an. Es geht denjenigen etwas an, der sich von dem nährt, was geschaffen wird, wenn sich nur „eins" im Raum befindet. Wer immer sich davon nährt, ist derjenige, der das Gesetz schreibt. Wir wissen nicht, warum das so ist. Ich könnte Ihnen eine ganze Reihe von geistreichen metaphysischen Erklärungen liefern, aber keine davon würde den Punkt treffen. Das „Warum" ist nicht unsere Aufgabe. Unsere Aufgabe ist, *es zu tun*. Warum ist es unsere Aufgabe, es zu tun? Es wurde uns gegeben, und die Belohnung ist offensichtlich.

• • •

Bei der Betrachtung von Sexualität auf einem spirituellen Weg stellt sich die Frage, ob die *tantrische Offenbarung* – oder Einheit oder Einswerden – innerhalb oder außerhalb einer Person geschieht. Ist die sexuelle *tantrische Offenbarung* eine Partnererkenntnis, oder geschieht sie ausschließlich in der inneren Welt des einzelnen?

Wenn wir diese Einheit nicht in uns selbst verwirklichen, ist meiner Ansicht nach die Chance einer Vereinigung außerhalb unserer selbst fast nicht vorhanden. Wenn hingegen diese Einheit in uns selbst geschieht, dann werden all die Gründe hinfällig, die die wahre Natur oder Manifestation der *erleuchteten Dualität*[11] (die die Sexualität einschließt) verleugnen.

Ausgehend davon, daß keiner von beiden diese Einheit der wesentlichen Polaritäten von männlich und weiblich in sich selbst entdeckt hat, bietet die fortschreitende Dynamik in einer Beziehung zwischen einem

11 Erleuchtete Dualität – das Stadium jenseits der Nicht-Dualität, in dem man nicht länger in der Illusion der Trennung von Gott lebt, sondern die Einzigartigkeit und Seligkeit der gewöhnlichen Existenz sieht und anerkennt und die Elemente der Schöpfung verwendet als Mittel zur ständigen Liebesbeziehung mit dem Göttlichen. Diese Sichtweise charakterisiert den Weg der *Baul*.

Mann und einer Frau ein wirkungsvolles Forum für beide, diese Entdeckung zu machen, sowohl jeder für sich selbst als auch als Paar.

Die Verwirklichung dieser Entdeckung ist eine Frage der Bereitschaft beider Partner, das Erkennen der tatsächlichen Wissenschaft der Polarität als wichtiger anzusehen als persönliche Themen von Kontrolle und Ablenkung.

# *Geheimnis 59: Über die Bewahrung des Orgasmus*

Es gibt zwei verschiedene Beziehungen zur sexuellen tantrischen Arbeit. Bei der ersten hält der Mann die Ejakulation zurück, die Frau hingegen hat so viele Orgasmen, wie sich während dieses Liebesspiels ergeben, ohne jedoch den Mann zum Orgasmus zu bringen (es sei denn, zu einem subtilen, den ganzen Körper umfassenden Orgasmus). Bei der zweiten Ausprägung vermeiden sowohl der Mann als auch die Frau den Orgasmus und nutzen statt dessen die Energieladung, die sich aufbaut, wenn Körper und Psyche den Orgasmus fordern.

Bei der zweiten Methode, in der beide Partner den Orgasmus vermeiden, „tasten" sie sich an ihn heran und nutzen die Spannung. Sie verwenden die geschaffene Energie, um sich auf einer Ebene zu stabilisieren, und beginnen dann, sich zur nächsten Ebene hochzuarbeiten. Sie arbeiten auf den Orgasmus hin, stabilisieren sich auf einer Spannungsebene vor dem Orgasmus, und gehen dann weiter zur nächsten Ebene der Intensität.

Die tantrische Praxis kann zur Unterstützung und Förderung des transformatorischen Prozesses verwendet werden, denn ihre energetische Dynamik kann essentiell alchimistisch sein. Darüber nachzudenken, nie einen Orgasmus zu haben, ist jedoch künstlich, exklusiv und unpraktisch. Sowohl Männer als auch Frauen können daher mit dem Üben beginnen, indem sie den Orgasmus bewahren, nicht indem sie ihn vollständig eliminieren.

Versuchen Sie, während der Dauer eines beliebigen Liebesspiels keinen Orgasmus zu haben, aber nicht unbedingt jedesmal. Experimentieren Sie ein wenig – versteifen Sie sich nicht auf eine exklusive Methode. Es gibt Umstände, unter denen für den Mann ein Orgasmus mit Samenerguß in dem Raum, in dem das Paar zu dieser Zeit „reist", einen ganz bestimmten Zweck erfüllen kann. Das zu verhindern würde bedeuten, eine Reihe von Möglichkeiten auszugrenzen.

Es ist verständlich, daß beide Menschen in dieser Domäne des Übens ein wenig verängstigt und unsicher sind. Für viele Männer ist die Vorstellung, ihren Orgasmus zu bewahren, sehr seltsam. Die ersten Male kann es fast zufällig geschehen, daß sie keinen Orgasmus haben. Sie lesen vielleicht Bücher über tantrische Energie und probieren sie aus, aber zunächst ist die Inspiration möglicherweise noch nicht ganz vorhanden.

In diesem experimentellen Prozeß ist es äußerst wichtig, die Reaktionen des jeweils anderen zu respektieren. Manchmal macht schon der Bruchteil einer Sekunde einen großen Unterschied! Das richtige Timing kann es Ihnen erlauben, den Gipfel vor dem Orgasmus lange genug aufrecht zu erhalten, damit der Körper sich beruhigen kann, damit Sie anschließend wieder ein aktiveres Liebesspiel beginnen können.

Die Reaktionen des anderen zu respektieren bedeutet jedoch nicht, sich deshalb unter Spannung zu setzen. Die Frau sollte nicht ständig Angst davor haben, sich zu bewegen, nur um zu vermeiden, daß der Mann einen Samenerguß hat. Wenn sie andererseits völlig außer sich gerät, ist das für ihren Partner natürlich auch nicht sonderlich hilfreich.

Sie müssen sich nicht vorher hinsetzen und es ausdiskutieren. Normalerweise reicht es aus, wenn Sie einfach vorher in der Stimmung sind oder die Vereinbarung treffen, daß Sie mit transformatorischer sexueller Energie experimentieren wollen. Dann ist Ihr Radar „eingeschaltet", und Sie können beginnen.

Ich empfehle außerdem, daß sowohl Männer als auch Frauen, aber insbesondere Frauen, die Möglichkeit in Betracht ziehen sollten, daß die Energie des Orgasmus in und durch den Körper hindurchgeht – durch das Nervensystem –, statt nur hinauszugehen. Bedenken Sie, daß die Energie sich sprichwörtlich umkehren kann, fast so, als ob sie ein Recycling durchlaufen würde.

(Ich empfehle nicht, Druckpunkte zu benutzen, um den männlichen Orgasmus zu verhindern. Ein Druckpunkt am Perineum kann zwar entweder den männlichen Orgasmus verzögern oder den Samen in die Blase umleiten. In vielen tantrischen Büchern ist diese Technik beliebt, aber ich empfehle sie nicht, obwohl sie technisch gesehen funktioniert. Ich bevorzuge statt dessen einen energetischen Prozeß zwischen den Partnern.)

Wenn ein Mann weiß, daß der Orgasmus auch auf eine innere Weise ohne Ejakulation möglich ist, dann kann er in einer sehr viel geduldigeren und anhaltenden Gemeinschaft mit einer Frau sein, ohne durch das psychologische Bedürfnis geplagt zu werden, einen Samenerguß haben zu müssen. Obwohl der innere Orgasmus in den Genitalien beginnen kann, ist er weder für Frauen noch für Männer auf diesen Ort begrenzt, und nachdem man ihn einmal erfahren hat, wird ein solcher Orgasmus in der Tat viel erstrebenswerter sein. Nach ein oder zwei Erfahrungen mit einem inneren Orgasmus wird das psychologische Verlangen nach dem genitalen Orgasmus sogar mehr oder weniger völlig verschwinden. Es kann zwar trotzdem noch ab und zu auftauchen (denn es ist ziemlich hartnäckig), aber nicht mehr regelmäßig und immer wieder, nachdem Sie einmal entdeckt haben, wie Sie die Energie nach innen führen müssen oder wie Sie sich gemeinsam durch die Zyklen des jeweils anderen bewegen können.

Wenn der Orgasmus nach innen gerichtet wird, dann findet nach der Implosion keine Entspannung statt. Der gesamte Körper wird, im Gegenteil, auf angenehme Weise noch mehr „an das Stromnetz" angeschlossen. Bei einem implosiven Orgasmus bleibt der Körper ohne Unterbrechung auf dem Gipfel. (Und manchmal ist das eher unangenehm als angenehm.) Die Lösung besteht darin, daß die Energie zum Treibstoff wird, so daß Sie „reisen" können, wohingegen Sie sich nach dem explosiven Orgasmus einfach entspannen und nirgendwohin „gegangen" sind.

Gemeinschaft ist der Punkt. Es spielt keine Rolle, ob die Gemeinschaft sich während des Prozesses der Bewahrung des Orgasmus einstellt, oder dadurch, daß Sie keinen Orgasmus haben… ob durch fünfzehn Minuten oder durch drei Stunden sexuellen Liebesspiels. Was zählt, ist die Tatsache, daß Sie in Gemeinschaft sind.

Die Partner können unabhängig voneinander arbeiten, jeder mit seinem eigenen inneren Energiezyklus oder zusammen mit dem gemeinsamen Zyklus von Mann und Frau. Wenn Mann und Frau unabhängig voneinander arbeiten, dann ist das sexuelle Spiel der Generator, an den beide angeschlossen sind. Wenn sie zusammen mit dem gemeinsamen Zyklus von Mann und Frau arbeiten, dann sind die beiden Kontaktpunkte im Körper die Genitalien und das Gesicht. Die Kontaktpunkte im Gesicht können gebildet werden, indem man sich gegenseitig in die Augen schaut oder indem man in einem synchronen Muster atmet, das die Energien miteinander verbindet. Es kann die Vereinigung der Münder, des Atems oder der Augen sein. (Ich gehe davon aus, daß es sogar der Kontakt des Dritten Auges sein könnte, aber ich ziehe etwas Geläufigeres vor. Wenn Sie ein Mystiker des Dritten Auges sind und wenn Ihr Drittes Auge jedesmal während einer Meditation vibriert und mit Ihnen spricht, dann, so vermute ich, ist diese Methode eher durchführbar.) Für die meisten von uns, die wir nicht ständig in den Phänomenen der Yogalehre über das Dritte Auge versunken sind, werden jedoch – gemeinsam mit den Genitalien – die Augen, der Atem und der Mund die Kontaktpunkte sein.

Eine Frau möchte vielleicht damit experimentieren, ihren Orgasmus zurückzuhalten, nur um zu beobachten, was ihr Körper damit macht – nur um zu sehen, wohin er geht, und dem zu folgen, worauf die Energie sie hinweist.

Benutzen Sie bei jeder Art von sexuellem Spiel Ihren Instinkt und folgen Sie den Signalen. Manchmal sagt Ihnen der Instinkt vielleicht, daß Sie jetzt keinen Orgasmus haben sollten, und manchmal wird es überhaupt keine klaren Signale geben. Wenn die Signale klar sind, dann sollten Sie ihnen jedoch so weit wie möglich folgen. Zu anderen Zeiten sind beide Partner vielleicht wirklich „high", und der Sex ist einfach nur phantastisch… aber es ist ganz deutlich, daß da etwas sagt, daß sie langsam machen, sich nicht mehr bewegen, in dem anderen ruhen, sich mit dem anderen verbinden, einer in den Armen des anderen liegen sollen. Oft wollen sie das aber einfach nicht. Sie haben lange auf diesen Abend gewartet und wollen nicht darauf verzichten. Ich würde Ihnen jedoch empfehlen, daß Sie, wenn diese Botschaft klar ist, ihr folgen sollten. Die Klarheit der Botschaft ist wahrscheinlich ein Hinweis darauf, daß an diesem Abend die chemische Zusammensetzung stimmt.

Sie werden Meilensteine in Ihrer gemeinsamen sexuellen Arbeit setzen, an denen Sie einen gewissen Punkt oder eine gewisse Ebene erreichen. Sie können auf dieser Ebene bleiben, was vielleicht wunderbar ist, und eine sehr erfolgreiche sexuelle Beziehung haben, soweit sie reicht. Aber an einem Punkt stehenzubleiben bedeutet Stagnation, und früher oder später wird die Verschlechterung einsetzen. Also können Sie entweder wachsen, stagnieren oder sich verschlechtern. Wenn Sie es schaffen, immer weiter zu wachsen, dann wird im Idealfall sogar die Verschlechterung zum Wachstum. Der Tod selbst wird einfach „zu einer weiteren Reise", statt zu: „Oh nein, ich werde sterben!" Für Menschen, die nicht die Disposition zu ständigem Wachstum haben, bedeutet der Tod Zerstörung, und sie werden ihn mit jeder in ihrem Arsenal verfügbaren Waffe bekämpfen.

So werden Sie also in Ihrer sexuellen Arbeit Meilensteine erreichen. Das bedeutet nicht unbedingt, daß der Sex besser oder „schärfer" wird. Es kann aber bedeuten, daß die Tiefe Ihrer Gemeinschaft ein Aroma annimmt, das Sie vorher noch nicht kannten.

Sie können nicht wissen, wie es ist, solange Sie es nicht gehabt haben!

• • •

Viele Frauen wurden in dem Glauben erzogen, daß es ihre Aufgabe sei, ihren Mann zu erfreuen. Die Werbung der letzten vierzig oder fünfzig Jahre hat den Frauen gesagt, daß ihre Aufgabe, der einzige Grund für ihre Existenz darin besteht, ihren Mann zu erfreuen (außer Kinder zu bekommen und das Haus zu putzen). Eine Frau wird daher glauben, daß ihr Mann unzufrieden sein und sie in ihrer Aufgabe versagt haben wird, wenn sie es nicht schafft, ihn zur Ejakulation zu bringen. In der Frau gibt es ein tiefes, ursprüngliches, psychisches Programm, das sagt: „... wenn er keine Ejakulation hat, dann wird er unglücklich sein, und ich habe als Frau versagt."

Bei der Annäherung an die Bewahrung des Orgasmus wird es daher vielleicht insbesondere am Anfang ein ausgeprägtes Zögern geben (obwohl dieses normalerweise nicht lange anhält), weil die Frau nicht möchte, daß der Mann nicht ejakuliert. Wenn Sie als Frau dieses Zögern gründlich genug analysieren, dann werden Sie feststellen, daß es von einem Gefühl der Unvollständigkeit, einem Gefühl des Versagens herrührt, wie ich bereits sagte. Eine Frau fühlt vielleicht so, obwohl der Mann sagt: „Ich fühle mich viel besser, wenn ich nicht ejakuliere. Ich bin geschwächt, wenn ich ejakuliere. Wenn ich nicht ejakuliere, ist meine Aufmerksamkeit dir gegenüber stärker." Diese Domäne birgt eine ganze Menge an essentieller Unsicherheit.

Den Orgasmus physiologisch zu vermeiden ist ein relativ einfacher Prozeß – die emotionalen und psychologischen Auswirkungen dieser Ausschaltung des Orgasmus sind die größeren Dinge, mit denen die Menschen sich auseinandersetzen müssen. Dies gilt insbesondere für Männer, denn Frauen fällt es im Vergleich zu Männern wesentlich leichter, ihren Körper wieder zu sensibilisieren. Wohingegen Männer die genitale Ejakulation „brauchen", um sich als Mann zu fühlen! Daher sind die psychologischen Angleichungen, die erforderlich sind, um mit der Praxis des Tantra beginnen zu können, die perfekte Gelegenheit, um an sich selbst zu arbeiten. All der „Schrott", den Sie jahrelang versteckt haben, wird an die Oberfläche kommen.

Wenn ein Mann den Sex ohne Samenerguß übt, und selbst wenn er einmal diesen psychologischen Drang gemeistert hat, wird sein Körper trotzdem von Zeit zu Zeit den sehr starken Drang zur Ejakulation haben (und so schnell wie möglich, damit er anschließend etwas anderes tun kann). Wenn der Mann jedoch über diesen Punkt hinauskommt, vielleicht eine dreiviertel Stunde bis eine Stunde lang, dann beruhigt der Körper sich einfach (sofern der Mann nicht wie wild loshüpft). Aber wenn er seine sexuelle Aktivität abwandelt, wenn er auch durch den zweiten Drang zum Orgasmus hindurchgeht, dann wird sein Körper sich wiederum sprichwörtlich beruhigen. Dadurch erlangt er einen enormen Bewegungsspielraum – für sexuelle Aktivität –, der weit darüber hinausgeht, einfach nur dazuliegen, damit keine Ejakulation erfolgt. Dann wird ein weiterer Punkt kommen... und so entsteht ein Zyklus.

Ich weiß nicht, ob das auch für Frauen zutrifft, aber jeder neue Punkt des Zyklus ist für den Mann schwieriger zu durchschreiten. Wenn die psychologischen Fragen geklärt sind, ist der erste Punkt leicht zu überwinden, weil der Orgasmus sehr schwach ist. Aber je länger Sie sich in sexueller Gemeinschaft befinden, je mehr Sie das Versprechen spüren, daß der Orgasmus jeden einzelnen Teil Ihres Körpers in die vier Ecken des Zimmers schleudern wird – um so fordernder wird für den Mann der Drang zur Ejakulation. Auf jeder Ebene wird der Drang zum Orgasmus für eine ziemlich lange Zeit einfach verschwinden, nur um ganz plötzlich wieder da zu sein, viel stärker als beim letzten Mal. Und je länger das sexuelle Spiel dauert, um so länger sind für einen Mann die zeitlichen Abstände zwischen den Phasen, in denen der Drang zum Orgasmus (zur Ejakulation) sehr stark wird – das heißt, die Zeit zwischen den Zyklen dehnt sich aus.

• • •

Es gibt verschiedene Arten von Orgasmus mit Ejakulation. Wenn ein Mann „sich ankurbelt" und dann zurückhält und sich anspannt, bis der Orgasmus erzwungen wird, dann ist die Ejakulation normalerweise sehr kraftvoll, erschöpfend und später auch schwächend. Wenn ein Mann sich aber in die Ejakulation hinein entspannen kann, dann ist der Orgasmus ganz anders – und nicht schwächend. Das Nervensystem explodiert nicht. Es findet einfach nur ein Transfer von Energie statt.

Wenn, unter besonderen Umständen, die physische Chemie der männlichen und weiblichen Flüssigkeiten ein notwendiger alchimistischer Inhaltsstoff des „Experiments" ist (ich spreche hier von etwas, das über die subtilen Energien hinausgeht, die durch die Liebe zwischen Mann und Frau produziert werden), dann kann ein explosiver Orgasmus zwar die erforderliche Chemie produzieren, aber er wird es dem Experiment nicht erlauben, zu Ende geführt zu werden. Er schneidet das Experiment ab. Sich in die Ejakulation hinein zu entspannen wird andererseits ebenfalls die erforderliche Chemie produzieren, jedoch ohne die explosiven und schwächenden Nebenwirkungen. Wenn man die Ejakulation zuläßt, dann hat das Ruhen im *Sein* des jeweils anderen die Tendenz zu körperlicher Sympathie. Durch ihr Zusammensein erlauben die Partner der physischen Chemie, eine subtile Chemie auszulösen. Sie können es der

Alchimie erlauben, sie zu erfüllen und die Kontrolle über sie zu übernehmen, anstatt alles mögliche zu tun, damit es geschieht.

• • •

Im China des zwölften und dreizehnten Jahrhunderts betrieben die Männer der oberen Klassen Polygamie, und viele von ihnen hatten zwanzig oder dreißig Ehefrauen, Konkubinen und Dienerinnen. Es gab eine genau festgelegte Wissenschaft, nach der das männliche Oberhaupt des Hauses alle Frauen im Haushalt „bedienen" mußte. Ohne zu ejakulieren, sog er ihre Yin-Kräfte in sich auf. Zu einem bestimmten Zeitpunkt des Monats, nachdem er die Yin-Kräfte von allen anderen Frauen gesammelt hatte, sollte der Mann dann bei seiner ersten Ehefrau sein. Bei ihr sollte er ejakulieren, und sie sollte darin geschult sein, die gesamte Yin-Kraft zu nutzen, die sich im Laufe des vorhergehenden Monats von all den anderen Frauen in ihm angesammelt hatte. So wird also in einer Hinsicht ein gewisses Maß an Energie aufgebaut, und dann findet eine Entladung statt, die diese Energie tatsächlich überträgt.

Ich sehe dies jedoch ein wenig anders.

Die exoterische Beschreibung von Sex ohne Ejakulation für den Mann besteht darin, daß der Mann ein sexuelles Spiel mit der Frau beginnt und seine Energie mit ihrer Energie vereint. Davon gibt es zwei Ausprägungen. Bei der ersten bringt der Mann die Frau bis zu einem gewissen Punkt, dann ejakuliert er, die Flüssigkeit der Frau mischt sich mit seiner eigenen, und dann zieht er die Flüssigkeiten sprichwörtlich wieder ein – physisch, muskulär. Bei der zweiten beginnt der Mann ein sexuelles Spiel mit einer Frau, und durch ihre Vereinigung baut sich eine gewisse Spannung auf, die er psychisch oder subtil aufnimmt. Bei dieser Annäherung – Bewahrung der Ejakulation – steigt die „aufgeladene" Samenflüssigkeit die Wirbelsäule entlang nach oben zum Gehirn. Im Gehirn verändert sie bestimmte Drüsensekrete und wird dann wieder in den Körper zurück gefiltert.

Es gibt sehr große Unstimmigkeiten darüber, ob dies ein physischer oder ein feinstofflicher Prozeß ist, wobei ich eher zu der Theorie neige, daß es ein feinstofflicher Prozeß ist – daß Mann und Frau die Vereinigung erreichen und dann ihre Energien austauschen. Bei diesem Austausch gibt es einen Punkt der alchimistischen Umwandlung, an dem die Energien aufhören, essentiell männlich oder weiblich zu sein. In diesem Fall können sowohl die Frau als auch der Mann gleichermaßen diese

Energie nutzen, wohingegen in dem anderen Fall der Mann der Frau ihr gesamtes Yin entzieht und sie lediglich der Generator oder das Reservoir ist, um es einmal so auszudrücken.

Die Körperflüssigkeiten von beiden, Mann und Frau, spielen bei diesem Energieaustausch eine Rolle. Sie sind in der Tat sogar unbedingt erforderlich. Nach dem Austausch der Energien werden diese körperlichen Flüssigkeiten jedoch zweitrangig. Wenn beispielsweise die Samenflüssigkeit ihren Zweck erfüllt hat, dann ist sie nur noch tote Substanz und kann entsorgt werden. (Das ist nur eine Theorie, aber ich sehe es so.)

Nun besteht der wichtige Teil natürlich darin, sicherzustellen, daß dieser tatsächliche Austausch von Energien auch stattgefunden hat. Die Flüssigkeiten selbst werden nicht vergeistigt. Sie werden bis zu dem Punkt vergeistigt, an dem eine Umwandlung der Energie stattfindet und eine Verschiebung vom Physischen zum Feinstofflichen geschieht. Der Schlüssel liegt darin, sicherzustellen, daß diese Umwandlung stattgefunden hat, denn hier gilt das gleiche wie bei jedem alchimistischen Ritual – wenn die Substanz ausgepreßt oder entsorgt wird, ehe die Umwandlung stattgefunden hat, dann ist das ganze Experiment ruiniert, und Sie können noch einmal von vorne anfangen. Es ist das gleiche, als wenn ein Heiler Wochen und manchmal Monate damit zubringt, bestimmte Arzneimittel oder -tränke zu perfektionieren. Ein Fehler, und Monate der Arbeit waren umsonst, die Formel ist nutzlos geworden. Gleichermaßen ist das, was begonnen wurde, ohne Wert, wenn die Ejakulation stattfindet, ehe der Prozeß der Umwandlung abgeschlossen ist. Es hat keine Bedeutung. Die Auswirkungen spüren Sie nur dann, wenn Sie den Zyklus vollenden. Wenn Sie den Zyklus nicht vollenden, dann wurde zwar grundsätzlich kein Schaden angerichtet, aber Sie haben auch keinen Gewinn davon und bleiben einfach dort, wo Sie waren.

• • •

Aufgrund ursprünglicher Ängste wird im Augenblick des Todes eine gewisse „Essenz" freigesetzt. In der Sprache des Vierten Weges (Gurdjieff) nennt man diese Essenz „Nahrung für den Mond".[12] So mag

12 Den Mond nähren – die von George Gurdjieff zum Ausdruck gebrachte Betrachtungsweise, die sich auf das „Nähren" der überlebensorientierten Kraft der trennenden Natur der Schöpfung bezieht, im Gegensatz zum „Nähren der Sonne" – der *Arbeit*, durch Hingabe an den Willen Gottes und Ausrichtung auf den großen Prozeß der göttlichen Evolution. Siehe: In *Search of the Miraculous* von P. D. Ouspensky.

der „Mond“ beispielsweise den Krieg, weil im Krieg so viele Menschen sterben, wodurch für den Mond ein richtiggehendes Festessen an Nahrung freigesetzt wird. Der „Mond“ mag die Kämpfe und die Schreie der Qual – ein Fest des Todes. Das wertvollste Ding, das der „Mond“ von den Menschen bekommt, ist das, was sie emotional freisetzen, wenn sie sich in einem Zustand des Überlebens befinden. Wenn Sie diesen Zustand des Überlebens hinter sich gelassen haben, ist der „Mond“ nicht mehr sonderlich interessiert.

Manche Menschen bezeichnen den Orgasmus als „kleinen Tod“. Wenn Sie ein Mann und klug sind, dann „sterben“ Sie jedesmal, wenn Sie Sex mit einer Frau haben, unabhängig davon, ob Sie einen Orgasmus mit Ejakulation haben oder nicht. Und wenn Sie eine Frau und klug sind, dann „sterben“ auch Sie jedesmal, wenn Sie Sex haben, denn ein solcher „Tod“ schafft automatisch größeres Leben. Wenn Sie dann alt sind und Ihr Körper zum Sterben bereit ist, dann werden Sie dem „Mond“ keine Nahrung mehr bieten, denn Sie werden Ihre Fähigkeit, für das Göttliche zu arbeiten, bereits transformiert haben. Der Tod wird ein Prozeß sein, den zu benutzen Sie bereits gelernt haben, und nicht ein Affront für Ihre Position oder Ihre Einstellung.

Um den „Mond“ als Analogie für die Frau zu verwenden: Eine Frau wird nicht daran interessiert sein, einen Mann zu manipulieren, zu beherrschen oder zu bemuttern, wenn er körperlich und spirituell in sie eindringt. Wenn er dies jedoch nicht tut, wenn er als Eroberer, als Autorität, als Wissenschaftler in sie eindringt, dann wird sie ihr Bestes tun, um ihn zu „töten“.

Hier geht es um das Prinzip der Arbeit mit den männlichen und weiblichen Polaritäten. Männer, die glauben, daß sie den Frauen nicht vertrauen können, sind deshalb dieser Meinung, weil sie – metaphorisch gesprochen – nicht bereit sind, in den Armen einer Frau zu sterben. Sie haben ganz einfach furchtbare Angst vor der Vision ihrer selbst, die ein solches „Sterben“ ihnen gewähren würde.

Die Aufgabe, die die Männer hier zu leisten haben, ist also wesentlich größer als die der Frauen. Die Frauen müssen sich lediglich in das hinein entspannen, was sie sind. Die Männer jedoch müssen, relativ gesehen, etwas vollständig anderes werden als das, was sie sind. Ein solcher Umgang mit den Polaritäten von Shiva und Shakti ist das, „was zu tun ist, bis der Messias kommt“.

# *Geheimnis 60: Frauen: Legt euren Orgasmus in eure Augen*

Es ist möglich, einen Orgasmus zu haben, bei dem „Ihr Gehirn in alle Winkel des Universums geschleudert wird“, ohne sich dabei zu bewegen. Es ist möglich, den Gipfel der Ekstase zu erreichen, ohne Energie versickern zu lassen. (In der Tat blockiert das Schreien und Herumwälzen 90 % der möglichen sexuellen Erfahrung. Es blockiert den Körper und lenkt die Aufmerksamkeit von den höheren Zentren ab.) Mit hinreichend viel Zeit werden alle Berge zu Tälern. Den besten Sex findet man im Tal, nicht auf dem Gipfel.

Frauen wissen, daß Männer einen toten Fisch nicht mögen. Und glauben Sie mir, das stimmt! Die meisten Männer mögen keinen toten Fisch, es sei denn in Form von Sushi. Aber Sex bietet eine höhere Möglichkeit, und diese Kommunikation findet im Tal statt. Durch Augen, Kehle, Hände und Oberschenkel kann genauso viel Kommunikation stattfinden wie durch Schreien oder wildes Herumwälzen. Die richtige Art von Stöhnen ist tausend Schreie wert. Das heißt nicht, daß Sie Ihren Körper niemals loslassen sollten, aber in den neurotischen anstelle des natürlichen Drangs zu verfallen ist lediglich eine neuerliche Verstärkung der lebensnegativen Muster.

Das erste körperliche Aufblitzen kann natürlich ziemlich stark sein. Aber wenn Sie zulassen, daß sich im Körper eine gewisse Spannung aufbaut, dann wird der Gipfel während des ersten Orgasmus wie ein Tal erscheinen im Vergleich zu dem Gipfel, den Sie erreichen können, wenn Sie diese Spannung aufrechterhalten.

Es geht nicht darum, nie zu schreien, sich nicht zu bewegen oder immer nur dazuliegen. Einfach nur dazuliegen dient der Kommunikation auch nicht. Stellen Sie sich aber einmal vor, Sie würden das, was Ihr Körper tun will, nehmen und es in Ihre Augen legen. Frauen fragen immer: „Wie kann ich meinem Mann, meinem Partner dienen?“ Wir haben über das Prinzip des Mannes gesprochen, der *Frau* wird. Nun, der einfachste Weg für Sie als Frau, dem Mann beim Sex dabei zu helfen, *Frau* zu werden, besteht darin, Ihren Orgasmus in Ihre Augen zu legen. Wenn er das wahrnimmt, dann findet eine solche Kommunikation statt, daß er zu Ihrem Sklaven wird. Mit fünfzehn Jahren reinen Redens werden

Sie niemals die Ebene der Kommunikation erreichen, die stattfindet, wenn Sie dies in Ihre Augen legen. Wenn ein Mann diesen Ausdruck einmal in den Augen einer Frau sieht, dann werden damit fünfzehn Jahre von: „Wir müssen dafür sorgen, daß diese Beziehung funktioniert…“, „du mußt dich öffnen…“, „Ich verstehe, wie schwierig das für Männer ist…“ wettgemacht.

## *Geheimnis 61: Werden Sie zur Konsortin Ihres Partners*

Das Wort *Konsortin* wird oft in einem weniger als technischen Sinn angewendet, um eine Frau zu beschreiben, die eine Beziehung zu einem Mann hat, der seinerseits bereits eine primäre Beziehung zu einer Ehefrau hat. Die Konsortin ist also „die andere Frau"… „nebenbei". Das ist in Wahrheit jedoch eine sehr nachlässige Verwendung dieses Ausdrucks.

Um es genauer zu sagen, eine sexuelle Konsortin ist eine Frau, deren Zentrum der Schwerkraft[13] sich im vierten oder Herzchakra oder darüber stabilisiert hat. Eine Frau könnte in diesem technischen Sinn keine Konsortin sein, wenn ihr Zentrum der Schwerkraft nicht so hoch läge, denn dann hätte sie nicht den erforderlichen Fokus. Sie wäre zu leicht abzulenken. Bei der spezifischen Verwendung des Wortes „Konsortin" besteht eine der Aufgaben der Konsortin darin, das Zentrum der Schwerkraft eines Mannes anzuheben. Eine Konsortin könnte die Ehefrau oder rituelle weibliche Partnerin sein, die darin ausgebildet ist, eine Energiebewegung in einem Mann hervorzurufen, durch die das Zentrum der Schwerkraft sich nach oben bewegt. Eine Konsortin ist daher wertvoll für einen Mann, dessen Zentrum der Schwerkraft unter ihrem eigenen liegt, oder das auf der gleichen Ebene liegt, aber nicht stabilisiert ist. (Wenn das Zentrum der Schwerkraft des Mannes über dem der Frau läge, dann wäre er ihr Konsorte.) In einer Ehe kann jeder der Partner zu unterschiedlichen Zeiten und in unterschiedlichen Stimmungen Konsorte für den jeweils anderen sein.

Es ist nicht so, daß die Konsortin selbst das Zentrum der Schwerkraft des Mannes anhebt und es stabilisiert. Dies geschieht vielmehr auf der Basis ihres *Seins* – auf der Basis dessen, wer sie in Beziehung zum Göttlichen ist.

Geishas wurden auf eine Weise ausgebildet, die es ihnen ermöglichte, ihr Zentrum der Schwerkraft willentlich nach oben oder nach unten zu verlagern. Sie waren weiblichen Yogis sehr ähnlich. Sie konnten wählen, wo sie ihre Aufmerksamkeit „zentrieren" wollten, deshalb sank ihr Zentrum der Schwerkraft niemals plötzlich oder überraschend ab.

---

13 Zentrum der Schwerkraft – der „Ort" oder Punkt im Energiekörper oder Chakrasystem, aus dem unsere Reaktionen auf Situationen entstehen. „Wo man lebt."

Wenn ein Mann sein Zentrum der Schwerkraft im wesentlichen im vierten Chakra oder darüber stabilisiert hat, dann benötigt er keine sexuelle Konsortin. Der spirituelle *Meister* kann jedoch immer als eine besondere Art von Konsorte angesehen werden, ebenso wie der *Göttliche Geliebte*. Man sucht und sehnt sich danach, in einer nicht endenden und unzerbrechlichen Gemeinschaft mit diesem besonderen Konsorten zu sein. Die Sufis bezeichnen dies als *Ruin*; die Baul nennen diese offenbarende Vereinigung *Maner Manush*, den Mann des Herzens.

Eine Frau wird dazu befähigt, ihr Zentrum der Schwerkraft auf eine höhere Ebene zu bewegen, indem sie sich dem Körper des Wissens hingibt, bei dem sie in die Lehre geht – das bedeutet, in Gemeinschaft zu sein mit ihrem Konsorten, ihrem *Geliebten*.

Jede Frau sollte ihrem Mann eine Konsortin sein, daher betrifft diese Diskussion alle Frauen.

Unsichtbarkeit ist wesentlich für die Fähigkeit der Frau, das zu tun, was eine Konsortin tut. Mangel an Unsichtbarkeit verunreinigt den Prozeß. Unsichtbarkeit ist die Fähigkeit, das zu kommunizieren, dem ihre Funktion dient, ohne verschwommene Kanten, ohne versteckte Tagesordnungspunkte, ohne Fallstricke. Die Funktion der Konsortin hat nichts zu tun mit Beziehung oder Sex oder höherem Sex oder kosmischem Sex. Sie hat nichts zu tun mit Liebe oder Unterwerfung gegenüber ihrem Mann. Sie hat etwas zu tun mit Energie. Sie hat etwas zu tun mit dem Thema männlicher und weiblicher Polarität und der Art von Gleichgewicht und Austausch von Energie, die von der männlich/weiblichen Dynamik der Polarität umarmt wird. Eine Konsortin muß unsichtbar sein, denn die Energiedynamik ist absolut unpersönlich. Die unterste Ebene des Spektrums ist reiner Instinkt, Fortpflanzung der Spezies, und die höchste Ebene ist die sprichwörtliche Schaffung der Frau aus dem Mann – das ultimative Spiel von Shakti und Shiva, indem Shiva tatsächlich zu Shakti wird. Weibliche Energie entsteht aus der Matrix des Mannes. Wenn Sie in der Geschichte weit genug zurückgehen, dann findet sich dieses Thema in der Mythologie aller Traditionen. Die Aufgabe einer Konsortin besteht darin, bestimmte Aspekte der männlich/weiblichen Polaritäten zu isolieren und zu definieren und sie dann mit Leben zu erfüllen.

Wenn eine Frau sowohl Konsortin als auch Partnerin ist, dann müssen die Zeiten festgelegt werden, in denen sie Konsortin ist. Eine Frau möchte nicht ständig unsichtbar sein, denn dann wäre sie in Beziehung zu ihrem Partner völlig unpersönlich, und es gäbe keine Beziehung.

Idealerweise sind Frauen wie Chamäleons – unsichtbar, wenn Unsichtbarkeit gefordert ist, und sichtbar, wenn Sichtbarkeit gefordert ist. Es wird keine bewußte Entscheidung getroffen, die Farben zu wechseln; die Frau wechselt die Farben instinktiv in Abhängigkeit von ihrer Umgebung. Und das ist – offensichtlich – ein sehr hoher Bewußtseinszustand.

Eine Konsortin kann mit drei Energiemustern arbeiten. Das erste ist das *Kraftzentrum* (das sexuelle Zentrum), indem sie hier das Energiemuster definiert, klärt und herstellt. Wenn es sich zum Beispiel an einem Abend so anfühlt, als sollte am *Kraftzentrum* gearbeitet werden, dann bedeutet Unsichtbarkeit, daß der Mann und die Frau in die sexuelle Gemeinschaft gehen mit dem ausschließlichen Ziel, dem *Kraftzentrum* in seiner Entwicklung zu dienen. Man sollte sich nicht gegenseitig in die Augen schauen und denken, wie schön der andere ist, und die Bequemlichkeit, Unbequemlichkeit, der Geruch und das Aussehen des anderen sollten keine Rolle spielen. Der Brennpunkt konzentriert sich voll und ganz auf das *Kraftzentrum*.

Der zweite Weg, mit dem eine Konsortin arbeiten kann, ist das Anheben des Zentrums der Schwerkraft, das heißt, das Bewegen der Energie vom Wurzel- bis zum Kronenchakra. Auch dies kann durch sexuellen Austausch geschehen.

Bei dem dritten Energiemuster, mit dem eine Konsortin arbeiten kann, geht es darum, *Mann* oder *Frau* zu sein. (Für diese Art der Arbeit ist eine Konsortin nicht erforderlich, aber ihre Rolle kann hilfreich sein.) Anstatt mit einem Mann in einer kosmischen Shiva/Shakti-Vereinigung zu verschmelzen, kann eine Konsortin den Mann klar von der Frau abgrenzen.

Sie sollten jedoch in diesen Dingen niemals zu selbstgerecht werden. Ein Partner, der auch ein Konsorte ist, muß wissen, wann er einfach nur sexueller Partner und wann er Konsorte ist. Für eine Frau, die sich in einer Paarbeziehung mit einem Mann befindet, gibt es Zeiten, in denen Sex einfach nur Sex ist, und es gibt Zeiten, in denen es nicht einfach nur Sex ist. Es wird sehr diffizil.

# *Geheimnis 62: Der Mann als Verbindungsleitung für die Frau*

Die Göttin *ist* das Universum. Idealerweise benötigt die Frau also keinen Mann, um Anschluß an das Universum zu erlangen. Sie ist das Universum.

Wenn die Frau jedoch keinen vollständigen Zugang zu dem hat, wer sie als *Frau* ist, wenn sie innerhalb der sexuellen Gemeinschaft beispielsweise nicht fähig ist, Zugang zu ihrer eigenen Weiblichkeit zu finden, dann kann der Mann ihre Verbindung zur Nahrung des Universums sein. Ein Mann kann eine Frau zu sich selbst zurückführen.

Die Frau kann diese Möglichkeit nutzen, indem sie an dieser Absicht festhält. Das Konzept besteht darin, daß in der sexuellen Gemeinschaft der Mann die Verbindungsleitung für Energie, Leben, Offenbarung, Gemeinschaft und Transzendenz ist. Bleiben Sie einfach darin, was natürlich nicht bedeutet, daß Sie ihn anschauen und sich vorstellen, daß er dieses große Rohr ist, das irgendwo ins Universum hinausführt. Die Verwendung kreativer Visualisierung oder kreativer Meditation in dieser Form birgt zu viele Fallen.

Sprechen Sie es statt dessen sich selbst gegenüber aus, daß Ihr Partner eine Verbindungsleitung zu diesen Dingen ist, und halten Sie dann diese Absicht als Möglichkeit fest.

# *Geheimnis 63: Anbetung und die Stimmung der Frau*

Eine Frau gewinnt ihr Leben durch die Anbetung eines Mannes, und ihr Leben schenkt ihm Leben. In ganz ungeschminkten Worten (sozusagen auf der Ebene des kleinsten gemeinsamen Nenners) ist eine unangebetete Frau, ein alleinstehendes weibliches menschliches Wesen nur ein Stück totes Fleisch, aber die Anbetung bringt *Leben*. So funktioniert es, aber diesbezüglich müssen Sie den *Geist des Anfängers* haben, denn es ist nicht so, wie es sich anhört. Anbetung bedeutet nicht, daß der Mann vor dem Sex ein Räucherstäbchen verbrennt und sich mit einer nichtssagenden Geste vor der Frau verbeugt. Anbetung hat nichts zu tun mit offensichtlich falscher Heiligkeit. Sie ist keine Beziehung zwischen Subjekt und Objekt. Es mag so erscheinen, aber es ist nicht so, daß jemand des männlichen Geschlechts jemanden des weiblichen Geschlechts verehrt. Bei der Anbetung geht es um den Verlust des Selbstbezugs im Bezug auf Gott. (Anders ausgedrückt, bei der Anbetung geht es um die Erkenntnis, daß man niemals ohne die *Arbeit* ist und daß man niemals außer Sicht oder außerhalb des Blicks des Göttlichen ist.)

Die Göttin ist das, was *wahrhaftig* ist, und die transformatorische Arbeit ist das, von dem wir glauben, daß es uns dort hinbringen wird. In unserer Sprache *ist* also die *Frau* die *Arbeit*. Unsere Beziehung dazu – unsere Beziehung zur *Arbeit* – sollte eine Beziehung tiefster Dankbarkeit und Ehrfurcht sein. Und die Anbetung wird in dem Maße zur ultimativen Form, in dem Dankbarkeit und Ehrfurcht reifen.

Um dem wahren Verständnis von Anbetung näher zu kommen, beginnt man mit Aufmerksamkeit. (Diese Diskussion wird vor dem Ende noch eine weniger dualistische Ebene erreichen, aber in der Zwischenzeit…)

Wenn ein Mann und eine Frau zusammenkommen, dann müssen sie sich gegenseitig aufmerksam dienen. Das Liebesspiel fordert uneingeschränkte, beharrliche Aufmerksamkeit. Der Sex des gewöhnlichen Mannes ist jedoch kein Lieben im eigentlichen Sinne, denn durch eine konditionierte, unterbewußte Definition ist Sex ausschließlich auf die Genitalien orientiert. In der neurotischen psychologischen Definition bedeutet Sex Genitalien, Verkehr, Orgasmus, Beherrschung, Manipulation und – im Kern – Trennung. Deshalb ist Sex nicht mit Lieben gleichzusetzen. Lieben beginnt dort, wo diese Art von Sex endet.

• • •

Harry Chapin, der Mann, den ich als *den* wahren Balladensänger unserer Zeit ansehe, war ein objektiver Künstler. Seine Musik berührt alle Zentren unseres Seins. Unglücklicherweise starb er vor vielen Jahren bei einem Autounfall. In einem von Chapins Liedern, *Corey's Coming*, geht es um die schamanistische Lenkung von Aufmerksamkeit.

Wenn die Aufmerksamkeit eines Mannes gewohnheitsmäßig, ohne Bewußtsein, von einer Frau oder irgend etwas Weiblichem angezogen wird, von Pornographie, sofortiger orgastischer Befreiung oder eigentlich von irgendeinem beliebigen Objekt, dann kann er seiner Aufmerksamkeit niemals mit Absicht und Fokus eine Richtung geben. Um seine Aufmerksamkeit optimal auszurichten, muß man wahrnehmen können, wie die eigene Aufmerksamkeit automatisch angezogen wird (eine Funktion der Ablenkung, Faszination oder Neurose), und man muß diese Aufmerksamkeit lenken. Auch wenn das Interesse organisch ist – wenn Sie zum Beispiel sehr viel sexuelle Energie angesammelt haben und schon seit Jahren keinen Partner mehr hatten –, dann müssen Sie immer noch fähig sein, Ihre Aufmerksamkeit bewußt so auszurichten, als ob Sie wach wären, und nicht, als ob Sie schliefen. Wenn Sie dazu nicht in der Lage sind, dann werden Sie von dem angezogen, was die Buddhisten „Verlangen" nennen und was gemäß dem zweiten Gesetz des Buddha die Ursache allen Leidens ist.

Um Ihre Aufmerksamkeit lenken zu können, müssen Sie bereit sein, allein zu leben. Das bedeutet nicht, daß Sie das notwendigerweise zuletzt auch tun werden, aber wenn Sie nicht dazu bereit sind, dann wird es unmöglich sein, Ihre Aufmerksamkeit zu kontrollieren – sie in ihr Zuhause zu stellen – an ihren richtigen Platz. Es darf keine Grenzen, keine Erwartungen und keine festgefahrenen oder engstirnigen Vorstellungen darüber geben, was diese Lenkung der Aufmerksamkeit bewirkt. Anderenfalls werden Sie fortwährend fasziniert sein und verführt werden, und Sie werden nicht die Fähigkeit haben, der Anziehungskraft der Dinge zu widerstehen, die Ihnen die Erfüllung Ihrer Wünsche (was für das Ego den Himmel bedeutet) oder die Nichterfüllung Ihrer Ängste und Widerstände versprechen. Jeder Schamane ist gewillt, allein zu leben. Die wenigsten tun es jemals, aber sie sind dazu bereit.

Unabhängig davon, wieviel sexuelle Energie ein Mann hat, braucht er im wesentlichen keine Frau als Partnerin. Das bedeutet nicht, daß es nicht ein absolut passendes, wunderbares, die Welt erschütterndes Ereignis ist, mit der richtigen Person verbunden zu sein. Aber ein Mann *braucht* die Frau nicht. *Mann* braucht *Frau*, aber dieses Pferd hat eine andere Farbe, dieses Stinktier hat andere Streifen, und dieser Fisch hat andere Schuppen. Darauf können Sie sich verlassen.

Ein Mann, der für Frauen unwiderstehlich ist, ist ein Mann, dessen Interesse an einer Frau nicht feststellbar ist, das heißt, ein Mann, der seine eigene Person ist, der in seinem *Sein* ruht. Wenn eine Frau nicht feststellen kann, ob ein Mann an ihr interessiert ist oder nicht, dann braucht der Mann nur ein Wort zu sagen, und, von ganz wenigen Ausnahmen abgesehen, sie wird sich Hals über Kopf in ihn verlieben. Eine Frau weiß, daß ein solcher Mann seine Aufmerksamkeit lenken und sie daher wahrhaft so anbeten kann, wie ihre objektive *Weiblichkeit* es sich ersehnt – mit *Anbetung, wahrer Anbetung*, nicht mit der neurotischen Anhänglichkeit „eines" Mannes an sie als eine individuelle Einheit aus Persönlichkeit und Psychologie.

Manchmal wird eine Frau durch einen Mann, der seine Aufmerksamkeit nicht lenken kann, durch Zufall tief berührt, aber im Grunde genommen wird er nur Sex mit ihr und seinen Orgasmus haben, und dann wird er sich umdrehen und einschlafen, oder er wird eine Zigarette rauchen oder aus dem Bett springen und sagen: „Ich verhungere gleich, was ist mit dir?" Oder er ist einfach nur wie ein typischer Fünfjähriger, der nach seiner Mami sucht. Sie kennen den Typ – der König der Party – der drei Sekunden nach dem Orgasmus (seinem, wohlgemerkt) aus dem Bett springt oder fliegt und mit widerlichem Enthusiasmus aber oft liebenswerter Naivität ruft: „Was sagst du, ich mache dir ein Omelette… dein Lieblingsomelette, mit Tomaten und Käse, ja?"

Die Hälfte von ihnen tut das, und die andere Hälfte schläft sofort ein. Treffen Sie also Ihre Wahl.

• • •

Aufmerksamkeit bedeutet nicht, jemanden anzustarren. Wenn Sie jemanden anstarren, dann ist Ihr Verstand zu sehr mit Phantasieren beschäftigt und dreht sich viel zu sehr im Kreis, als daß eine vollständige, beharrliche Fixierung möglich wäre. Man fixiert seine Aufmerksamkeit mit anderen als den physischen Sinnen. Wenn ein spontanes Wechselspiel der physischen Sinne geschieht, dann ist das eine Sache, aber mit den physischen Sinnen kommen Sie nicht zum Ziel. Sie erreichen keine beharrliche, fixierte Aufmerksamkeit, indem Sie starren oder einseitig denken oder sich auf das Sitzen in Ihrer Meditation konzentrieren – perfekt mit jedem Atemzug. „Konzentration, Konzentration, wandere nicht." So funktioniert es nicht.

Um die *Frau* anzubeten, kann man dem „Duft" der *Frau* in seinem Partner folgen. Aber diese Spur wird nicht unbedingt bewußt gelegt. Es ist eine sehr ungewöhnliche Frau, die die wahre Richtung anzugeben weiß und fähig ist, sie bewußt anzugeben. Eine Frau gibt eine Richtung an, wenn sie „hinein entspannt" ist. Der Körper einer Frau, *der* Körper, gibt immer eine Richtung an, oft in absolutem Gegensatz zu Persönlichkeit, Psychologie, Haltung und sogar dem, was als Bewußtsein angesehen wird. Es ist die *Frau*, die die Richtung angibt, nicht der Verstand „einer" Frau.

Um von einer Frau eine Richtung angegeben zu bekommen, müssen Sie *Frau* finden, und das ist nicht unbedingt diejenige, die Ihnen sagt, daß Sie den Toilettendeckel schließen, die Zahnpastatube nicht offen liegenlassen und Ihre schmutzige Wäsche in den Korb legen sollen, statt sie einfach überall im Schlafzimmer herumliegen zu lassen. Diese Frau könnte Ihnen noch nicht einmal die Richtung angeben, wenn Sie am einen Ende des Tisches säßen und nach dem Weg zum anderen Tischende fragen würden. Es ist also wichtig, daß Sie erkennen, was Ihnen die Richtung angibt.

Man läßt *Frau* auch dadurch die Richtung angeben, indem man seine eigene Dynamik entspannt und *ihr* erlaubt, zu erscheinen. Wenn ein Mann und eine Frau sich lieben und alles, woran der Mann denken kann, sein eigener Prozeß ist, dann läßt er nicht zu, daß *Frau* ihm etwas zeigt. In dieser Art von Selbstabsorption gibt es keinen Raum. Damit ein Mann sich von *Frau* eine Richtung zeigen lassen kann, muß er sich in das hinein entspannen, was immer sie ihm als *Frau* sagt – nicht die Stimme der Frau, nicht ihre Erfahrung, nicht ihre Emotionen. Es ist das, was sie als *essentielle Frau* sagt. Wenn ein Mann dies weiß, dann kann er folgen, denn *Frau* gibt immer eine Richtung an.

Eine Frau erhält die ausgeprägtesten Signale zum Pfad durch das Labyrinth[14] nicht dann, wenn sie sich ankurbelt, um einen Orgasmus zu haben. Es werden keine Hinweise gegeben, wenn eine Frau stöhnt. Die wahren Hinweise erhalten Sie in der Zeit dazwischen. Die Hinweise

14 Labyrinth – der Irrgarten des Verstandes, der in metaphorischem Sinne das „Herz des Labyrinths" oder den Zustand der Hingabe an den Willen Gottes umgibt; ein von E. J. Gold verwendeter, beschreibender Ausdruck.

werden dann gegeben, wenn die Frau sich völlig entspannt. Sie gibt sie mit ihrem Atem, ihrer Haltung, ihren Augen.

Wer sie *ist*, gibt immer eine Richtung an. Wer sie zu sein glaubt, ist normalerweise zu sehr mit dem Versuch beschäftigt, eine Richtung anzugeben, als daß die Richtung, die *Frau* stets angibt, die Oberhand gewinnen und klar zum Durchbruch kommen könnte. „Im Schweigen, und nur im Schweigen, werdet ihr Mich erkennen." Das bedeutet nicht nur die Abwesenheit von Sprache. Die Hinweise einer Frau erfolgen schweigend, und Sex ist die niedrigste oder gröbste Metapher für das, worüber wir hier sprechen. (Durch Sex als Metapher könnten Sie jedoch erkennen: „Wie unten, so oben." Sie können das Höhere durch das Niedrigere erkennen.)

Die Anbetung erlaubt einer Frau zu sehen, wer sie *ist*, und wenn sie sieht, wer sie *ist*, dann hat sie sich selbst gefunden.

Einige Frauen können nicht entspannen. Schweigen kommt nicht in Frage, wenn eine Frau zu unsicher, zu verstört ist. Die Körper einiger Frauen sind ihnen so im Weg, sind so voller Anspannung und Streß, daß der Körper nicht zur Mitarbeit bereit ist, wenn er nicht ein wenig „gefüttert", gestreichelt und befriedigt wird. Auf einer ganz praktischen Ebene nehmen Menschen sehr oft an diesen faszinierenden Tantra-Workshops teil, in denen man ihnen sagt, daß sie immer an der Grenze bleiben und nie einen Orgasmus haben sollen. Bei einigen Männern und Frauen funktioniert das ganz gut, aber viele werden auf diese Art und Weise niemals zu einer Möglichkeit kommen, denn sie können die Stille dort nicht ertragen, und ihre Körper sind viel zu dissonant. Sie brauchen einfach einen Orgasmus oder auch zwei, um ein wenig von dieser Dissonanz aus dem Weg zu räumen… und dann ist es schon zu spät. Dann kümmert es sie überhaupt nicht mehr.

Ehe der Körper einer Frau zu ihrer Pforte werden kann, zu dem, von dem sie nicht einmal weiß, daß sie es sucht, muß ihr Verstand zum Stillstand kommen. Wenn die Schlußfolgerungen und Betrachtungen einer Frau inmitten eines körperlichen Liebesakts nicht aufhören wollen oder können, dann wird ihr Körper die Tore niemals vollständig öffnen. Ich vermute, daß der Verstand einer Frau für wenige Sekunden während eines Orgasmus zur Ruhe kommt. Darüber hinaus kann er auch während langer Perioden entspannter Gemeinschaft beim Liebesspiel zur Ruhe kommen. Dann wird der Körper einer Frau dem Mann alles zeigen, was er wissen muß, und ihn zu seiner Bestimmung führen. Solange ihr Verstand jedoch „eingeschaltet" ist, auch wenn er darauf ausgerichtet ist, den Mann zu erfreuen oder ihm zu dienen, wird er das göttliche Ergebnis nicht hervorrufen. Wenn ihr Verstand eingeschaltet ist, dann reagiert ihr Körper auf ihren Verstand und nicht auf seine eigene organische Unschuld. Wenn der Körper einer Frau für seine eigene organische Unschuld empfänglich ist, dann wird er dem Mann alles zeigen. (Der Mann erhascht manchmal während des Orgasmus der Frau einen Blick darauf, aber das ist nur einer dieser flüchtigen Blitze, die niemals hinreichend Substanz haben, um es dem Mann zu ermöglichen, ihm zu folgen. Nicht, daß es unmöglich wäre. Akademisch gesehen könnte ein Mann innerhalb von ein oder zwei Sekunden in diesen Raum eintreten, aber normalerweise ist er so sehr damit beschäftigt, darüber nachzudenken, was für ein großartiger Kerl er ist, weil sie so stark „kommt", daß er die Pforte überhaupt nicht finden und das Tor nicht sehen würde, wenn es sich öffnet.)

Wenn eine Frau frustriert wird, weil der Mann kein *„wahrer Mann"* ist, dann hat sie den Sinn nicht verstanden. Eine Frau muß einen Mann zum *wahren Mann* machen, indem sie ihm hilft, sie ins Leben zu bringen. Und als Frau ins Leben gebracht zu werden ist nur der erste Schritt. Wenn man einmal ins Leben gebracht wurde, dann kann man damit beginnen, etwas zu tun, das wirklich etwas bedeutet.

Diese Stimmung des Liebens – des wahren *Liebens* – beginnt, andere Bereiche des Lebens zu durchdringen, das gesamte Leben selbst. Wenn das sich zeigt, während Sie ihr am Eßtisch gegenüber sitzen…, wenn das sich zeigt, während Sie mit ihr im Auto zum Kino fahren…, wenn das sich zeigt bei gesellschaftlichen Anlässen…, dann steht das in so krassem Gegensatz zur Matrix des Ego, das die Dinge normalerweise steuert, daß das Ego versuchen wird, diese Stimmung der *Frau* zu zerstören, sobald sie sich zeigt. Auch wenn das Ego weiß, was diese Stimmung ist, und sich daran erinnert, wo sie herkommt, wird es versuchen, sie zu zerstören. Aus diesem Grund muß man die Fähigkeit entwickelt haben, Absicht, Disziplin und Aufmerksamkeit von Augenblick zu Augenblick zur Anwendung bringen zu können. Dies gilt auch für eine Frau. Wenn diese Stimmung beginnt, sich im Leben einer Frau zu zeigen, dann ist sie für sie genauso bedrohlich wie für einen Mann. Es ist das nicht geschlechtsspezifische Ego, das bedroht ist.

Die Stimmung von *Frau* basiert auf Gefühlen, nicht auf Gedanken. Die Stimmung von *Frau* denkt, aber das Denken ist ein Strom von Bewußtsein, es fordert nicht. Gefühle fordern, aber die Stimmung von *Frau* ist immer erfüllt. Wenn eine Frau, die in dieser Stimmung ruht, Lust auf Sex bekommt, dann wird sie ihn genießen, aber gleichzeitig wird es keinen Unterschied machen, ob sie Sex hat oder nicht, denn sie ist bereits befriedigt. Es gibt nichts und niemanden, der befriedigt werden muß. Es gibt nur Befriedigung. *Frau* ist bereits befriedigt. Wenn man diese Befriedigung fühlt, dann wird man nicht durch seinen Magen, seine Genitalien, seine Augen oder seine Ohren regiert. Die *Arbeit* regiert, nicht die Elemente von Persönlichkeit oder psychologischer Maskerade. Es braucht jedoch einige Zeit, um dieser Art von Ekstase zu vertrauen.

Man kann eine Form entwickeln, die wie diese Stimmung aussieht, indem man mehrere Monate lang nichts anderes als Äpfel und Birnen ißt, wie ich es einmal bei einigen „Obstariern" gesehen habe. Die Frau sah aus, als ob sie in Glückseligkeit schweben würde, aber in Wirklichkeit war sie sehr krank. Die Form war der *Stimmung der Frau*, wie wir sie hier beschreiben, ähnlich, aber diese Stimmung ist unendlich viel mehr als nur eine bloße Hülle.

Diese Beschreibung der Qualitäten der *Stimmung von Frau* könnte auch auf eine Beschreibung der Disposition der Erleuchtung zutreffen. *Frau* ist die *Arbeit. Erleuchtung* ist die *Arbeit.* Deshalb ist Erleuchtung *Frau.* (Nun ja, in Trigonometrie war ich nie besonders gut, obwohl ich immer ziemlich gute Noten bekommen habe.)

• • •

Wenn man nicht so auf eine Frau eingeht, wie sie zu sein glaubt, auch wenn ihre Vorstellung davon, wie sie ist, ungenau ist, dann hat man keine Möglichkeit, *Frau* hervorzulocken. Es geht nicht darum, jede neurotische Laune und jeden neurotischen Wunsch zu erfüllen, aber man muß erkennen, wer sie zu sein glaubt, und dies innerhalb der Beziehung berücksichtigen. Wir müssen dort beginnen, wo wir sind, und nicht in irgendeiner Phantasie der Möglichkeiten. Wir alle befinden uns auf teilweisen Ebenen von Entwicklung und Reife, und wir müssen sowohl der unmittelbaren Arbeit des anderen als auch dem „großen Bild" dienen.

• • •

Anbetung ist nichts, was man bewußt tun könnte, auch nicht mit den besten Absichten, aber wir können uns ihr öffnen. Wir können die Möglichkeit ihrer Entstehung optimieren – worüber wir hier in der Praxis sprechen.

Man muß keine Beziehung zwischen Mann und Frau eingehen, um diese Entdeckung zu machen. Man sollte es aber auch nicht nicht tun.

Die Beziehung zwischen einem Mann und einer Frau ist genau analog zu der Beziehung zwischen „Sein“[15] und „der Maschine“[16]. Man muß sich nicht in einer Beziehung befinden, um Männer und Frauen beobachten zu können. Wenn man sich in einer Beziehung befindet, ist die Beobachtung vielleicht etwas genauer, aber es können auch mehr Hindernisse im Weg sein. Beobachten Sie Männer und Frauen, nicht nur in Beziehungen – irgendwo und überall. In jedem Supermarkt gibt es Männer mit dicken Schmerbäuchen und mit Gürtelschnallen halb so groß wie ihr Kopf, die davon überzeugt sind, daß jede Hausfrau, die den Gang entlang läuft, denkt, daß er das Geschenk Gottes an das weibliche Geschlecht sei. Auch der Flohmarkt ist ein guter Ort, um Männer und Frauen zu beobachten. Gehen Sie zum Trödelmarkt und beobachten Sie all die Hippies mit langen Haaren und ohne Hemden. Beobachten Sie, wie sie auf all die Frauen eingehen, die kommen und eine Türkiskette für 2.95 $ kaufen wollen und glauben, daß sie ein „echtes amerikanisches Eingeborenen-Schnäppchen“ gemacht haben. Achten Sie auf diese Interaktionen, und Sie sehen Männer und Frauen in Aktion. Kümmern Sie sich nicht um: „Na ja, die sind eben neurotisch.“ Achten Sie auf die Reaktionen der Männer bei Kämpfen zwischen Schlammringerinnen. Wenn Sie ein Mann sind und Ihr Leben in Ihre eigenen Hände nehmen wollen, dann gehen Sie zu einer männlichen Striptease-Show (obwohl Männer dort normalerweise nicht eingelassen werden), und beobachten Sie die Frauen im Publikum. Gehen Sie mit dem *Geist des Anfängers* dorthin. In dieser Umgebung finden Sie die Antworten auf die Frage nach dem Unterschied zwischen „Sein“ und der „Maschine“. Sie müssen sich jedoch in dieser Umgebung aufhalten in der Domäne der Möglichkeiten, nicht in der Domäne der rationalen Wahrnehmung. Je weniger Schlüsse Sie ziehen, um so wahrscheinlicher ist es, daß Sie instinktuell die Wirkung dessen spüren, was Sie sehen.

Die Maschine ist jedoch unsere Rettung. (In unserer Sprache und ausgerichtet auf die Praxis der *Baul* könnten wir sagen: „Der Körper weiß.“) Wir kommen nur in den Himmel, indem wir den Körper transzendieren,

---

15 Sein – kann im großen und ganzen mit Essenz gleichgesetzt werden, der innewohnenden Natur des Bewußtseins; auch die „Gegenwärtigkeit“ einer Person.

16 Maschine – die physische und feinstoffliche Form der Schöpfung; als Einzelperson der subjektive, überlebensorientierte Körperverstand.

durch den Körper. Die Aufgabe besteht darin, den Körper nicht mehr länger in der Art und Weise zu definieren, in der er durch die Illusionen des Ego definiert worden ist, sondern ihm statt dessen seinen organisch unschuldigen Instinkt zuzugestehen. Die Aufgabe besteht nicht darin, irgendwie eine Art von feinstofflichem Bewußtsein zu erlangen, das überlebt, wenn der Körper stirbt. Das ist nicht der Punkt. Der Körper ist der Weg. Der Körper weiß. Der Verstand weiß nicht.

Machen Sie nicht den Fehler, sich diese Betrachtungsweise der Anbetung in Form eines Mannes vorzustellen, der ein *Sein* hat, das in Beziehung zu einer Frau steht, denn das ist nicht richtig. Betrachten Sie das *Sein* gegenüber *der Maschine*, und nicht „ein Sein" in Beziehung zu „einer Maschine", dann werden die daraus gewonnenen Informationen wesentlich nützlicher sein. Wir wollen die Diskussion nicht persönlich werden lassen. Wir wollen sie auf der Ebene von Sein und Maschine halten, nicht „ich und mein Partner" oder „ich und mein Freund". Dieses Prinzip (von Sein und Maschine) ist das, was funktioniert. Wenn wir dieses Prinzip persönlich in Form von Männern und Frauen definieren, dann wird es nicht mehr durchführbar sein. Gleichzeitig sind wir Männer und Frauen, und damit müssen wir arbeiten. Das Prinzip wird durch uns bearbeitet.

• • •

Wir sind *Frau*, und es ist der Mann in uns, der das anbeten muß, was wir sind, um dem Leben zu geben, was wir sind. Bewußtsein ist männlich. Shiva ist reines Bewußtsein, ist männlich. Shakti ist der Körper. Es gibt keine Shakti ohne Shiva. Shiva erweckt Parvati zum Leben. Parvati sitzt auf Shivas Knien und sagt: „Großer Meister, ich bin tot. Wie kann ich zum *Leben* erweckt werden?" Shiva erklärt ihr das, worum es vermutlich in einem Teil der *Guru Gita*[17] geht. Die essentielle Grundlage der hinduistischen Mythologie ist, daß der Mann die Frau anbetet und sie zum *Leben* erweckt. Shiva betet Parvati jedoch nicht auf die Art und Weise an, in der Anbetung unserer Meinung nach geschieht. Er ist ein großer Asket. Er ist in so tiefer Meditation, daß er nicht einmal weiß, daß

17 Guru Gita – ein langer, religiöser Gesang zu Ehren des Guru, komponiert als Dialog zwischen Shiva und Parvati. Parvati fragt Shiva nach dem Prinzip der Anbetung des Guru, und Shiva hält einen Vortrag über deren transzendente Möglichkeiten.

sie auf seinen Knien sitzt. Er betet sie nicht an, indem er mit seinen langen, seidenen Wimpern klimpert und romantisch oder sentimental wird.

Shiva beherrscht Shakti, aber aus Shivas und auch aus Shaktis Perspektive ist es keine Beherrschung. Beherrschung ist es nur für den nicht erleuchteten Verstand. Es ist wie das Prinzip im Judo: „Nachgeben, um zu siegen." Im Judo geben Sie nicht nach, um auf die Matte geworfen zu werden. Sie geben nach, so daß Ihr Gegner ebenfalls nachgibt, um Ihnen zu folgen, und am Schluß sind Sie oben. Der beste Judokämpfer ist der, der sich am besten hingeben kann. Wer am besten nachgeben kann, wird am Schluß beherrschen.

So wirft sich auch in der Liebe ein Mann zu Füßen einer Frau. Damit eine Frau einen Mann empfangen kann, der sich ihr zu Füßen geworfen hat, muß der Verstand jedoch weichen – auf die eine oder andere Art. Der Verstand muß sich entweder öffnen, um den Mann zu umarmen, oder er muß vollständig zum Stillstand kommen. Der Verstand ist die Rüstung, der Schleier, die Mauer.

Um es also zusammenzufassen: Zuerst Anbetung, dann öffnet sich *Frau*, dann wird der Mann geführt. Zuerst folgt *Frau* der Führung des Mannes. *Frau* wird sich nicht öffnen, wenn sie nicht angebetet wird. Mann betet an, Frau öffnet sich. Mann folgt der Öffnung – aber er muß in der Lage sein zu führen, damit er folgen kann.

# *Geheimnis 64: Die Frauen wurden betrogen*

Wenn eine Frau im Licht der Anbetung gebadet wird, dann erwacht sie nicht unmittelbar zu ihrem wahren Sein. Warum nicht? Weil sie in einer von Männern dominierten, die Frauen verkrüppelnden Gesellschaft aufgewachsen ist. Sie wird nicht einfach viele tausend Jahre an Beweisen fallenlassen, daß sie brutal behandelt und zerstört werden wird, sobald sie real und verletzlich wird. Außerdem ist sie selbst einer ihrer schlimmsten Feinde. Sie hat den Mann in seiner beherrschenden Rolle unterstützt, indem sie sich zu seinem Bild von ihr (oder seinen Forderungen an sie) geformt hat. Schauen Sie sich die meisten der heutigen „Frauen"-Zeitschriften an! Eine Frau wird also nicht in der Lage sein, sich unmittelbar und ehrlich mit ihrer eigenen Komplexität in dieser Angelegenheit auseinanderzusetzen.

Und wem kann eine Frau persönlich ohnehin vertrauen, so daß sie in Beziehung zu ihm zu ihrem wahren Selbst erwachen kann? Niemandem! Ihr Leben lang wurde eine Frau betrogen von Männern, von anderen Frauen, durch die Werbung, von Fernsehshows unter dem Motto „Vater weiß es am besten", und so weiter. Sie wird all das nicht einfach vergeben und vergessen. Sie kann es nicht.

Also fragt der Mann: „Nun, wie muß ich sein, um die *Frau* in meiner Partnerin zu erwecken?" Und ich sage, Sie müssen ihr Unterstützung geben, Anerkennung, Zeit zur Heilung und Zeit, um sich in ihr Wesen als *Frau* einzufühlen."

„Aber", sagt er, „Sie wissen nicht, was es heißt, das zu tun. Immer kommandiert sie mich herum. Sie ist so neurotisch, und mit ihren Einkäufen bringt sie mich noch ins Armenhaus", und so weiter.

Wenn ein Mann möchte, daß die Frau, zu der er eine intime Beziehung hat, erwacht, dann muß er sie in Anbetung baden, solange es erforderlich ist. Er muß ihr Geburtshelfer sein, bis sie aus der tiefen, tiefen Gewohnheit herauskommt, sich selbst unverwundbar zu machen gegenüber dem, was in der Vergangenheit stets versucht hat, sie zu zerstören, ihre Energie aufzusaugen, sie zu übervorteilen und sie zu versklaven.

Diese Betrachtungsweise gilt auch für junge Mädchen, die zur Frau heranreifen. Es ist unsere Verantwortung, sie nicht zu betrügen, wie ihre Mütter und Großmütter betrogen wurden. Und wir müssen diese Verantwortung auch in die ganz praktischen Domänen übertragen, indem wir in unserer Disziplin nicht willkürlich sind, indem wir ihnen nicht sagen, daß wir sie ins Kino einladen und es dann doch nicht tun, und indem wir sie nicht dadurch beschwichtigen, daß wir ihnen zukünftige Dinge versprechen, die wir ihnen dann doch nicht geben. Tragen Sie dazu bei, daß sie so lange wie möglich unschuldig bleiben. Lassen Sie sie wissen, wie schön und lebendig sie sind, ohne dabei kränklich-süß sentimental oder manipulierend zu sein. Füttern Sie sie nicht mit Lügen (den Marketingstrategien) der patriarchalischen Gesellschaft. Unterstützen und befürworten Sie die natürliche Geburt, das Stillen von Kindern und ein natürliches äußeres Erscheinungsbild.

Wir müssen jungen Menschen durch Beispiele vorleben, was ein Leben voller Anerkennung und Ehre ist. Wenn junge Frauen sehen, daß Beziehungen sich jeden Monat ändern, oder wenn sie sehen, daß ihre Mutter (oder ihr Vater) in einem Jahr vier verschiedene Beziehungen hat, dann ist das im wesentlichen die Dynamik, die sie übernehmen werden. Und in dem Augenblick, in dem sie diese Rolle spielen, werden sie betrogen – verletzt auf eine lebensnegative Art und Weise. Sie werden keine Beständigkeit, keine Anbetung, kein Glück und keine Befriedigung erleben. Statt dessen werden sie nur Elend, Frustration und Zerfall haben.

Die Frau hat eine Verantwortung in Beziehung zu ihrer Anbetung und in Beziehung zu ihrem eigenen Erwachen. Sie muß unterscheiden können zwischen der wahren Anbetung eines Mannes und seinem kriecherischen, charmanten Spiel. Wenn eine Frau das Gefühl hat, daß sie essentiell wahrhaftig angebetet wird, wahrhaftig als die respektiert wird, die sie ist, dann geht es darum, sich darauf zu konzentrieren, und nicht darum, ihren Anbeter für die vergangene Geschichte der gesamten männlichen Rasse verantwortlich zu machen.

Es ist sehr schwer, nicht jedem einzelnen Mann für alle Männer die Schuld zu geben. Frauen haben gewohnheitsmäßige Verteidigungsmechanismen entwickelt, weil sie dazu gezwungen wurden. Ein großer Teil dieser Dynamik ist nicht so sehr Ablehnung oder grundlegender Männerhaß als vielmehr Selbstschutz. Wenn eine Frau sich jedoch mehr auf die Anbetung als auf die gesellschaftliche Vergangenheit konzentriert, dann sind die Unterscheidungen relativ einfach zu treffen. Anders zu handeln würde bedeuten, weiterhin alle Weißen für die an den Schwarzen verübte Versklavung und Brutalität verantwortlich zu machen, weiterhin alle Deutschen für die Greueltaten Hitlers verantwortlich zu machen, und weiterhin alle Christen für die Verfolgung der Juden verantwortlich zu machen.

Psychologisch gesehen wird eine Frau einen Beweis dafür haben wollen, daß die Anbetung des Mannes nicht vorübergehender Natur ist, und daß er nicht aufhören wird, sie anzubeten, sobald er das bekommen hat, was er wollte – Sex, Geld oder was auch immer ein Mann von einer Frau will. Wenn die Anbetung echt ist, wird ein Mann natürlich überhaupt kein „Ding" von einer Frau haben, sondern nur ihr erwachtes *Sein* sehen, sie lebendig sehen wollen. Aber dies muß im Laufe der Zeit gezeigt werden, und unter gewöhnlichen Umständen wird sie einen Beweis verlangen.

# *Geheimnis 65: Die Transzendierung der Sexualität*

Der Orgasmus ist nicht das Endergebnis des Geschlechtsverkehrs, oder zumindest sollte er es nicht sein. Ihr Drang zum Orgasmus ist nur der Ausgangspunkt, von dem aus Sie weitergehen. Das ist die Transzendierung der Sexualität. Dann, wenn Sie dem Prozeß erlauben, sich so zu entfalten, wie er es möchte, wenn er der natürlichen energetischen Evolution folgen kann, transzendieren Sie Liebe. Und dann, es tut mir leid, das zu sagen, denn es wird für einige unter Ihnen sicherlich ein großer Schock sein, werden Sie feststellen, daß Sie über den Sex, so wie Sie ihn kennen, hinauswachsen werden. Das bedeutet nicht, daß Sie nicht zu bestimmten Zeiten und in bestimmten, besonderen Stimmungen Sex haben werden, aber Sie werden einfach über die üblichen Motive und die narzißtischen Gesten nicht transformierter Sexualität hinauswachsen. Im Idealfall ist Sex, wenn Sie von der Glückseligkeit des *wahren Lebens* erfüllt sind, eine willkürliche Beziehung, die Sie mit Ihrem Geliebten haben, aber er ist nicht vergnüglicher als alles andere, was Sie, angefüllt von dieser Glückseligkeit, tun. Er ist eine Form willkürlicher Beziehung, die Sie ganz speziell mit Ihrem Partner oder Ihrem Geliebten haben. Er ist Teil einer natürlichen Beziehung. Im typischen Fall ist Sex jedoch nur eine Methode, um ein psychologisches Bedürfnis zu erfüllen oder einen psychologischen Krampf zu lindern.

Warum sind wir so auf den Sex fixiert? Wegen der körperlichen Gefühle, die er hervorruft? In Wahrheit sind wir deshalb so sehr darauf fixiert, weil wir irgendwann während des sexuellen Aktes sterben. Wir sterben beim Sex, und das ist es, wonach wir suchen. Wir wünschen uns verzweifelt, zu sterben und unser Leiden zu beenden. Wir wünschen uns verzweifelt, neu geboren zu werden und wieder fühlen zu können. Wir wünschen uns verzweifelt, aufzuwachen. Das ist die große Anziehungskraft der Sexualität. Natürlich ist Sex nicht wirklich wichtiger als alles andere, das in einem wahren spirituellen Leben stattfindet. Wahres spirituelles Leben ist das, was in einem gegebenen Augenblick stattfindet, der bewußt und objektiv gelebt wird. Wenn Sie in diesem Augenblick im Kino sitzen, dann ist Sex nicht wichtiger als das. Wenn das, was in diesem Augenblick geschieht, Sex ist, dann ist es Sex.

Sie werden feststellen, daß Sie über den Sex, den Sie kennen, hinauswachsen werden – als Befreiung, als Vergnügen, als Höhepunkt des Abends oder des Tages, als Nachmittagsvergnügen, als ein Mittel, um zu manipulieren oder manipuliert zu werden. Sex wird seinen Platz gemeinsam mit allem anderen in Ihrem Leben einnehmen, als natürliche und spontane Reaktion auf den Augenblick. Er wird seinen Platz zur richtigen Zeit, am richtigen Ort, in der richtigen Stimmung und in der richtigen Einstellung haben. So, wie er jetzt ist, ist Sex nicht frei von Spannungen. Es wäre sehr interessant, wenn er es wäre. Das ist ein wichtiger Punkt. Wenn Sie sich im Tantra üben, dann wird Sex im Laufe der Zeit auf natürliche Weise zu einem einfachen, entspannten Aspekt einer Beziehung werden, obwohl die meisten Menschen davon noch sehr weit entfernt sind. Dies geschieht in der Endphase reifer Übung, nicht zu Beginn.

Wenn Sex als das angesehen wird, was er in Wahrheit ist, nämlich Gemeinschaft mit der Göttin oder Gemeinschaft mit Gott, je nachdem, ob Sie ein Mann oder eine Frau sind, dann wird das Vergnügen, das Sie daraus ziehen, in der Realität verankert. Er verliert nicht völlig seine Proportion, um das Bedürfnis nach noch mehr Sex und psychologischen „Streicheleinheiten“ zu verstärken. Und von diesem Punkt aus können Sie weitergehen, denn es gibt noch mehr. Die Gemeinschaft mit Ihrem Geliebten beinhaltet sehr viel mehr als einfach nur Geschlechtsverkehr und Orgasmus. Auch wenn der sexuelle Akt und der Orgasmus von emotionalen Gefühlen der Freude, des Glücklichseins und der Aufmerksamkeit begleitet werden, dann verbirgt sich dahinter noch mehr, aber dorthin gelangen Sie erst dann, wenn Sie in der Realität verankert sind, wenn Sie wissen, was in Ihrem Körper und in seinen Zellen geschieht. Sie müssen Ihre Nervenenden zuerst in der Realität erden, und dann erst können Sie dorthin gehen, wo es mehr gibt. Solange Ihre Nervenenden hysterisch sind, können Sie nicht in der Realität verankert sein.

Eine eigenartige Sache mit dem Verankertsein in der Realität ist, daß Sie nicht darüber nachdenken. Wenn Sie darüber nachdenken, erkennen Sie es nicht. Es ist einfach normal. Beim Sex ist es das gleiche. Sie denken nicht: „Mann, das war gut.“ Sie verlieren sich einfach darin. Und da ist noch mehr. Sie müssen also zuerst einmal das erden, was in der Realität geschieht, ehe Sie weitergehen können.

Sex muß zur Liebe werden, und Liebe muß transzendiert werden. Der Geschlechtsverkehr muß deshalb nicht aufhören. Sie müssen nicht den Geschlechtsverkehr transzendieren, sehr wohl aber die gewöhnlichen mechanischen oder gewohnheitsmäßigen Gründe für Sex. Sex muß zur

Liebe werden, und Liebe muß transzendiert werden. Wodurch wird Liebe transzendiert? Durch Gott. Sex verwandelt sich in Liebe, aber um zu lieben, brauchen Sie die Dualität von Liebendem und Geliebtem. Und auch das muß transzendiert werden. Sie müssen denjenigen verlieren, der liebt. Sie müssen denjenigen verlieren, der in der Liebe ist. So muß der Sex, der zur Liebe transformiert wurde, was eine schöne Sache ist, ebenfalls transformiert werden. Der Liebende muß verloren gehen. So müssen also Sie, der Sie der Liebende sind, sich selbst verlieren. Sie müssen die Liebe transzendieren und zur wahren Natur der Schöpfung selbst werden, die wir Gott nennen. Sie müssen einfach zu dem werden, was geschieht als der *Große Prozeß der Göttlichen Evolution*. Wenn das, was geschieht, sexueller Geschlechtsverkehr ist, dann ist es das, was geschieht. Wenn das, was geschieht, verbaler Verkehr ist, dann ist es das, was geschieht. Wenn verbaler Verkehr geschieht, dann findet jedoch bei der typischen Person gleichzeitig auch die andere Art von Verkehr, nämlich der genitale Verkehr statt. Es ist also nicht die Form, die transzendiert werden muß. Was transzendiert werden muß, ist die Suche, die Neurose der genitalen Absorption und Ausschließlichkeit.

Wenn Sie Sex haben, dann haben Sie einfach Sex. Beschäftigen Sie sich nicht ausschließlich damit, jedes Geräusch und jede Bewegung zu interpretieren. Lassen Sie Ihren Körper tun, was er will. Wenn zwei Menschen ihre Körper das tun lassen, was diese wollen, dann werden sie an jedem Ort und in jeder Situation perfekt zusammenarbeiten. Wenn Sie Sex haben, dann haben Sie Sex. Interpretieren, phantasieren, annullieren, kritisieren und verdammen Sie nicht, fühlen Sie sich nicht schuldig, und tun Sie nicht all diese Dinge, die Sie für gewöhnlich tun, wenn Sie Sex haben. Sie tun es doch auch nicht, wenn Sie schauen. Wenn Sie schauen, dann schauen Sie, und Sie fühlen sich nicht schuldig dafür, daß Sie schauen. Wenn Sie einfach nur Sex haben, dann werden Sie feststellen, daß Sie den Sex transzendieren. Sie werden ihn sprichwörtlich transzendieren, denn da ist noch mehr. Da ist noch viel mehr, aber zuerst müssen Sie das tun, was Sie tun.

# *6. Teil*

## *Gott näher kommen*

*In diesem abschließenden Abschnitt spricht Lee Lozowick über das höchste „Geheimnis" – die Liebe zu Gott[1]. Diese tiefgreifende Lehre, die ultimative Botschaft seiner Arbeit, hat er in allen vorhergehenden Kapiteln immer wieder erwähnt, aber nie mit der gleichen Klarheit und Direktheit ausgesprochen wie auf diesen letzten Seiten.*

---

1 Liebe zu Gott – der besondere Zustand, über die Einheit mit Gott hinaus zu einer ekstatischen Beziehung zu Gott als „dem anderen" hinausgetragen worden zu sein, von Lee Lozowick in seinem Buch *The Only Grace Is Loving God* als die höchste menschliche Chance beschrieben. Eine etwas gewöhnlichere Verwendung des Ausdrucks bezieht sich auf die uns innewohnende religiöse Anziehung durch und Ausrichtung auf das Göttliche, die unser zugrunde liegender, wenn auch unbewußter Zustand sind.

# *Geheimnis 66: Sehnsucht führt Sie zu dem Geliebten*

In einem praktischen Sinne ist *Frau* die *Geliebte* für *Mann*. Die Beziehung von *Mann* zu *Frau* ist die von Shiva zu Shakti. So sucht ein Mann also die Göttin, und wenn er etwas findet, das geringer ist als die Göttin, dann fühlt er sich betrogen. Wir haben bereits ausführlich darüber gesprochen, daß ein Mann, der nicht weiß, daß er *Mann* ist, sondern glaubt, nur „ein Mann" zu sein, instinktiv *Frau* sehen möchte, aber statt dessen sieht er nur das neurotische, gierige, neidische, geschwätzige, eifersüchtige, besitzergreifende, territoriale Weibliche, und deshalb fühlt er sich betrogen.

Wie reagiert ein Mann, wenn er sich betrogen fühlt? Mit Zorn. Wie bringt ein Mann Zorn zum Ausdruck? Mit körperlicher, verbaler, emotionaler und psychischer Gewalt. Der Kampf der Geschlechter in der heutigen Zeit ist vielleicht in Wahrheit gar nicht das Ergebnis von jahrtausendelanger männlicher Dominanz und dem Bedürfnis der Frau, sich selbst zu finden, sondern resultiert einfach daraus, daß die Augen des Mannes geschlossen sind, daß er unfähig ist, tiefer zu schauen. Ein Mann lebt im Dunkel. Er weiß nicht, wie er *Frau* in einer Frau finden kann. Er fühlt sich betrogen, weil er nicht fähig ist, die Göttin manifestiert zu sehen, und deshalb greift er an – durch Krieg, Vergewaltigung, Gewalt, verbalen Mißbrauch und all die Formen der Versklavung von Frauen während der letzten Jahrtausende, durch Voreingenommenheit, Herabsetzung, Vorurteile und so weiter.

Um die Analogie weiterzuführen: Es ist durchaus möglich, daß wir den *Geliebten* durch Sehnsucht finden. Wir erkennen den *Geliebten* durch seine fehlende Gegenwart in unserem Leben. In unseren gewöhnlichen Paarbeziehungen und in einem größeren Maßstab auch in allen Beziehungen zwischen den Geschlechtern findet ein Mann *Frau* auf ähnliche Weise durch Sehnsucht, erkennt er *Frau* durch das Fehlen ihrer Gegenwart. Nicht durch Vereinigung wird das menschliche Wesen zerstört und findet den *Geliebten*, sondern durch das Fehlen der Vereinigung mit dem *Geliebten*, indem er sich nach ihm sehnt. Vielleicht besteht eine der Möglichkeiten, die es einem Mann erlauben, sich von einer Frau durch das Labyrinth führen zu lassen, darin, daß er nicht versucht, sie mit jedem Atemzug die Göttin mit Leben erfüllen zu lassen, denn das ist unmöglich, sondern indem er sich von dem Schmerz der Sehnsucht danach führen läßt. Durch den Schmerz der Sehnsucht nach der Unmöglichkeit der Vereinigung mit der Göttin können wir die Göttin finden.

# *Geheimnis 67:*
# *Die Göttin und der Lehrer*

Hier stelle ich Ihnen eine sehr praktische Möglichkeit vor, nach den Antworten zu suchen, die für ein Leben des Mitgefühls und der alchimistischen Transformation erforderlich sind. Sie finden einen *Lehrer*, der lebt und atmet… und der blutet und rülpst, manchmal regelmäßig und manchmal unregelmäßig… und der zur gleichen Zeit der *Eine* ist, der Sie – essentiell – immer liebt, Mann oder Frau.

Wenn man die Verwirrung und Angst durchdringt, die dieses Thema umgeben, dann muß er oder sie nichts weiter tun, als die Segnung der Göttin zu empfangen und ihr zu folgen. (Unsere Disposition gegenüber der Göttin kann die gleiche sein, unabhängig davon, ob wir Mann oder Frau sind. Das ist genau das gleiche.) Paradoxerweise jedoch ist der *Lehrer* auch derjenige, der einfach nur der Leiter des Forschungsteams ist. Der *Lehrer* ist derjenige mit der größten Erfahrung und dem ausgeprägtesten „sechsten" Sinn, und er führt das Team experimentell, ohne Landkarte und nur nach seinem Gefühl durch das Labyrinth. Der einzige Grund, aus dem man diesem Führer folgen würde, ist der, daß bei ihm die Wahrscheinlichkeit am geringsten ist, daß er einen falschen Weg wählt, daß er sich irrt oder schwach wird und sich verführen läßt.

Trotzdem bleibt es ein Experiment. Aber hier ist ein Geheimnis, das der Schlüssel zu der Fähigkeit ist, „lieben" zu können. Man kann nicht lernen, zu „lieben". Man kann zwar prinzipiell lernen, zu lieben, aber unter Berücksichtigung aller Elemente innerhalb der Formel der Transformation wird man es nicht tun. *Wer man ist*, wenn man sich selbst erlaubt, geliebt zu werden, *liebt* seinerseits. Das ist es. Das große Geheimnis. Aber man muß bereit sein, sich vom Göttlichen, von *Ihr*, lieben zu lassen.

# *Geheimnis 68: Hingabe und alchimistische Transformation*

Die *Baul von Bengalen* in Indien haben gelernt, durch Hingabe eine alchimistische Umwandlung zu bewirken. Sie sind sogar noch über die buddhistische Praxis des Tantra hinausgegangen. Die *Baul* sind entstanden aus der buddhistischen Sekte der Sahaja (die in Indien sehr aktiv war), den Vaishnava-Hindus und den Sufis. Die Grundlagen für die Lehre der *Baul* waren zum einen die essentielle Philosophie der Vereinigung von männlich und weiblich und zum anderen der alchimistische Prozeß, den diese Vereinigung ins Leben rufen kann. Von dieser Grundlage aus gingen sie dann über die technische Anwendung von Atem und muskulären Beziehungen hinaus. Sie brachten die Hingabe zu einem Punkt, an dem ein Austausch ähnlicher Energien stattfand, aber ohne die Notwendigkeit all dieser technischen Prozesse (was nicht heißt, daß sie diese nicht ohnehin als symbolische oder archetypische Manifestation angewendet hätten).

Ich habe mich im allgemeinen immer auf die sexuelle Praxis zwischen einem Mann und einer Frau bezogen, aber wenn der „hingebende" Aspekt der Umwandlung erkannt würde, dann könnte auch eine einzelne Person Tantra auf eine Art und Weise üben, bei der die Frage des Geschlechts keine Rolle mehr spielen würde.

Wenn man nur dem chemischen Prozeß folgen würde, müßte man relativ oft sexuell aktiv sein, denn der chemische Prozeß ist im allgemeinen schwach und bedarf großer Verstärkung, um an Kraft gewinnen und sich selbst stärken zu können. In einem Prozeß der Hingabe jedoch könnte die Vereinigung zwischen Mann und Frau selten und unregelmäßig sein und trotzdem den chemischen Aspekt nutzen, denn der Aspekt der Hingabe kann tatsächlich den chemischen Aspekt für lange Zeit tragen. Die Stärke des Prozesses der Hingabe ist größer als die Stärke des chemischen Prozesses.

Falls es noch nicht klargeworden sein sollte: Dies ist einer der Wege, auf dem diese *Schule* versucht, sich zu entwickeln: unter Berücksichtigung der chemischen Beziehung zwischen einem Mann und einer Frau, aber mit einer vorherrschenden Matrix der Hingabe, in der die Transformation sexueller Energie die Ergebnisse erzielen kann, die die Tantriker gesucht haben.

# *Geheimnis 69: Untröstlichkeit und die Wunde der Liebe*

Die Menschheit leidet, und dieser Zustand hat nichts zu tun mit den Fehlern, die wir gemacht haben. Vielleicht haben unsere Fehler in einigen Domänen das Leiden ein wenig vergrößert, und vielleicht haben unsere Erfolge in anderen Domänen es ein wenig gelindert, aber das Leben ist Leiden. Das ist es, worum es bei der „Untröstlichkeit" geht – niemals um die Vergangenheit. Bei der Untröstlichkeit geht es um das, was jetzt ist.

Wenn Sie erkennen, daß Leben Leiden ist, dann erkennen Sie auch, daß es nur Gott gibt – Sie erkennen die „Wunde der Liebe"! So gibt es also immer den Wechsel zwischen der „Wunde der Liebe" und der „Untröstlichkeit" des Leidens: Sie fühlen das Leiden der Menschheit und fühlen mit ihr, aber gleichzeitig erkennen Sie, daß wir alle auf einer bestimmten Ebene vollständig vom göttlichen Einfluß absorbiert werden und ihm untergeordnet sind.

Wenn Sie erkennen, daß alles Leben miteinander verbunden ist, dann öffnet diese Erkenntnis die Quelle der Liebe. Sie können nicht anders als Liebe empfinden, wenn Sie die Verbindung allen Lebens miteinander spüren – nicht nur zwischen den Menschen, sondern auch mit Tieren und Pflanzen und allen anderen Formen der Existenz. Was sonst könnten Sie fühlen außer Liebe, wenn es nichts gibt als Existenz? Was sonst könnten Sie tun, als sich dem hinzugeben? Wenn Sie erkennen würden, daß es nur Gott gibt, und wenn Sie dadurch das kollektive Unbewußte der menschlichen Rasse telepathisch wahrnehmen und mit ihr mitfühlen könnten, dann würde das Ihren Verstand sprengen! Sie würden eine nicht enden wollende Sintflut an Psychosen und Neurosen spüren. Aber wenn Sie die gesamte Existenz fühlen – die Wahrheit des Lebens – und nicht nur menschliche Wesen, dann fühlen Sie Liebe. Egal, ob Sie weinen oder lachen, Sie fühlen Liebe. Sie können diese Liebe aber nicht fühlen, ohne gleichzeitig auch zu fühlen, daß das Leben Leiden ist. Ohne das absolute Wissen, daß „alles Leben Leiden ist", wie Buddha es gesagt hat, wäre alles, was Sie fühlen könnten, eine weinerliche, sentimentale Subjektivität.

Es geht nicht darum, zu vermeiden, daß wir verwundet werden. Die meisten von uns haben wahrscheinlich Dinge, die zu fühlen wir uns unser Leben lang gewehrt haben, weil wir glauben, daß von uns erwartet wird, die „Wunde der Liebe“ irgendwie zu transzendieren, statt ihr zu erlauben, uns auf eine bestimmte Weise zu bewegen. In diesem Spiel geht es darum, auf der Grundlage der Realität dieser „Wunde der Liebe“ zu handeln: „So ist das Leben. Was kann ich tun?“ Wenn man erkennt, muß man handeln. All diese theoretischen Betrachtungen lösen sich auf in der offensichtlichen Notwendigkeit, in Ausrichtung auf den *Großen Prozeß der Göttlichen Evolution* handeln zu müssen.

Frauen müssen keinen Zugang zur „Wunde der Liebe“ gewinnen. Sie müssen sich nur entspannen, und schon ist sie da – sie ist ein aktiver Teil der Essenz einer Frau. Bei einem Mann ist sie eher ein schlafender Teil seiner Essenz. Wenn die „Wunde der Liebe“ in einem Mann also einmal aufgebrochen ist, dann muß er lernen, Zugang zu ihr zu gewinnen. Das zu lernen ist einfach eine Frage der Betrachtung des Weiblichen. Er kann die weiblichen Qualitäten der Empfänglichkeit und des Nährens bei all den Personen einsetzen, mit denen er gerne eine liebende Beziehung hätte. Natürlich möchte man das mit möglichst vielen Personen haben, aber wir konzentrieren uns wahrscheinlich eher auf einen Partner, ein Kind, einen besonders nahen Freund oder den spirituellen Meister. (Wahrscheinlich ist das der Grund, warum Großmütter ein Bild ihrer Enkelkinder mit sich herumtragen. Wenn der Großvater Zugang zur „Wunde der Liebe“ erlangen möchte, dann nimmt die Großmutter einfach das Bild des Enkelkindes heraus und sagt: „Sieh’ dir das an, Henry. Das wird dich sofort wieder in Ordnung bringen.“)

Es gibt bestimmte Stimuli, die man anwenden kann, um Zugang zur „Untröstlichkeit“ zu erlangen. Wenn ich diese Stimulation brauche, gehe ich einfach in den Supermarkt und beobachte, wie Erwachsene ihre Kinder behandeln, und dann empfinde ich Qualen bis an die Grenze *wahren Fühlens*. Dieses berühmte Nachrichtenbild eines vietnamesischen Mädchens, das aus seinem brennenden Dorf läuft, oder Bilder der äthiopischen Hungerkatastrophe können dies hervorrufen. Auch durch eigene persönliche Erfahrungen wird der Zugang sehr erleichtert. Je länger Sie jedoch diese *Arbeit* tun, um so weniger werden Sie persönliche Erfahrungen brauchen. Ab einem bestimmten Punkt wird die Erfahrung eines jeden Menschen zur persönlichen Erfahrung.

# *Geheimnis 70: Die Betrachtung der Liebe zu Gott*

Die Betrachtung der *Liebe zu Gott* muß eine organische Angelegenheit sein – sie muß in Ihrem Verhalten zum Ausdruck kommen. Sie hat nichts zu tun mit Verständnis (Verständnis ist lediglich eine Funktion dieser Betrachtung), und sie kann auch nicht mit einer intellektuellen Analyse meines Buches *The Only Grace is Loving God* (Die einzige Gnade ist Gott zu lieben.) aufhören. Wenn Sie nicht auf der Grundlage dieser Betrachtung der Liebe zu Gott handeln, dann ziehen Sie sie nicht in Betracht. Ihre wechselseitigen Beziehungen müssen zum Brennpunkt Ihrer Betrachtung der Liebe zu Gott werden.

Um die Liebe zu Gott betrachten zu können, müssen Sie die „Liebe" betrachten, und Sie müssen „Gott" betrachten. Wie betrachten Sie die „Liebe"? Durch andere Menschen. Wie betrachten Sie „Gott"? Mit Ehrfurcht, Respekt, Anbetung und einem Gefühl, daß kein Wissen und keine Erfahrung… nichts… das *Ding* (Gott) selbst sind.

Obwohl es stimmt, daß es einen essentiellen Unterschied zwischen der Liebe zu Gott und der Liebe zu einem anderen Menschen gibt, bedeutet doch gleichzeitig die Liebe zu einem anderen Menschen (oder zumindest die Liebe zu Ihrem Partner oder zu Ihrem Kind, was Liebe auf der höchsten menschlichen Ebene ist), jemanden *anzubeten*. Diese Art der Anbetung unterscheidet sich von der herkömmlichen Anbetung in der Kirche, aber Sie werden der Befriedigung als menschliches Wesen niemals näher kommen als durch sie. Die Betrachtung der Liebe zu Gott muß sich als wahrhafte Erfahrung mit der Liebe manifestieren – nicht in weltfernen Worten, sondern in der Praxis.

Gott zu lieben ist ein aktiver Prozeß des Nachdenkens darüber, womit Gott geliebt wird: „…mit ganzem Herzen und ganzer Seele…" und „…Du sollst deinen Nächsten lieben wie dich selbst" (Markus 12:30–31). Um „deinen Nächsten zu lieben", mußt du dich selbst lieben. Sich selbst zu lieben hat etwas zu tun mit Demut und Objektivität.

Ihr Leben in Gemeinschaft ist das Testgelände, das Labor. Sie müssen sich anschauen, wie Sie füreinander fühlen. Wenn Sie Liebe füreinander fühlen, wie würden Sie sich einander gegenüber verhalten? Es ist ziemlich einfach, Liebe in die Tat umzusetzen mit einer jungen Kassiererin im Supermarkt, die immer nur lächelt. Sie müssen nicht mit ihr leben. Das ist keine Beziehung. Die wahre Betrachtung von Beziehung muß bei dem Menschen stattfinden, mit dem Sie leben, und dann strahlt sie nach außen aus. Wir sind alle nett, wenn wir „da draußen" sind, denn dort gibt es kein Territorium, das wir verteidigen müssen. Bei einer Beziehung geht es darum, mit wem Sie leben.

Essentiell sind wir alle liebende Individuen, aber wir bringen diese Haltung nicht zum Ausdruck, weil wir Verteidigungsmechanismen dagegen entwickelt haben, verletzt zu werden. Als Kinder sind wir alle verletzt worden. Ein Kind sieht ein anderes Kind, das grausam zu einem Tier ist, und sagt: „He, hör' damit auf." Und dann wird das Kind dafür geschlagen, daß es verletzlich war. So lernen wir, uns gegen den Schmerz zu schützen, dem wir üblicherweise ausgesetzt sind, wenn wir lieben.

Wir haben keine gegenseitige Liebe, nicht deshalb, weil wir nicht können, sondern weil wir es uns nicht zugestehen. Jeder von uns hat einen Freund gehabt, den wir einen Augenblick lang wirklich geliebt haben. Wenn wir bereit wären einzugestehen, daß dieser Augenblick tatsächlich stattgefunden hat, dann sollten wir uns fragen: „Wie kann es immer so sein?"

Jemanden zu lieben ist eine Belohnung in sich selbst. Es ist ekstatisch, frei, erfüllt. Sie werden körperlich entrückt sein. Damit meine ich nicht Sex. Sie können ein Baby aus dreißig Metern Entfernung anschauen und körperlich entrückt sein. Können Sie so miteinander sein? Wenn Sie jemanden so frei lieben, dann werden Ihre Motive wahrscheinlich verdächtig erscheinen – Sie werden mißverstanden. Sie sind weit offen, und ab und zu werden Sie verletzt werden. Aber wenn die Reaktion in Form von Liebe zu Ihnen zurückkehrt, dann ist es das wert! Dann entsteht eine Umgebung, in der die Menschen sich gegenseitig wirklich lieben und nicht nur so tun als ob, wie es in vielen spirituellen Gemeinschaften heute der Fall ist.

Wenn die Menschen sich in gegenseitiger Liebe zugetan sind, dann besteht ihre Umgebung aus Freude, Sanftheit, Glückseligkeit, Ekstase, Entzücken. Da Sie irgendwo beginnen müssen, beginnen Sie damit, wie Sie andere Menschen behandeln. Wenn Sie unbedingt „Dampf ablassen" müssen, dann gehen Sie nach draußen, und schreien Sie dort… und nicht in das Gesicht eines anderen hinein. Die Betrachtung der Liebe zu Gott muß beginnen mit einer aktiven organischen Betrachtung darüber, wie wir miteinander leben.

Je intimer Ihre Beziehung zu einem anderen Menschen ist, um so wichtiger ist es, daß Sie Ihre Betrachtung der Liebe zu Gott innerhalb des

Kontextes dieser Beziehung beginnen. Freiheit ist das, was Sie lieben. Diejenigen unter Ihnen, die jemals verheiratet waren, wissen, daß die Beschneidung der Freiheit des Partners zu den ersten Dingen gehört, die Sie tun wollen. Sie können die Freiheit eines anderen Menschen aber nicht besitzen. Wenn Sie das tun, werden Sie diesen Menschen zerbrechen.

Behandeln Sie sich gegenseitig also so, wie Sie jemanden behandeln würden, den Sie lieben. Dies muß Ihnen als disziplinierte Verpflichtung immer gegenwärtig sein, so daß Sie einen Menschen auch dann noch wie jemanden behandeln können, den Sie lieben, wenn er Sie wirklich auf die Palme bringt.

Dieses Ziel können Sie aber nur dann erreichen, wenn Sie sich selbst zu jeder Zeit objektiv betrachten. Wenn Sie bereit sind, zu sehen, wer Sie essentiell wirklich sind, dann werden Sie dazu fähig sein, gegenseitig liebevoll miteinander umzugehen. Dann wird Ihr Leben sich um hundertachtzig Grad drehen, und es wird voller Begeisterung und Interesse sein. Das ist die Art von Gemeinschaft, in der ich am liebsten leben möchte. Die Betrachtung der Liebe zu Gott macht dies möglich.

Diese Betrachtung der Liebe zu Gott ist unsere höchste Chance. Dies ist die Chance, in der es grenzenlose Begeisterung für die spirituelle *Arbeit* geben kann. Es ist die Chance zu wahrer Gemeinschaft.

# *Nachwort*

## *Über meinen Meister*

Über meinen *Vater*, Yogi Ramsuratkumar, könnte ich viele Dinge sagen, aber wie so oft müssen die heiligsten Elemente zwischen einem Sohn und seinem *Vater* Geheimnisse des Herzens bleiben. Trotzdem gibt es viel zu enthüllen. Yogi Ramsuratkumar ist ein Bettler. Er trägt Lumpen und lebt inmitten einer riesigen Ansammlung aller Arten von „Souvenirs", die von Tüten voller Papier bis hin zu überfließenden Malas aus getrockneten Blumen reichen. In dieser vielversprechenden, aber unfeierlichen Umgebung empfängt er einen ständigen Strom von Jüngern, die seinen Segen erbitten. Einer der hervorstechendsten Aspekte seiner Gegenwärtigkeit (auf einer Liste, die zu lang wäre, um sie vollständig aufzuführen) ist sein Lachen. Er lacht ständig mit der reinen Freude spontaner Unschuld, mit Geräuschen von der Qualität eines sprudelnden, gurgelnden Baches, mit der Freude eines Mannes, der sowohl frei von allen Verpflichtungen als auch, vielleicht paradoxerweise, vollständig und unwiderruflich mit der Menschheit verbunden ist. Wenn er lacht, dann sprühen seine Augen, diese funkelnden Juwelen reiner Strahlkraft, mit der Freude eines Menschen, dessen Fürsorge und Anteilnahme für seine Kinder absolut ist.

Körperlich traf ich Yogi Ramsuratkumar vor fast zwanzig Jahren, aber ich kannte ihn – oder vielmehr er kannte mich – seit Ewigkeiten. Ich glaube, daß niemand ihn jemals wirklich findet, aber der Anschein, ihn zu finden, ist die Definition dafür, gerufen zu werden, angezogen zu werden wie Eisenspäne von einem Magneten durch seine unendliche, fließende *Liebe* und *Anziehungskraft*. Sein *Mitgefühl* ist so überwältigend, daß man, wenn man sich im Kreis seiner Gopis befindet, nur in der umfassenden Behaglichkeit und Zuflucht seines Segens und seiner Gnade ruhen kann.

Er ist kein *Lehrer*, kein Guru, kein Heiliger und auch kein Weiser, und doch verkörpert seine Vielseitigkeit all diese und so viel mehr. Er bezeichnet sich selbst als schmutzigen *Sünder* und als *Verrückten*. Und das ist er auch. Paradoxerweise ist er auch genau so, wie wir es sind. Denn sind wir nicht alle Sünder, und sind wir nicht alle ein wenig verrückt? Aber lassen Sie sich dadurch nicht zu der Annahme verleiten, Sie seien wie er. Aus seinem grenzenlosen Dienst an der Menschheit heraus mag er so sein wie wir, aber er ist so einzigartig, so hingegeben an den *Willen Seines Vaters im Himmel*, daß wir nur in Ehrfurcht vor einer solchen *Größe* erstarren können und daß wir mit Staunen seine einzigartige *Verrücktheit* und seine gesegneten *Sünden* betrachten sollten.

Yogi Ramsuratkumar ist mein *Vater*. In ihn lege ich all mein Vertrauen. Er hat mein Herz auf eine Weise gebrochen, daß die Risse die Pforten sind, durch die Gott endlich eintreten kann. Seine Forderung ist unnachgiebig und tiefgreifend. Es ist die Forderung, niemanden zu sehen außer Gott, niemanden anzunehmen außer Gott, alle zu lieben und allen zu dienen. Seine Forderung ist, die Illusionen der Trennung fallenzulassen und die *Verrücktheit* zu finden, die sein *Vater*, Swami Papa Ramdas, ihm gegeben hat.

Yogi Ramsuratkumar, das Gott-Kind, Bhagawan, ist die einzige Zuflucht seiner wahren Jünger. Er ist mein Alles, meine *Hoffnung*. Er ist die Verkörperung des Göttlichen, der wartet, immer wartet auf seine Kinder. Er ist ein Herzensbrecher, aber wer würde sich nicht danach sehnen, sein Herz durch solch eine *Liebe* brechen zu lassen, durch solch einen Barmherzigen geschmolzen zu werden. Dies ist der Herzensbruch, um den man betet, den man in Ehren hält als das seltenste der seltenen Geschenke Gottes an uns, von Seiner Gnade.

Yogi Ramsuratkumar ist mein *Vater*. Möge ich ein Sohn sein, der seines Anblicks würdig ist.

Lee Lozowick
Yogi Ramsuratkumar chei

Weitere Bücher aus dem Verlag Via Nova:

## Spirituelle Erziehung

Hilfreiche Ratschläge – Praktische Weisheit

Lee Lozowick

312 Seiten, gebunden – ISBN 3-928632-51-5

Praktischer Ratgeber für Eltern und Erzieher, die im Umgang mit Kindern ein größeres Maß an Bewußtheit, Freundlichkeit und Mitgefühl sowie mehr Ehrlichkeit im Verhältnis zu sich selbst in die Erziehung einbringen wollen. Das Buch will Eltern in ihrer wichtigen Erziehungsarbeit helfen und Kindern einen optimalen Start verschaffen.
Dieses Buch richtet sich an all jene, die für die Erziehung Weisung aus einer höheren Ebene empfangen wollen. Spirituelle und bewußte Erziehung könnte man zusammenfassen: Liebe und Zuneigung entwickeln, lebensbejahende Grenzen für unsere Kinder aufzeigen und Ehrlichkeit uns selbst und unseren Kindern gegenüber aufbringen. Der Autor fordert Eltern und Erzieher auf, die das eigene Leben beherrschende Ichbezogenheit und mangelnde Bewußtheit genau unter die Lupe zu nehmen, weil sie das Glück und Wohlbefinden der Kinder gefährden.

## Der Weg zum idealen Partner

30 Schritte zu einer erfüllten Partnerschaft

Chuck Spezzano

168 Seiten, gebunden – ISBN 3-928632-70-1

Dieses Buch richtet sich an diejenigen, die auf der Suche nach ihrem wahren Partner sind. Aber auch an all jene, die ihren Partner bereits gefunden haben und Unterstützung auf dem eigenen Beziehungsweg suchen. Dem Leser werden viele Heilungsprinzipien an die Hand gegeben, mit Hilfe derer sich Beziehungen in einen persönlichen Wachstumspfad verwandeln können. Laut Chuck Spezzano sind Beziehungen der schnellste Weg zu persönlichem Wachstum und Entwicklung.
Der Autor macht deutlich, daß es nicht damit getan ist, den richtigen Partner zu finden, es bedarf auch des Wunsches, mit diesem Partner zusammen glücklich zu werden. „Wenn du deinen Partner gefunden hast, geht die Reise erst richtig los!", so Chuck Spezzano. Aufgrund der universalen Gültigkeit der vorgestellten spirituellen Prinzipien, lassen sich diese auch auf andere Lebensbereiche übertragen, ob der Leser einen neuen Arbeitsplatz oder Unterstützung beim nächsten Schritt in seinem Leben sucht.

## Wenn es verletzt, ist es keine Liebe

Chuck Spezzano

**5. Auflage**

416 Seiten, gebunden – ISBN 3-928632-20-5

Dieses Buch verändert Ihr Leben. Ein Wissender zeigt den Weg, wie Sie ein Leben führen können, das erfüllt ist von Liebe und Verstehen, von Freude und Glück. Sie erfahren in 366 Kapiteln wichtige Lebensgrundsätze, die Ihre zwischenmenschlichen Beziehungen auf eine höhere Ebene heben.
Die Weisheit der Liebe, die der Verfasser in jahrzehntelanger Forschungsarbeit als Psychotherapeut, als weltweit bekannter Seminarleiter, als visionärer Lebenslehrer entdeckt und in klare Weisungen umgesetzt hat, verwandelt Sie und berührt Ihr wahres Wesen, das Liebe ist.
Durch die angebotenen Übungen, die das theoretisch Erkannte auch in den praktischen Alltag umsetzen, wird das Buch zu einem Wegbegleiter und Ratgeber in bedrängenden Beziehungsnöten. Wenn Sie Schritt für Schritt in die wichtigsten Grundprinzipien der Liebe eingeführt werden, reifen Sie in Ihrer Selbsterkenntnis, können Ihre Beziehungen in Partnerschaft und Freundschaft neu ordnen, vertiefen und intensivieren. Sie können die Ursachen für Ihre Schwierigkeiten in der Liebe erkennen, Blockaden auflösen und seelische Wunden heilen lassen.

## Liebe und werde, der du bist

Erfahrungen, Einsichten, Hinweise, Übungen

Axel Klimek

256 Seiten, Broschur – ISBN 3-928632-73-6

„Wenn es etwas zu verändern gibt, dann kann ich die Verantwortung dafür übernehmen und es ändern." Dieses Buch hat das Potential, ein Leben zu verändern. Liebe, nicht als Gefühl, sondern als Verständnis, als Weg zu Ganzheit und Entfaltung: Was damit gemeint ist, beschreibt der Autor einfühlsam und klar. Eine neue innere Haltung wird entwickelt, in welcher der Mensch sich als Teil des Ganzen begreift. Schritt für Schritt führt der Autor – mit dem Fokus Trennendes zu überwinden – den Leser durch die wichtigsten Themen des menschlichen Lebens. Angefangen vom Annehmen eigener ungeliebter Anteile bis hin zur Erfahrung, mit der Welt ganzheitlich verbunden zu sein. Eine Fülle praktischer Übungen, die jeder für sich machen kann, und die das Gelesene konkret werden lassen, bilden einen aufeinander aufbauenden Übungsweg hin zu der Gewißheit von Liebe als stets vorhandener Kraft von Heilung und Erweiterung.

## Die kommunikative Kraft der Liebe

Barbara Mettler-v. Meibom

208 Seiten, Broschur, 10 Abb. – ISBN 3-928632-66-3

Unsere Gesellschaft bietet eine Fülle neuer Kommunikationsmedien und dennoch nehmen Einsamkeit und Rücksichtslosigkeit im privaten und beruflichen Alltag ständig weiter zu. Auf der Suche nach einem Weg aus diesem Dilemma unterscheidet die Autorin Prof. Barbara Mettler-v. Meibom zwischen zwei grundlegenden Aspekten in Kommunikationsbeziehungen: der *communicatio* und der *communio.*

Letztere erwächst für sie aus der kommunikativen Kraft der Liebe. Wie kann sie verwirklicht werden? Bei der Beantwortung dieser Frage läßt sich die Verfasserin u.a. von der indischen Philosophie der Vedanta anregen. Sie zeigt in eindringlichen Bildern und Geschichten über Menschen und Alltagserfahrungen, welche Chancen und Möglichkeiten bestehen, wenn wir uns von der kommunikativen Kraft der Liebe leiten lassen. An die Stelle des Gefühls von Trennung und Einsamkeit kann das Wissen um die Einheit alles Lebendigen, deren Erfahrung und die Verantwortung für uns selbst und die Schöpfung treten.

## Den Pfad des Herzens gehen

Traumkörperarbeit – Schamanische Praktiken und moderne Psychologie

Arnold Mindell

256 Seiten, gebunden – ISBN 3-928632-24-8

Jahrzehntelange Erfahrungen in der Prozeßorientierten Psychologie und intensive Begegnungen mit Schamanen, eingeborenen Heilern und Weisen in allen Erdteilen bilden die Grundlagen dieses Buches, das sowohl moderne Psychologie als auch schamanische Praktiken und Heilmethoden zu einer fruchtbaren Synthese verbindet, die Sie im Alltag nutzen können.

Sie werden in dem Buch mit mächtigen, unbekannten und heilenden Kräften konfrontiert, die den Weg des „Jägers" und des „Kriegers" begleiten. Um dem „Größeren", das der Verfasser Geist nennt, dem „Verbündeten" und dem „Doppelgänger" zu begegnen, werden die Erfahrungen, die aus Körperempfindungen oder Traumbildern auftauchen, bewußt gemacht und eine „zweite Aufmerksamkeit" entwickelt.

Jedes Kapitel schließt mit Übungen ab, die jeweils die persönliche Erfahrung des vorher beschriebenen Inhalts ermöglicht. Es werden praktische Methoden angeboten, wie Sie mit Ihrem Traumkörper in Verbindung kommen, ganz werden und zu sich selbst finden.

# Finde deine Ganzheit wieder

## Mind Bridging – die Dynamik Holographischer Psychologie

### Maria de Rocha Chevalley

392 Seiten, gebunden – ISBN 3-928632-58-2

Wir können unsere Ganzheit wiedererlangen, indem wir Teilstücke unseres Geist-Körpers wieder miteinander verbinden. Das geschieht durch den kreativen Umgang mit unseren Geist-Hologrammen, unseren Bewußtseins-Brücken. So stellen wir die Verbindung zu Unschuld, Spontaneität, Liebesfähigkeit, Mut und echter Lebensfreude wieder her. So entsteht wahrer Frieden in unserem Geist!
Indem die Verfasserin aus ihrer therapeutischen Arbeit heraus die Tiefe des holographisch-analytischen Geist-Körpers mit Hilfe ihrer intensiven persönlichen Erfahrungen durch zahlreiche praktische Übungen und hilfreiche Erklärungen auslotet, erklärt sie auf verständliche Art und Weise, was *Holographische Psychologie* und *Mind-Bridging-Dynamik* bedeuten. So ist dies nicht nur ein Buch für Psychologen, sondern für alle, die auf dem Weg zu sich selbst sind. Dieses Buch beschreibt einen neuen Weg.

# Wie eine Nahtod-Erfahrung mein Leben veränderte

## Vom Tod fürs Leben lernen

### Klemems J.P. Speer

208 Seiten, Broschur, 28 ganzseitige Bilder – ISBN 3-928632-77-9

Durch einen schweren Autounfall ausgelöst, beschreibt der erste Teil des Buches den äußeren Hergang und das persönliche innere Erleben bei einer Nahtod-Erfahrung. Die persönliche Licht- und Schattenerfahrung wird an Hand allgemeiner, wissenschaftlicher Kriterien für Nahtod-Erfahrungen dargestellt. Es werden Ähnlichkeiten und Unterschiede hervorgehoben.
Im zweiten Teil werden einschneidende Auswirkungen auf die persönliche Lebensgeschichte beschrieben, die dazu drängen, die gemachte Erfahrung ernst zu nehmen und zu integrieren.
Im dritten Teil wird die spannende Suche nach Wegen zur Mitte beschrieben, die zur Entdeckung der „Zwölf heiligen Schwerter“ führt und damit Wege zum Ganz-Sein aufzeigt. Sie können eingesetzt werden, um auf dem eigenen Lebensweg zum Ganz-Sein voranzuschreiten, den eigenen Lebenssinn zu erkennen und seine eigene Lebensvision zu leben.

# Spiritueller Eros

## Auf den Spuren des Mystischen

### Hans Willi Weis

312 Seiten, gebunden – ISBN 3-928632-43-4

## Bewußtseinsschulung in der mystischen Tradition

Dieses Buch eröffnet die seltene Gelegenheit, das Mystische als lebendige Manifestation menschlichen Geistes kennenzulernen, als spirituellen Eros. Mystik und spiritueller Eros sind für den Verfasser nichts Verschwommenes, sondern die reale Entwicklungs- und Ausdrucksmöglichkeit eines Bewußtseins, das an Klarheit, Bewußtheit und Geistesgegenwart die uns vertrauten Stufen des Mystischen, Religiösen und Rationalen übertrifft. Dabei legt der Verfasser besonderen Wert auf Abgrenzung von vagen esoterischen Heilslehren aller Art. Er setzt sich für ein aufgeklärtes Verständnis des Mystischen und für eine klare meditative Bewußtseinsschulung ein. Dabei vermag der Leser den Duft der mystischen Rose wahrzunehmen.

# Bede Griffiths

## Ein Mensch sucht Gott

John Swindell, Hrsg.

192 Seiten, gebunden – ISBN 3-928632-39-6

### Ein authentischer Zeuge für die Anwesenheit Gottes in der Welt

Einer der größten Virtuosen unseres Jahrhunderts, Yehudi Menuhin, hat den Benediktinermönch, Mystiker und Meister Bede Griffiths auf unübertreffliche Weisecharakterisiert: „Er ist ein authentischer Zeuge für die Weisheit der großen Religionen. Er offenbart meisterlich und wunderbar die Gegenwart Gottes.“ Dieser göttliche Geist berührt den Leser in diesem Buch, in dem einer der größten Mystiker unseres Jahrhunderts über sein Leben reflektiert. In diesen Selbstzeugnissen wird eine erstaunliche Synthese von Wissen und Erfahrung, von westlichem Denken und östlicher Weisheit dokumentiert. So wird der Leser auch in ein neues theologisches Denken eingeführt. Wichtige Glaubensweisheiten des Christentums werden aus der Welt eines Meisters dargestellt. Gleichzeitig wird der Leser getroffen von der bedingungslosen Liebe als Schlüssel zur Versöhnung aller Gegensätze in der Welt.

# Die verborgene Blüte

## Über die psychologischen Hintergründe der Spiritualität

Han F. de Wit

288 Seiten, gebunden – ISBN 3-928632-42-6

Warum strahlen manche Menschen Lebensfreude aus, andere aber Lebensangst? Warum wachsen die einen an ihren Leiden, während andere an ihnen zerbrechen? Wie kann ich ein glücklicher Mensch werden, zu mir selbst finden? Welche Hilfen bietet die Psychologie? Die Antworten darauf stehen im Zentrum der *kontemplativen Psychologie.* Sie beziehen sich auf eine verborgene Blüte, die sich tief im Kern unseres Wesens entfaltet. Ihre Früchte – Lebensmut, Lebensfreude, Erbarmen und Klarheit des Geistes - sind in diesem Buch gegenwärtig mit all unserem Handeln, im Umgang mit uns selbst, mit unserer Umgebung und mit der Umwelt. Es geht um unsere grundlegende Menschlichkeit und deren Verwirklichung.

# Das Ende des Patriarchats

Claudio Naranjo

176 Seiten, gebunden, 4 Abbildungen – ISBN 3-928632-65-5

Claudio Naranjo, Pionier der Transpersonalen Psychologie, der das „Enneagramm“ nach Europa gebracht hat, stellt in diesem Buch die Grundlagen der patriarchalen Ordnung in Frage und durchleuchtet, wie diese unsere Welt und unser Leben beeinflußt. Mit einzigartiger Einsicht und wissenschaftlicher Kompetenz führt Dr. Naranjo den Leser zu einer Sichtweise, die die väterlichen, mütterlichen und kindlichen Aspekte des Menschen und der Gesellschaft integriert.

Während viele Institutionen und einzelne die Lösung dieser Probleme vor allem auf intellektuellem Wege suchen und so immer wieder die gleichen Pfade beschreiten, liegt für Claudio Naranjo der Schlüssel zu einer Verbesserung der Situation im Abschied vom Patriarchat. Nur durch eine neue Gewichtung und gleichwertige Ergänzung von Intellekt, Emotion, Körper und Geist kann seiner Meinung nach eine Heilung auf individueller und kollektiver Ebene stattfinden, so daß eine Gesellschaft entstehen kann, in der sich das ganze machtvolle und kreative Potential des Menschen widerspiegelt.